279558

Michaela Sale

... Spuren im Sand ...

Tagebuch einer Krankheit aus Sicht von
Mutter und Tochter

Shaker Media

Bibliografische Information der Deutschen Nationalbibliothek
Die Deutsche Nationalbibliothek verzeichnet diese Publikation in
der Deutschen Nationalbibliografie; detaillierte bibliografische Daten
sind im Internet über http://dnb.d-nb.de abrufbar.

Copyright Shaker Media 2009
Alle Rechte, auch das des auszugsweisen Nachdruckes, der
auszugsweisen oder vollständigen Wiedergabe, der Speicherung in
Datenverarbeitungsanlagen und der Übersetzung, vorbehalten.

Printed in Germany.

ISBN 978-3-86858-364-9

Shaker Media GmbH • Postfach 101818 • 52018 Aachen
Telefon: 02407 / 95964 - 0 • Telefax: 02407 / 95964 - 9
Internet: www.shaker-media.de • E-Mail: info@shaker-media.de

Das Buch

Diagnose: Brustkrebs!

Berlin 1997 - Hannelore ist knapp 57 Jahre alt, als sie aus heiterem Himmel mit der Krankheit konfrontiert wird. Ein schnell wachsender Tumor, die sofortige Amputation einer Brust und der Befall der Lymphknoten bieten keine allzu gute Prognose.
Ohne Klagen nimmt sie zunächst die Chemotherapie und Bestrahlungen in Kauf, denn sie ist voller Hoffnung und Mut auf eine vollständige Heilung.
Hannelore kämpft trotz ihrer übermächtigen Angst wie eine Löwin, nicht zuletzt für ihren Mann Uli und ihre Tochter Ela, für die sie weiterleben will.

Im Jahre 2000, drei Jahre nach der Operation, stellt man viel zu spät fest, dass sich im Knochenmark Metastasen angesiedelt haben. Hannelore leidet unter heftigen Schmerzen, Atemnot, Müdigkeit und extremer Abgeschlagenheit. Durch ein Medikament, das erst seit kurzem auf dem deutschen Markt zugelassen ist, gelingt das Wunder, Hannelore innerhalb weniger Wochen neue Lebensqualität und ein Gefühl der Gesundung zu geben. Sie wird wieder lebenslustiger, fühlt sich gut und feiert ein rauschendes Fest zu ihrem 60. Geburtstag.

Hannelore und Uli ahnen nicht, dass ihre Tochter während dieser Zeit alkoholabhängig wird und selbst gesundheitliche Probleme bekommt. Die Scheidung von ihrem Mann Jens, Hannelores Krankheit und die selbstzerstörerische neue Beziehung zu Thorsten, gepaart mit Einsamkeit und großen Ängsten lassen Ela in ein Loch der Betäubung abrutschen, aus dem sie nicht ohne Hilfe wieder herauskommt.

Mutter und Tochter haben seit jeher eine symbiotische Beziehung zueinander, jedoch stellen sie nun erstmals fest, dass sie nicht wirklich miteinander reden können.

Als Ela nach mehr als vier Jahren den Kampf gegen das Trinken aufnimmt und Schritt für Schritt in ein gesundes, aktives Leben zurückfindet, scheint ein Stück Normalität zurückgekehrt zu sein.

Doch der Schein trügt, denn etwa ein Jahr später beginnt für Hannelore und ihre Familie eine nicht mehr enden wollende Odyssee zwischen quälenden Schmerzen, Behandlungen und Versäumnissen, Hoffnungen und Leid.

Der Gedanke an Elas bevorstehende Hochzeit ist das einzige, was Hannelore am Ende des Jahres 2003 noch aufrecht hält.

Wenige Tage danach gibt sie den jahrelangen Kampf auf.

Für meinen Vater

**Vergangenes kann man nicht nachholen,
aber es ist nie zu spät!**

Zeitgefühl

Heut ist der erste Tag
vom Rest meines Lebens.

Heut verlier ich meine Zeit
und lebe in den Tag hinein.
Ich nehm mir die Zeit
um gut zu sein zu mir,
will mir Zeit lassen
mit meiner Angst bis morgen.

Heut nehm ich mir
das Leben vor dem Tod.

Kapitel 1 – 1997
"Warum gerade ich?"
****

10.04.97

Ich habe immer einen Grund gesucht, dieses Tagebuch zu beginnen. Jetzt habe ich ihn gefunden, und leider aus einem traurigen Anlaß. Am Montag, den 07.04.97 stand ich auf, ging zum Arzt, und die Welt war nicht mehr die selbe für mich. Diagnose: Verdacht auf Brustkrebs! Ich schreibe dieses Wort und denke, es betrifft nicht mich. Damit ist eine andere gemeint. Aber man meint mich, mich, die ich bisher soviel Glück mit Krankheiten hatte.

Ich dachte, ich bin tapfer, aber ich bin nicht tapfer. Ich muss immerzu weinen; Weinen um das bisschen Leben, das man hat. Noch habe ich Hoffnung. Heute wurde eine Gewebeprobe entnommen, und am Montag weiß ich, ob ich Glück habe oder nicht. So oder so, ich muss ins Krankenhaus. Uli ist so unglücklich. Ich glaube, er büßt jetzt alles ab, was er mir je Böses getan und gesagt hat. Ich habe Angst, es Ela zu sagen. Sie soll es erst erfahren, wenn ich ins Krankenhaus muss. Sie ist so furchtbar sensibel. Als ihre Ehe mit Jens in die Brüche ging, war ich sehr unglücklich. Langsam gewinne ich davon Abstand, aber ich habe trotzdem große Sorgen um sie.

Ich liebe sie von ganzem Herzen und denke immer noch, ich muss sie beschützen. Aber das will sie wohl gar nicht mehr. Es gibt für alles Unglück immer noch eine Steigerung, wie man sieht. Und wenn es wirklich Krebs ist, hoffe ich, dass man ihn ganz entfernen kann. Trotzdem wird mir die Angst jahrelang im Nacken sitzen, und nicht nur mir.

Vielleicht lache ich eines Tages, wenn ich diese Zeilen lese. Aber im Augenblick habe ich eine Scheißangst. Es tut mir so leid, dass ich das meiner Familie antun muss, und ich stelle mir die Frage, die wohl alle Betroffenen stellen: „Warum gerade ich? War ich ein so schlechter Mensch, dass ich nichts anderes verdient habe?"

Aber wie gesagt, ich habe noch ein bisschen Hoffnung, dass alles gut ausgeht.

Samstag, 13. April 1997
Ich war mit Rosi und Gudrun zusammen. Sie versuchen mich abzulenken und beten für mich. Komisch, keiner hat je zugegeben, dass er abends betet. Aber wir tun es alle. Irgendjemanden muss man ja um Hilfe bitten können, wenn nichts mehr geht. Wie sollte man sonst weiterleben? Noch bin ich ein Mensch mit Hoffnung, aber morgen ...
Ich hoffe, ich bin stark, damit meine Familie nicht noch mehr leiden muss.
Gestern war Jens bei uns und hat angedeutet, dass Ela bereut, ihn verlassen zu haben. Ich habe schon lange gespürt, dass sie nicht glücklich ist. Für mich wäre es das Schönste, wenn die beiden sich wieder finden. Wenn mir etwas passiert, weiß ich sie bei einem guten, treuen, zuverlässigen Mann, der sie trösten wird. Vielleicht ist Jens stark genug, ihr zu verzeihen. Warum müssen sich Menschen immer so wehtun? Ich weiß, wenn dieser Kelch an mir vorüber geht, will ich ein besserer Mensch werden.
Uli ist mir so gar keine Hilfe. Aber er ist so verzweifelt, weil er mich liebt. Ich liebe ihn auch, und ich bin so froh, dass ich ihn habe. Das ist schon Hilfe genug - Menschen zu haben, die mit mir fühlen. Ela kann ich noch nichts sagen. Sie ist unglücklich genug, und sie ist auch ein schwacher Mensch. Bitte, lieber Gott, lass die beiden wieder glücklich werden!
Alles ist wieder gut zu machen, wenn man sich noch liebt.

Dienstag, 15. April 1997
Seit gestern weiß ich, dass alle Hoffnung umsonst war.
Ich habe KREBS!
Jetzt geht es nur noch ums Überleben. Und ich will leben! Mein armer Uli, meine arme kleine Ela, arme Rosi und mein armer süßer Kater Chico!
Ich halte mich nur mit Beruhigungstabletten auf den Beinen, denn wenn ich weine, weint Uli auch sofort.
Es Ela zu sagen wird noch ein schwerer Gang. Wenn sie selber glücklich wäre, würde sie es besser packen. Heute trifft sie sich mit Jens. Und wir haben heute Besprechung, wie die Operation gemacht wird. Lieber Gott, gib mir Kraft, damit ich für die anderen stark bin. Ich habe Angst vor dem "Danach". Immer werde ich Angst haben, es kommt wieder. Das Wort "Angst" wird für die nächste Zeit mein ständiger Wegbegleiter sein.

Mittwoch, 16. April 1997
Es gibt für alles noch eine Steigerung, und diese Erfahrung habe ich gestern gemacht. Ich hatte mich schon damit abgefunden, ein Stück Busen zu verlieren. Nun muss ich die ganze linke Brust opfern, um zu überleben. Es war wie ein Schlag mit dem Holzhammer, und wenn ich mich nicht mit Tabletten über die Runden bringen würde, würde ich nur heulen. Wie schrecklich!
Heute bin ich ins Solarium gegangen, um für alle Zeiten noch ein bisschen Farbe zu tanken. Meine arme

Brust hat noch einmal Wärme gespürt, ehe sie in die Mülltonne wandert. Der Arzt war sehr nett gestern, und ich vertraue ihm auch. Ich weiß noch nicht, ob ich mir eine neue Brust machen lasse. Ich weiß nicht, wie groß die Schmerzen sind, und ich weiß nicht, wie schrecklich ich "oben ohne" aussehe!

Am Sonnabend wollen wir es Ela sagen. Jens hat gesagt, er würde sie wieder zurück nehmen. Es wäre eine große Beruhigung für mich. Lieber Gott, hilf mir, über die Runden zu kommen!

Donnerstag, 17. April 1997
Der Countdown läuft!
Ich führe noch das Leben "davor", und bald kommt das Leben "danach". In einer Woche habe ich längst die Operation überstanden. Das heißt: Ich lebe! Es wird ein ganz anderes Leben. Ich kann nicht mehr bei Frau Heinrich arbeiten, ich muss bei schweren Arbeiten um Hilfe bitten, ich darf nie mehr ins Solarium. Ich bin einfach nutzlos, ein Klotz am Bein. Vielleicht kann ich noch auf den Flohmarkt gehen. Lieber hätte ich Unterleibskrebs, aber man hat mich ja nicht gefragt.

Gestern habe ich Karin Wegert, meine alte Klassenkameradin, auf dem Teltower Damm getroffen. Wir sprachen erst so belangloses Zeug, und dann fragte sie mich: "Wie geht's Dir eigentlich?" Und ich antwortete: "Beschissen" und weinte. Und dann saßen wir auf einer Bank mitten in Zehlendorf und weinten zusammen.

Wie schrecklich! Was bin ich für eine Pfeife!!

Sonntag, 20. April 1997
War heute auf dem Flohmarkt. War ganz nett, und immerhin war ich abgelenkt.
Gestern haben wir es Ela gesagt. Ich glaube, sie ist stärker, als ich dachte. Zum Glück muss ich sie nicht ständig trösten, sondern sie tröstet mich. Mein gutes Kind, ich hoffe, Du findest bald, was Du wirklich suchst. Ich hoffe, auch Jens ist Dir ein Trost, aber ich hab mich nicht getraut zu fragen, worüber ihr gesprochen habt. Ich glaube es immer noch nicht, dass das mit mir geschieht. Ich hoffe, dass ich alles gut überstehe und nichts anderes gefunden wird. Lieber Gott, hilf mir!!

****

Sonntag, 20. April 1997, 13.50 Uhr
Seit gestern Abend ist mein Leben nicht mehr das, was es war.
Mama hat Brustkrebs! Bumm!
Morgen kommt sie ins Krankenhaus und wird am Dienstag operiert. Man wird ihr die ganze Brust abnehmen.
Papa hat es mir gesagt. Mama saß daneben, in ihrer Couch-Ecke, und guckte mich nur an. Papa fing an zu weinen und fragte mich, ob ich Jens noch lieben würde. "Hä?", hab ich gefragt. "Wie kommst Du jetzt darauf?" Ich hab nicht verstanden, worauf er hinaus wollte. Er schluchzte nur und konnte nichts weiter sagen. Ich bekam schreckliche Angst und zitterte. Wütend war ich auch. Weil ich nicht wusste, was los war. Weil man mich so verunsicherte. "Was ist?", hab ich gefragt. "Was willst Du mir sagen? Sag doch end-

lich, was los ist!" Ich hab ihn fast angeschrien. Und dann hat er es gesagt.
Er sagte: "Mama ist krank. Sie muss ins Krankenhaus, morgen. Sie hat Krebs!"
Mama sagte kein Wort und starrte wie betäubt ins Leere. Sie hatte nur Tränen in den Augen. Nach zwei endlosen, stillen Minuten stand ich auf, ging zu ihr hin und nahm sie in den Arm. Und wir weinten.
Unser Leben wird niemals mehr wie vorher sein. Es wird ein Leben in Angst und Schrecken sein, immer auf der Hut. Es ist so unsagbar schlimm. Ich weiß einfach nicht, was ich tun soll. Ich bin so hilflos. Ich hab solche Angst.
Aber ich weiß genau, dass sie gesund werden wird. Sie wird mit einer Brust leben, aber sie wird leben!! Das weiß ich. Es wird eine schlimme Zeit werden, aber wir werden es schaffen. Viele Dinge werden plötzlich so furchtbar unwichtig. Man regt sich über Dinge auf, die es gar nicht wert sind. Man denkt nie daran, wie schnell das Leben vorbei sein kann.
Es ist einfach zu viel im Moment. Wie soll ich das alles packen? Im Januar habe ich mich von Jens getrennt, und am 15. Februar bin ich ausgezogen. Und zwar mit Thorsten zusammen. Ich habe alles auf eine Karte gesetzt, und ich habe verloren. Wir leben jetzt in einer beengten 2-Zimmer-Wohnung in Lichterfelde. Aber es funktioniert nicht. Es wird nicht gehen. Die letzten Monate waren schon schlimm genug. Es war so schlimm, Jens zu verlassen, er leidet so sehr. Und nur, weil ich dachte, was Besseres zu kriegen. Und nun weiß ich nicht, wohin ich gehöre. Ich habe kein Zuhause mehr und bin todunglücklich. Und nun passiert das mit Mama. Was soll denn jetzt noch kommen? Kann es denn noch schlimmer werden? Wie viel Kraft kann man haben, wenn man sie haben muss?

Jens ist trotz allem noch für mich da. Er war auch gestern dabei. Er bittet mich, zurück zu kommen, will mir alles verzeihen und neu anfangen. Ich weiß nicht, was ich tun soll. Ich hab Angst, aus Verzweiflung wieder eine falsche Entscheidung zu treffen.
Ich bete zum lieben Gott, dass wir alle die Kraft haben, das zu überstehen. Ich bete, dass meine Mama wieder gesund wird, und dass es wieder irgendwann so ist wie vorher. Dass sie alles machen kann, wieder auf dem Flohmarkt stehen und verkaufen, wieder lachen wird. Ich bete, dass sie damit zurecht kommt und das weitere Leben genießen kann. Ich hab schreckliche Angst, aber ich glaube fest daran.

****

Montag, 21. April 1997
Ich bin im Krankenhaus.
Uli war den ganzen Tag bei mir, und dann kamen Ela und Jens. Ach, wie ich mir wünsche, dass sie sich wieder vertragen! Morgen früh um 9.00 Uhr bin ich dran. Ich rechne mit allem, aber ich will überleben. Ich will, ich will, ich will!
Ich werde doch noch gebraucht. Im Moment bin ich ganz cool. Vielleicht kann ich morgen weiter schreiben. Bis dann!

Donnerstag, 24. April 1997
Heute ist mein dritter Tag ohne Brust.
Es tut noch sehr weh, habe ich mir nicht so schlimm vorgestellt. Gestern kam der Verband ab, und als ich mein plattes Teil sah, war ich echt down. Es wird

noch lange dauern, ehe ich mich daran gewöhne. Heute habe ich einen schlechten Tag, muss immer weinen. Aber meine Zimmergenossin ist sehr tapfer. Übrigens 77 Jahre alt.
Naja, 20 Jahre später hätte ich es auch mit mehr Fassung getragen. Aber alle sind ganz lieb zu mir und kümmern sich rührend um mich. Ich liege hier im Bett, es ist 7.45 Uhr, und ich glaube es immer noch nicht, dass mir das geschehen ist. Ela hält sich wacker und bringt Jens immer mit. Aber sagen tut sie nichts über sie beide.
Ich hoffe nur, dass die Untersuchungen der Befunde gut ausgehen, denn es kann immer noch schlimmer werden. Aber so ein schlechter Mensch war ich doch nicht, dass ich das verdient habe. Ich bin sehr unglücklich und habe meine Familie auch unglücklich gemacht.
Hoffentlich kommt der eklige Schlauch bald raus!

Freitag, 25. April 1997
Heute ist Freitag, und ich hatte heute viel Besuch. Rosi, Uli, Tine, Ela und Jens. War zwar anstrengend, doch schön. Ich habe ja so einen guten Mann. Was würde ich ohne ihn machen?! Er hat mir heute beim Umziehen geholfen und hat sich gar nicht erschrocken, wie ich aussehe. Er hatte es sich noch schlimmer vorgestellt. Dann werde ich es wohl auch schaffen, mir ohne Tränen auf die flache Seite zu sehen.
Außerdem kann ich mich glücklich schätzen, so viele liebe Menschen zu haben. Wir haben sogar im Garten

Fotos gemacht. Als ewige Erinnerung. Ich komme Montag nach Hause und habe Angst, ob ich meine Arbeit packen werde. Aber ich habe schon Sehnsucht nach meinem kleinen Chico.

Samstag, 26. April 1997
Sonnabend. Es ist noch früh. Uli war schon kurz hier und hat Zeitungen gebracht.
Heute Morgen wurde der Schlauch gezogen. Hat gar nicht wehgetan. Jetzt fühle ich mich freier, und jetzt wird es aufwärts gehen. Ich werde bestimmt noch mal ein paar Tiefs kriegen, aber jetzt hoffe ich erst einmal auf ein gutes Ergebnis. Ich bitte Dich, lieber Gott, noch einmal um ein Einsehen. Mein ganzes Leben werde ich Uli nie vergessen, wie er zu mir gestanden und mir geholfen hat.

Sonntag, 27. April 1997
Der Sonntag ist bald zu Ende, es ist 16.15 Uhr. Mein Besuch ist weg, und ich habe ein bisschen Muße zum Schreiben. Morgen werde ich entlassen. Es war wirklich nett hier, und ich wäre noch länger geblieben, wenn es hätte sein müssen. Aber zu Hause ist es auch wieder schön, und Uli wartet schon so sehr auf mich. Und mein kleiner Chico!
Uli war heute schon da und kommt später noch mal. Rosi, Ela und Jens waren auch da. Meine Leidensgenossin Frau Eggers ist ganz traurig, dass ich gehe. Aber wir werden voneinander hören. Die schlimmste Zeit meines Lebens ist erstmal zu Ende. Jetzt kommen

viele neue unschöne Sachen auf mich zu. Sozusagen beginnt ein neues Leben. Ich hoffe nur, dass die Befunde gut ausgehen. Mehr will ich schon nicht mehr für mich wünschen. Ich will meinen verstümmelten Körper schon hinnehmen, aber lasst mich noch leben! Ich werde noch gebraucht. Und das ist doch auch was wert.
Bis morgen zu Hause!

Montag, 28. April 1997
Ich werde gleich entlassen und habe Angst vor der Welt der Gesunden da draußen!
Außerdem habe ich schon wieder einen Abszess in der Wunde, der abgesaugt werden muss. Hoffentlich geht alles gut. Alle denken, ich bin über den Berg, aber meine Seele weint, wenn sie diesen hässlichen Körper sieht.

Donnerstag, 1. Mai 1997
Voriges Jahr am 1. Mai war ich auf dem Flohmarkt und habe gut verdient. Dieses Jahr sitze ich hier als halber Krüppel. Ich habe ständig Schmerzen im Arm und beim Bewegen. Morgen erfahren wir hoffentlich die endgültigen Befunde. Gebe Gott, dass sie nicht zu schlecht sind. Gestern musste ich im Bett morgens weinen, und gleich kam Chico und hat mir Hände und Gesicht abgeleckt. Ich kann gar nicht sagen, wie sehr ich dieses Tier liebe. Alle sind sehr lieb zu mir, und Uli ist nicht mit Gold zu bezahlen. Vor allem ekelt er sich nicht, wenn er meine Wunden sieht. Hoffentlich

wird alles gut, denn eigentlich wollte ich noch 20 Jahre leben. Das wird wohl nichts mehr. Aber so ein paar Jährchen wären nicht schlecht. Hoffentlich findet Uli einen neuen Job beim Fußball, denn ich mache mir große Sorgen.

Dienstag, 6. Mai 1997
Das Wetter ist ganz schön, und ich weiß nicht, was ich anziehen soll, so dass man "es" nicht sieht.
Aber was mach ich mir Sorgen! Morgen haben wir hoffentlich den endgültigen Befund. Hoffentlich ist er gut …
Gestern habe ich meine anderen Untersuchungen machen lassen, die waren gut. Am 4. Mai war ich mit Rosi auf dem Flohmarkt bummeln. Alle haben gestaunt, dass ich schon wieder da war. Aber zu Hause grüble ich nur. Und wenn ich trübsinnig bin, will zum Schluss keiner mehr etwas mit mir zu tun haben. Uli hängt auch durch. Er sagt, das alles hält er kaum noch aus, er wird auch bald krank werden. Ich fühle mich dann so schuldig. Ich kann doch nichts dafür! Eines weiß ich: Sollte ich dahinsiechen, warte ich nicht bis zum bitteren Ende. Das kann ich meinen Lieben nicht antun. Dann bringe ich mich um. Ich habe immer noch die Worte vom Opa im Ohr, der gesagt hat, dass Oma lieber eher hätte sterben sollen. Dann hätte er noch eine Chance für ein neues Leben gehabt.
Ich bin immer so müde. Aber das ist wohl normal. Vor 14 Tagen bin ich operiert worden, und es ist mir oft, als wäre es ewig her, oder als wäre es nie geschehen.

Donnerstag, 8. Mai 1997
Heute ist Himmelfahrt. War bei Rosi, aber ich bin immer so schnell müde.
Gestern haben wir die Ergebnisse meiner histologischen Untersuchung erfahren.
Schlimm. Ich muss Chemotherapie bekommen, weil 7 von 15 Lymphknoten befallen waren. Ich habe so geweint, weil dann meine Haare ausgehen. Es wird mir sauschlecht gehen, und ich dachte, ich kann bald wieder ein bisschen bei Frau Heinrich arbeiten, damit ich mein eigenes Geld verdiene.
Ich war heute mit Rosi bei ihr zu Besuch. Sie hat sich gefreut und immer wieder betont, dass sie mich nicht verlieren will. Aber ich weiß ja gar nicht, wie alles weitergeht. Ich denke immerzu: „War das Dein letztes Himmelfahrt, Dein letzter Muttertag, Dein letzter Sommer?" Ich möchte so gern noch leben und werde alles versuchen, was in meinen Kräften steht. Ich will, ich will!! Aber ich habe Angst vor dem, was auf mich zukommt.

AUCH DER ZARTESTE MOHN HÄLT WIND UND REGEN STAND. GENAUSO SCHENKT MIR GOTT KRAFT FÜR DAS, WAS SCHWER IST ZUM TRAGEN.

Sonntag, 11. Mai 1997
Heute ist Muttertag. Voriges Jahr im Mai sind wir nach Mallorca geflogen. Ach, könnte ich noch einmal dort hin. Es war so schön. Uli ist beim Fußball, und Rosi ist verreist (bei Ralph). Aber Ela und Jens kom-

men nachher zu mir. Ob ich den nächsten Muttertag erlebe? Ich bin so hoffnungslos.

****

Sonntag, 11. Mai 1997, 18.00 Uhr
Mama wurde operiert und ist schon seit fast zwei Wochen wieder zu Hause. Die Sache mit der Brust hat sie viel besser gepackt, als ich dachte. Ich hatte so gehofft, dass damit alles vorbei war. Leider war ich damit etwas optimistisch. Denn am letzten Mittwoch kam der Befund. Die Lymphknoten waren bereits befallen; das bedeutet, man muss eine Chemotherapie machen. Dieser zweite Schock war, glaube ich, noch viel schlimmer für sie.
Auf einmal konnte sie nicht mehr sprechen, nur flüstern. Es hat ihr im wahrsten Sinne des Wortes die Sprache verschlagen. Die Ärztin hat ihr ehrlich gesagt, dass sie ihre Haare verlieren wird. Das war besonders schlimm für sie. Papa packt das alles nicht. Er sitzt morgens um fünf auf dem Boden vor ihrem Bett und weint. Mensch, er muss ihr doch Kraft geben!
Mittlerweile sind vier Tage vergangen, und heute ist Muttertag. Ich war gerade mit Jens bei Mama. Sie kann schon wieder etwas sprechen und hat sich erstmal wieder von dem Schock erholt. Wir haben manchmal sogar richtig gelacht. Am Mittwoch erfährt sie alle näheren Einzelheiten, wann das mit der Chemo losgeht und so weiter. Ich habe große Angst. Aber auch ich muss trotzdem weiterleben. Ich denke nach diesen Hiobsbotschaften immer, das ist das Ende, und ich werde nie wieder lachen können. Aber das ist nicht wahr. Manchmal vergesse ich es einfach für einen kurzen Moment.

Das muss ich ja auch. Sonst gehe ich auch noch kaputt. Es ist schon alles schlimm genug.
Seit dieser ersten Nachricht der Krankheit bin ich wieder viel mit Jens zusammen. Er kümmert sich rührend um mich. Er ging jeden Tag mit mir ins Krankenhaus, und danach sind wir meistens noch in ein Café gegangen. Wir haben viel geredet, und er möchte, dass ich zurückkomme.
Thorsten ist dieses Wochenende nach Hause - nach Gladbeck - gefahren, wegen des Geburtstages seines Vaters und Muttertag. Er kommt heute wieder. Das ganze Wochenende habe ich mit Jens verbracht.
Thorsten und ich streiten ständig und nörgeln aneinander rum. Wir passen einfach irgendwie nicht zusammen. Trotzdem sagt er immer wieder, dass er mich liebt. Ich verstehe es nicht. Für Mama wäre es das schönste Geschenk, wenn ich zu Jens zurückgehen würde. Das ist alles zum Verzweifeln. Ich bin so furchtbar unglücklich.

****

Montag, 12. Mai 1997
Ela und Jens waren bei mir zum Muttertag, und Ela hat mir ein schönes Buch mit Sprüchen geschenkt, und ein ganz kleines Buch zum Trost. Mein liebes Kind, Du weißt gar nicht, wie ich Dich liebe. Ich habe schon jetzt Angst vor Mittwoch, welche Hiobsbotschaft noch auf mich wartet. Dabei fühle ich mich so gut. Wenn diese fiesen Schmerzen im Arm nicht wären, würde ich denken, ich habe alles nur geträumt!

Freitag, 16. Mai 1997
Ich bin ganz schlecht drauf.
Ela hat mir jemanden besorgt, der mir psychisch helfen soll. Ich werde dort hingehen. Ich habe erkannt, dass ich nicht allein damit fertig werde. Das hätte ich nicht für möglich gehalten. Vorgestern haben wir meine Therapie besprochen. Das Entsetzen umklammert mich, und ich bin ständig am Heulen. Was da alles auf mich zukommt!
Ich bin so stolz auf meine Tochter, die die Sache in die Hand nimmt. Ich bin jetzt ihr Kind, und sie ist meine Mutter. Uli sitzt nur da und trauert mit mir. Aber Ela besorgt sich Informationen, liest das Internet rauf und runter, erkundigt sich bei Ärzten nach begleitenden Therapien. Nächste Woche fängt die Chemo an, und jedes Mal, wenn ich mich kämme, sehe ich schon die Glatze vor mir. Ich habe so schreckliche Angst!
Heute hat mir Frau Eggers geschrieben und sich für den Bären bedankt, den ich ihr geschenkt habe. Sie ist besser dran als ich, braucht keine Chemo. Bestrahlung kriege ich danach auch noch, aber das ist wohl das kleinere Übel. Ich habe jetzt auch einen Silikonbusen zum Ausstopfen. Fühlt sich nicht schlecht an, aber ich habe ständig Rückenschmerzen. Ich befinde mich in einem Tal der Tränen, und dort muss ich raus. Rosi ist immer noch verreist. Sie fehlt mir sehr.
Ich muss mir bald eine Perücke besorgen. Dann legen wir beide - Uli und ich - Busen, Zähne und Perücke ab. Oh Gott, wie weit sind wir gekommen?
Ich war heute bei Frau Heinrich im Garten und habe mir Flieder gepflückt. Als ich über den stillen Rasen

ging, kamen mir wieder die Tränen. Vor langer Zeit war ich hier mal glücklich und habe an nichts Böses gedacht. Frau Heinrich geht es selbst nicht gut. Aber sie ist 22 Jahre älter als ich. Die hätte ich gern noch gelebt...

Dienstag, 20. Mai 1997
Gestern war Pfingstmontag. Nachmittags war ich mit Uli Eis essen und spazieren. Abends war ich das erste Mal bei dieser Therapeutin. Ist schon komisch, sein ganzes Leid einer fremden Frau zu erzählen, aber auch wieder gut, weil sie ja nicht mit mir leidet. Ich weiß noch nicht, ob mir das etwas bringt, aber ich mache erstmal weiter.
Bald werden meine Haare fallen. Ich habe mir ausgerechnet, dass ich sie gar nicht mehr färben brauche. Es lohnt nicht mehr.

Donnerstag, 22. Mai 1997
Gestern und heute war ich ganz gut drauf. Ela war lange bei mir, und wir haben gute Gespräche geführt. Meine Kraft und mein Glauben kehren zurück, jetzt, wo bald die Chemo anfängt. Ich werde gesund, ich werde leben! Ich glaube fest daran. Bloß meine Glatze bringt mich zum Weinen.
Ich warte jeden Tag darauf, dass meine alte Freundin Christel auf meinen Brief reagiert. Es ist unfassbar, dass sie nichts von sich hören lässt.

Sonntag, 25. Mai 1997
Heute war ein schöner Sonntag.
Die Sonne schien, und wir waren auf dem Flohmarkt und in Diedersdorf.
Morgen kriege ich meine erste Chemo. Ich habe Schiss. In 14 Tagen habe ich eine Perücke. Das hätte man mir vor zwei Monaten mal sagen sollen. Die Sonne scheint, die Leute sind zufrieden, das Leben geht weiter, und die Welt bleibt nicht stehen, weil Hannelore Krebs hat.

Ulis Schwester Gisela ruft mich oft an und will mir 1.000,- DM schenken, damit ich nächstes Jahr nach Mallorca fahren kann. Echt lieb! Dafür bin ich von meiner Schulfreundin Christel echt enttäuscht. Sie hat noch nicht auf meinen Brief geantwortet. Meine kleine Ela hat mir gestern schon einen Perückenkopf gekauft. Oh mein Gott, wie soll ich das alles überstehen? Meine größten Tröster sind Ela und Rosi. Uli gibt sich große Mühe, aber ich weiß nicht, wie lange. Kann **ein** Mensch in meiner Umgebung wirklich verstehen, was das für mich bedeutet? Nein, das kann wirklich nur ein Betroffener …

Dienstag, 27. Mai 1997
Gestern war ein bedeutender Tag. Ich habe meine erste Chemo bekommen.
Es war schon ein unheimliches Gefühl, drei Stunden lang zu beobachten, wie Gift in meinen Körper fließt, das einem doch helfen soll.

Ich war mit drei weiteren Frauen zusammen, wovon eine auch die Haare verlieren wird. Eine hübsche Frau mit schönem Haar. Ich hatte mein Tagebuch mit und wollte eigentlich meine Eindrücke niederschreiben, aber ich wurde rechts verkabelt, und da ging es nicht.
Die Nacht war unruhig, aber es geht mir gut.
Wenn es immer so ist, hätte ich keine Bedenken. Ich will ja auch alles hinnehmen, wenn ….
Ja, "wenn" ist überflüssig. Das Gift wirkt schon in meinem Körper und will meine Haare haben !
Von drei Menschen bin ich sagenhaft enttäuscht. Von Christel, meiner Freundin Sibylle aus Hamburg und der alten Tante Mia. Nachdem ich ihnen von meiner Krankheit geschrieben habe, herrscht das Schweigen im Walde. Ich kann so etwas nicht begreifen.
Ich glaube, Uli ist schon ganz genervt von der vielen Arzt-Fahrerei. Ich muss das langsam allein packen mit dem Autofahren.
Der Mensch, der mich am meisten stützt, ist meine Ela. Unermüdlich redet sie mit mir und hört sich an, was mich beschäftigt.
Auch Gisela hat mich echt überrascht. Sie ruft mich oft an und hat mir heute ein Paket mit Büchern und einem selbst gemachten Seidentuch geschickt. In der Not lernst Du Deine Freunde kennen!
Nun will ich die Chemo von gestern vergessen, und es wird mir gut gehen. Mein Motto ist: "Ich werde gesund, und Du da oben kriegst mich noch lange nicht!"
Jawoll!

Samstag, 31. Mai 1997
Eigentlich ging es mir die ganze Zeit gut nach der Chemo. Nur einen wahnsinnigen Durst hatte ich. In der zweiten Nacht nach der Chemo hatte ich einen Traum. Ich war bei einem Wettschwimmen im Meer und gab mir große Mühe, das Ziel zu erreichen. Plötzlich konnte ich nicht mehr, aber die Leute feuerten mich an, und ich gab mein Letztes und erreichte die Leiter zum Ziel. Ich erklomm sie, und als ich oben war, sagte man mir, ich bin Dritte geworden. Und da fragte ich: "Und was bekomme ich dafür?" Die Antwort: "2.000,- DM".
Ich deute den Traum mal so, dass ich mich noch sehr anstrengen muss, aber ich schaffe es. Ich werde leben! Es wird immer ein anderes Leben sein als vorher, aber immerhin ein Leben!

Von Tante Mia habe ich doch noch etwas durch ihre Nichte gehört. Sie hat mir einen netten Brief geschrieben. Tante Mia zieht jetzt um und dann meldet sie sich. Also habe ich ihr Unrecht getan. Aber Christel und Sibylle verstehe ich nicht.

Uli war heute beim BSV 94 zum Gespräch. Hoffentlich klappt es und er bekommt etwas Neues.

Ich habe meine Perücke zu Hause. Ich sehe so fremd aus, so fremd…
Wie soll ich mit der Glatze fertig werden? Aber ich muss, es ist ja alles schon zu spät.
Ich war heute nach sieben Wochen endlich mal bei Ela und habe mir ihre Möbel angesehen. Gefallen mir

gut. Ob die mal wieder in der Haynauer Straße bei Jens stehen werden? Ich habe so ein gutes Kind. Ich möchte so gern, dass sie glücklich ist.

****

Samstag, 31. Mai 1997, 12.00 Uhr
Am letzten Montag hatte Mama die erste Chemo. Es ist so gut wie nichts passiert. Außer einer furchtbaren Mundtrockenheit und einem etwas flauen Gefühl im Magen ging es ihr gut. Ach, wenn es doch nur so bliebe. Am nächsten Wochenende wird es mit den Haaren losgehen. Die Perücke ist bereits fertig. Das ist das Schlimmste für sie – immer noch. Im Allgemeinen ist sie meist ganz gut drauf.
Ich habe ihr einen Therapieplatz bei einer Sozialpädagogin verschafft. Dort war sie gestern zum zweiten Mal. Es gefällt ihr ganz gut, die Frau ist ihr sympathisch, und sie kann gut mir ihr reden. Gott sei Dank. Mit Papa geht es auch etwas besser.
Und mir? Ich weiß es nicht. Ich schwanke von totaler Verzweiflung über Resignation zu Hoffnung und Mut.
Vorgestern war mein 5. Hochzeitstag, und ich war mit Jens essen. Er war recht ernst, denn langsam möchte er eine Entscheidung von mir. Ich kann sie ihm nicht geben. Ich weiß einfach nicht, was ich will.

****

Mittwoch, 4. Juni 1997
Ratet, wer vor zwei Tagen geschrieben hat?!
Christel!!! Sie schrieb mir einen sachlichen, interessierten Brief, aus dem so wenig Herz sprach, dass in

mir unsere Freundschaft zerbrach. Irgendwann schreibe ich ihr das auch. 46 Jahre kennen wir uns und nur ein paar allgemeine Ratschläge und Fragen …
Nehme ich mich zu wichtig? Einen "versuchten" Trost hätte ich schon erwartet, wenngleich man mich sowieso nicht trösten kann.
Ich kann die Tage zählen, wann meine Haare ausfallen werden. Ich bin im Moment ganz gut drauf, aber dann falle ich wieder in ein tiefes Loch. Wer holt mich da raus? Im Grunde kann das nur ich.

Uli wird wohl beim Fußball nichts kriegen. Die haben sich nicht gemeldet. Ich bin sehr traurig darüber. Hoffentlich verfällt er nicht in Trübsal, wenn er immer zu Hause ist. Ich habe keine Kraft, ihn zu trösten. Körperlich bin ich schnell erschöpft, und ich habe Angst, dass es noch schlimmer wird. Einen kleinen Lichtblick habe ich heute gehabt. Frau Heinrich hat mir heute 500,- DM nur fürs Besuchen geschenkt.
Meine Ela, mein gutes Kind, ruft ständig an, um zu sehen, dass es mir "gut" geht.

Freitag, 6. Juni 1997
23.00 Uhr. Es ist Freitag, und ich bin allein.
Uli hat noch etwas mit dem Fußball zu tun. Ich habe mich eben gewaschen und gekämmt (ich war noch einmal beim Friseur), und da sind die ersten Haare ausgegangen.
Ich wusste ja, dass es geschieht, aber jetzt muss ich furchtbar weinen, und Chico ist ganz verschreckt. Ich

habe solche Angst. Bald bin ich kahl. Oh Gott, wer kann mir nur ein bisschen Trost geben?

Sonntag, 8. Juni 1997
Es ist Sonntagabend. Meine Haare gehen nach und nach aus, aber ich habe noch keine kahlen, runden Stellen. Vielleicht kann ich es bis Mittwoch noch schaffen. Gudrun, Rosi und ich waren im Britzer Garten und auf dem Flohmarkt. Ich habe dabei ein bisschen meinen Kummer vergessen. Aber seit die Haare fallen, versinkt Uli wieder in Depressionen. Dabei sind es doch MEINE Haare!

Dienstag, 10. Juni 1997
Meine Heulphase habe ich heute schon hinter mir.
Es ist 10.30 Uhr, ich habe mich gekämmt, und die Haare rieseln nur so. Lange kann das nicht mehr gut gehen. Es ist ein schreckliches Gefühl, diese Büschel in den Händen zu halten.
Gestern habe ich wieder geübt, mir diese Mistelspritze zu setzen, aber ich war so nervös und in Schweiß gebadet, dass es daneben ging. Die Schwester war ein bisschen böse, und prompt floss der Tränenstrom bei mir.
Frau Dr. Peters hat gesagt, ich soll das Limbatril ruhig weiterhin nehmen, wenn es mir hilft. Abhängig werde ich nicht davon. Kommenden Montag ist die nächste Chemo. Hoffentlich geht es so glatt ab wie beim ersten Mal.

20.30 Uhr.
Ela war da und hat mir erzählt, dass sie sich von Thorsten wieder trennen wird. Er geht wieder nach Hause zurück. Ela will alleine leben und erstmal sehen, wie alles wird. Mit Jens will sie in den Urlaub fahren.
Jedenfalls tut sie es nicht wegen mir. Das beruhigt mich. Sie ist natürlich auch traurig, und ich werde sie nicht mehr so mit meinen Problemen belasten. Sie hat den Kopf selber voll. Aber ich freue mich, dass sie stark genug geworden ist, allein zu leben. Hoffentlich wird alles gut.

Donnerstag, 12. Juni 1997
Gestern sind Uli und ich unsere Finanzen durchgegangen. Sieht traurig aus. Arm und krank zu sein ist Scheiße, aber einen Mann zu haben, der vor Selbstmitleid im Moment ertrinkt, ist noch beschissener. Er hat doch tatsächlich gesagt, ich soll nicht um meine Haare heulen, aber ich leide schrecklich darunter.
Gestern rief Ela wieder aus Mallorca an. Es regnet und ist kühl, ein bisschen Pech mit dem Urlaub haben sie ja.
Ich darf die ganzen sechs Wochen nicht duschen und fühle mich klebrig und schmutzig. Freue mich schon auf die erste Dusche. Man wird ja so bescheiden. Das sind eben die kleinen Glücksmomente im Leben.
Uli ist nur am Jammern, ihm ginge es viel schlechter, und wenn das so weitergeht, wird er auch krank. Sein Vater hätte auch nur Leberkrebs bekommen, weil seine Frau starb. Ich merke schon, wie ungeduldig er mit mir wird. Zwei Monate zum Trauern hat er mir ja

gegeben, aber jetzt ist es genug. Nun soll ich zur Tagesordnung übergehen, meint er.
Ich sehe aus wie ein ausgefranster Wischmop und lasse mir nachher die Haare komplett abschneiden. Es muss ja mal sein. Wird ein schreckliches Tränenbad werden! Oje, die arme Frau Stüven; seit 25 Jahren geh ich schon zur ihr. Das sie so was mit mir erleben muss.

Freitag, 13. Juni 1997
Es ist geschehen! Meine Haare sind ab, und ich habe nicht eine Träne geweint!
Bin ganz stolz auf mich, aber ich habe zwei Limbatril vorher genommen. Es ist heiß unter der Perücke. Gott sei Dank ist es draußen kühler geworden. In der Wohnung werde ich "oben ohne" gehen, es ist einfach zu warm.
Uli hat mir gestern erzählt, dass der BSV 94 ihn nehmen will. Das wäre endlich ein Lichtblick. Dienstag soll er zu ihnen kommen; hoffentlich kommt nichts mehr dazwischen.

Sonntag, 15. Juni 1997
Ich war heute auf dem Flohmarkt und habe gut verdient. Zum Glück war es nicht so heiß, denn unter der "Mütze" schwitzt man wahnsinnig.
Ich habe mich gut gefühlt, aber morgen ist die zweite Chemo.
Gestern haben mich Rosi, Tine und Nina besucht. Mein letzter kleiner Flaum auf dem Kopf fällt auch langsam aus. Na, was soll's?

Mittwoch, 18. Juni 1997
Die zweite Chemo habe ich nun auch hinter mir, und sie ist mir gut bekommen. Ich war nicht mal so müde und durstig wie beim ersten Mal. Ein bisschen Glück muss ja auch ich mal haben. Ich habe gestern sogar in der Sonne gesessen, aber sie war nicht so heiß.
Ich sehe die weitere Behandlung sehr positiv. Ich schaffe das alles, das weiß ich. Und ich will möglichst nicht mehr weinen.

Donnerstag, 26. Juni 1997
Lange nicht geschrieben!
Es ging ganz gut, bloß manchmal ist mir im Magen nicht so gut, und ich habe immer kleine, offene Stellen in der Mundschleimhaut. Alles normal, haben andere auch.
Übermorgen hat meine kleine, große Ela Geburtstag. 30 Jahre wird sie!! Dies ist ein besonderes Jahr, dieses 1997. In meinem ganzen Leben werde ich es nicht vergessen. Gestern war ich bei Rosi. Alle ihre Kinder waren da. Sie wird bald nur noch Kai haben, die anderen sind weggezogen. Ralph und Gunhild gehen mit der Familie ins Münsterland, Tine und Michael mit ihrer Familie wieder nach Hawaii. Gut, dass wir uns beiden haben.

Uli hat jetzt viel beim BSV 94 zu tun. Ich hoffe, er ist zufrieden, wie es läuft. Ich nerve ihn nicht mehr mit meinem Weinen, denn ich weine kaum noch.
Ich sehe schrecklich aus mit den paar Frunzeln auf dem Kopf, und es ist oft kalt da oben. Der Sommer ist

sowieso ziemlich kalt. Gut für mich, da brauche ich nicht zu schwitzen.
Dafür habe ich im linken Bein eine fürchterliche Arthrose, die mir zusetzt. Und unter dem Arm habe ich ein Lymphödem, das unangenehm ist, aber nicht so weh tut wie diese Scheiß-Arthrose.

Heute kam Frau Heinrich aus dem Krankenhaus. Hoffentlich lebt sie noch recht lange, ein bisschen Taschengeld kann ich gut gebrauchen. Wer kann das nicht?
Ihrer Hündin, Diana, geht es ganz schlecht. Sie wird morgen operiert. Hoffentlich überlebt sie, das wünsche ich von ganzem Herzen. Sie ist der liebste Hund, den ich kenne.

Freitag, 27. Juni 1997
Ich habe nicht immer Pech, oh nein.
Heute bin ich zum Beispiel einem Unfall entgangen, weil der LKW-Fahrer sofort reagiert hatte. Ich wollte nämlich vor der Post in Zehlendorf plötzlich parken, weil endlich mal ein Parkplatz frei war. Gott sei Dank ist nichts passiert, aber der Fahrer wird über mich geflucht haben!

Diana hat die OP überstanden. Nun werden wir weitersehen. Hoffentlich lebt sie noch eine Weile, die kleine Dicke!

Donnerstag, 3. Juli 1997
Heute war ich wieder bei Frau Jäger, meiner Therapeutin.
Im Grunde genommen brauche ich sie nicht mehr, ich komme gut allein zurecht. Das habe ich Uli und dem Rest meiner lieben Familie zu verdanken. Über meinen Kummer mit der verlorenen Brust kann mich sowieso niemand trösten. Aber es schüttelt mich nicht mehr so sehr, wenn ich mich betrachte. Mit meinen fehlenden Haaren gehe ich jetzt locker um. Bei Frau Jäger habe ich auch "oben ohne" gesessen. Bei Frau Heinrich am Dienstag auch. Ich habe fast vergessen, die Perücke wieder aufzusetzen, als ich ging.

Am 28. Juni, also am Samstag, hatte meine Ela Geburtstag. Waren lauter junge Leute da, und es war sehr nett. Uli und ich waren die einzigen "Alten". Sie hat bei Jens im Garten – in ihrem alten Garten - gefeiert.
Nun ist meine Tochter schon 30 Jahre alt, ich kann es kaum glauben, und sie wohl auch nicht. Ist schon komisch, Ela und Jens in der alten Umgebung zu sehen, als ob nichts geschehen wäre. Und immer wieder frage ich mich, ob sie noch mal zusammen kommen. Und immer wieder hoffe ich, dass sie noch mal zusammen kommen. Aber ich habe keinen Einfluss, und wenn es nichts mehr wird, ist es ihre Entscheidung.
Ich liebe sie, so wie sie ist.

Dienstag, 8. Juli 1997
Gestern war meine dritte Chemo, und heute geht es mir wirklich nicht gut. Mir ist so schlecht, und ich bin so schwach, richtig bäh!!
Bin froh, wenn ich die vierte Chemo hinter mir habe. Durch die Chemo hat sich meine Arthrose im Bein verschlimmert. Tut sehr weh.
Am 6. Juli war ich auf dem Flohmarkt. War nicht besonders gut und strengt mich doch sehr an. Dabei wollte ich in diesem Jahr sehr häufig gehen. Immer kommt was dazwischen.
Ich schlafe sehr schlecht ein, nie mehr ohne Tablette. Nachts kommen die bösen Gedanken, vor dem Einschlafen. In der Nacht vor der Chemo habe ich geträumt, ich lauf der Ärztin weg, habe es auch geschafft.
Aber weglaufen gilt nicht.

Mittwoch, 9. Juli 1997
Mir geht es noch nicht besser. Dazu habe ich noch einen dicken, schmerzenden Arm bekommen. Es ist der Arm, in den die Chemo läuft. Wahrscheinlich ist das auch üblich. Ich will aber morgen trotzdem zu Frau Heinrich. Geld stinkt nicht!
Mein Lymphödem tut auch weh.
Irgendwie bin ich sehr traurig. Ich werde nie mehr so sein wie vorher. Schmerzen können immer wieder in dem operierten Arm auftreten, sagen sie. Ich bin froh, wenn die gesamte Therapie vorbei ist und ich wieder zu Kräften komme. Lieber Gott, lass alles gut gehen!
Heute habe ich mir zum ersten Mal eine Kurpackung

auf die Haare (natürlich auf den Kopf) gemacht. War richtig schön. Ruckzuck ist der Kopf abgespült. Ha Ha.

Montag, 14. Juli 1997
Ich sitze auf dem Balkon unter dem Schirm. Heute war es ziemlich heiß, 28°C. Ist mir zu viel.
Mein Chemoarm ist immer noch dick und tut weh, die linke Seite tut weh vom Lymphödem. Es deprimiert mich schon sehr. Nicht nur, dass ich verstümmelt bin, ich werde immer wieder mal Schmerzen im linken Arm haben. Bald habe ich Geburtstag. Hoffentlich darf ich noch viele Geburtstage erleben.

Uli ist viel mit seinem neuen Verein beschäftigt, aber das ist OK. So ist er mir lieber. Mittwoch kommt Lämmi, Elas Kater, zu uns. Dann hat mein kleiner Chico zum Glück mal wieder mal Spaß!

Donnerstag, 17. Juli 1997
Ich bin sehr unglücklich über meine schmerzenden Arme. Hoffentlich wird es bald besser. Ich habe Angst vor der nächsten Chemo, ich habe im Moment viel Angst.
Heute gehe ich zu Frau Jäger, meiner Therapeutin. Der kann ich mein Herz ausschütten.
Frau Heinrich geht es auch so schlecht. Hoffentlich stirbt sie nicht bald.

Dienstag, 22. Juli 1997
Arme sind noch nicht besser. Im Moment bin ich von allem genervt. Die Arme, die Arthrose im Bein, die Scheiß-Perücke bei der Wärme!
Tines Schwager ist gestorben, beim Segelfliegen abgestürzt. Das ist auch schrecklich, weil er selber schuld war. Der Tod hat eine besondere Stellung in meinem Leben eingenommen. Er ist mir so nahe gekommen, und ich habe oft Angst vor ihm.

Donnerstag, 24. Juli 1997
Heute habe ich gehört, dass Ingrid Dussmann, eine alte Bekannte von uns, auch Chemo bekommt, weil es mit ihrer Lunge schlechter geworden ist. Das hat mich so sehr mitgenommen.
Meine Ängste werden immer größer. Mit Uli und Ela spreche ich kaum noch über meine Ängste, weil ich sie so traurig mache.
Ela hat ihre eigenen (Männer)-Sorgen, Uli seinen Fußball.
Na, ich kann ja Frau Jäger mit meinen Sorgen vollquatschen.
Ingrid hat aber nicht geweint, dass sie ihre Haare verliert. Sie hat sich sofort eine Perücke besorgt, die sie schicker findet als ihre eigenen Haare. Sie fährt sogar zur Kur. Manchmal denke ich immer noch, ich bin im falschen Film.

Freitag, 25. Juli 1997
Heute waren wir auf der Beerdigung von Opas Schwester Luzie. Es war sehr traurig, ich musste weinen, aber nicht um Luzie. Ich habe MICH gesehen, als Tote. Ich will einfach noch nicht gehen, ich will noch leben.
Dann war ich beim Arzt. Montag wird die Chemo also in den linken Arm gemacht, ausnahmsweise. Dann habe ich erstmal Ruhe. Der rechte Arm ist zwar besser, aber noch nicht wieder für eine Chemo bereit.
Heute hat Sibylle mir zum Geburtstag gratuliert und einen langen, lieben Brief geschrieben. Na, es sei ihr verziehen, wenn sie auch sehr lange dazu gebraucht hat. Ich bin eben sehr empfindlich geworden seit meiner Krankheit.

Montag, 28. Juli 1997
Mein Geburtstag ist vorbei, war sehr nett, und ich habe mich gut gefühlt. Ela hat mir einen neuen Videorecorder und noch andere Sachen geschenkt. Da habe ich mich doll gefreut, aber das arme Kind hat soviel Geld ausgegeben, wo sie im Moment so wenig hat. Jens war auch da und hat mir den Videorecorder gleich angeschlossen.
Gisela und Tante Mia haben meinen Geburtstag vergessen. Naja, kann ja mal vorkommen …

Ela hat mir in die Geburtstagskarte einen schönen Spruch geschrieben, den ich schon kannte, aber hier festhalten will:

> Ich wünsche Dir die Gelassenheit,
> Dinge hinzunehmen, die Du nicht ändern kannst,
> den Mut, Dinge anzupacken, die Du ändern kannst,
> und die Weisheit,
> das eine vom andern zu unterscheiden.

Ich hoffe, ich bin bald so weise, dass ich so leben kann.
Heute habe ich meine vierte rote Chemo hinter mich gebracht, und es geht mir bis jetzt gut. Diesmal war es im linken Arm, und ich hoffe, der wird nicht auch noch dick. Aber ich habe so das Gefühl, dass es diesmal gut geht.

Donnerstag, 31. Juli 1997
Heute ist Donnerstag, und mir ist immer noch schlecht. Wenn ich nur an Chemo und Apfelsaft denke, kommt es mir schon hoch. Im Apfelsaft ist immer das Medikament, das man vor der Chemo bekommt. Ich fühle mich schlapp und energielos und habe zu nichts Lust. Ich bin am liebsten zu Hause. Dort bin ich sicher und geborgen.
Abends vor dem Einschlafen muss ich oft weinen. Ich bin oft tief unglücklich. Es will mir nicht in den Kopf, dass ich so krank bin, dass ich Krebs habe, Krebs, Krebs …

Dienstag, 5. August 1997
Mir geht es im Magen immer noch schlecht. Wiege 62 kg, habe keinen Appetit. Und bin so schlapp, ohne Kraft. Dazu habe ich noch Zahnschmerzen.
Am 2. August hat mich Sibylle angerufen und wir haben 1 ½ Stunden gequatscht. Sie hat mir erklärt, warum sie sich jetzt erst meldet, und ich habe verstanden. Schließlich bin ich nicht der Nabel der Welt. Aber sie hat wenigstens Gefühle gezeigt, im Gegensatz zu Christel, die nicht mal nach dem Hörer greift, um zu fragen, wie es mir geht.
Heute war ich bei Frau Heinrich. Es geht ihr besser. Hoffentlich noch lange. Ich leiste kaum noch richtige Arbeit, und trotzdem will sie mich nicht gehen lassen. Das freut mich sehr.
Ela war am Wochenende mit Thorsten in Düsseldorf. Wie das da weiter geht, finde ich seltsam. Nun fährt sie doch bald mit Jens in den Urlaub. Ach, ich wünschte so sehr, dass sie glücklich und zufrieden wäre. Sie ist doch meine liebe Tochter, die mir nur Freude macht.
Gisela ist auch wieder aus dem Urlaub zurück und hat tatsächlich meinen Geburtstag vergessen, weil im Urlaub soviel los war …
Das Wetter ist heiß (schrecklich), und ich sehne mich nach einer Bürstenfrisur. Wenn ich diese schreckliche Perücke in die Ecke schmeißen kann, werde ich selig sein. Ob ich im nächsten Frühling soweit bin?
Uli ist viel im Verein. Manchmal bin ich doch sehr allein, und wenn ich meinen Chico nicht hätte, würde ich es noch mehr empfinden. Dieses Tier gibt mir soviel, ich habe soviel Zärtlichkeit für ihn in meinem

Herzen. Er ist immer da, er sieht nicht meinen kahlen Kopf, meinen verstümmelten Körper, er liebt mich einfach, weil ich da bin. Wenn er sich abends im Bett an mich schmiegt, bin ich immer gerührt.

Dienstag, 12. August 1997
Ich war heute mit Uli im AVK-Krankenhaus zur Besprechung.
Am 21. August geht die Bestrahlung los. Es sieht alles sehr neu und modern aus. Der Arzt war auch sehr nett, aber so einfach ist es wohl doch nicht. Es können wohl Nebenerscheinungen auftreten. Hoffentlich passiert mir so etwas nicht. Hoffentlich bleibt mein Arm gesund.
Gestern habe ich um 2.00 Uhr nachts noch nicht geschlafen. Neben mir schlief Uli tief und fest. Beneidenswert! Ob mir die Bestrahlung durch den Kopf ging oder die arme Frau mit dem kaputten Arm, die ich in der Praxis wieder getroffen habe?
Dann ging ich auf den Balkon und habe ein bisschen geweint. Alle Welt lebt weiter wie bisher, nichts bleibt stehen, nur meine Welt ist aus den Fugen geraten. Ob ich das alles jemals verdrängen kann? Morgen muss ich wieder ins Krankenhaus, da wird ausgetüftelt, wie sie es machen.
Sonnabend fahren Ela und Jens in den Urlaub. Hoffentlich vertragen sie sich wieder und Thorsten geht bald dahin, wo er hergekommen ist!

Tante Mia hat sich noch nicht gemeldet. Naja, take it easy!

Im Moment ist es sehr heiß (32°C) und soll noch so bleiben.
Scheiß Perücke!

Dienstag, 19. August 1997
Donnerstag (übermorgen) ist meine erste Bestrahlung. Wieder kommt etwas grauenhaft Unbekanntes auf mich zu. Hoffentlich geht alles gut. Der behandelnde Arzt, Dr. Heuer, ist jedenfalls sehr nett, und alle behandeln mich nicht wie eine Nummer, sondern wie einen Menschen, der viel Aufmerksamkeit und Fürsorge braucht. Ich bin am Oberkörper für die nächsten fünf Wochen gezeichnet, und ich darf nicht duschen. Gerade jetzt, wo es immer noch so heiß ist.

Ela und Jens sind auf Mallorca, und Lämmi ist hier bei Chico. Die beiden sind so süß zusammen.

War heute bei Frau Heinrich. Es geht ihr wohl besser, aber sie sagt ja auch nichts. Mein Geld verdiene ich jetzt leicht, aber es ist trotzdem anstrengend für mich.

Uli ist lieb und fährt mich überall hin, aber er ist viel weg.
Abends, wenn die grauen Gedanken kommen, kommen mir noch manchmal die Tränen. Ob ich mein Unglück je total akzeptieren kann?
Alle Welt ist zum täglichen Alltag zurückgekehrt. Gisela ruft auch kaum noch an. Man hat sich eben daran gewöhnt, dass ich krank bin. Meine Venenentzündung im rechten Arm ist noch nicht weg. Hoffentlich ist alles gut, wenn die nächste Chemo anfängt. Ich

gebe mir jetzt meine Mistelspritze zwei Mal wöchentlich selber. Ich glaube fest, dass sie mir hilft. Ansonsten vergehen die Tage eintönig aber schnell. Jetzt jeden Tag eine Bestrahlung, na, man hat was vor, wenn sonst schon nichts passiert.

Ich denke voller Liebe an meine Ela und hoffe, dass sie und Jens wieder zusammen finden. Wenn ich eines Tages nicht mehr bin und sie dieses Tagebuch lesen wird, hoffe ich, dass sie versteht, wie sehr ich sie geliebt habe. Mein einziges Kind, nicht geplant und doch so sehr geliebt!

Donnerstag, 21. August 1997
Heute hatte ich meine erste Bestrahlung. War nicht schlimm. Sie sind alle so nett dort im Krankenhaus. Zum Glück finde ich den Weg allein mit dem Auto. Fünf Wochen sind lang.
Gestern hat Ela aus Mallorca angerufen. Klang nicht sehr begeistert. Es ist langweilig, sagt sie. Na, ich sehe schon schwarz für die Beziehung.
Es ist immer noch sehr heiß. Ich bin am liebsten zu Hause, wo ich mich aller Ersatzteile entledigen kann. Meinen Balkon genieße ich, sofern es nicht so heiß ist. Die Katzen sind auch ganz schlapp.
Ich mache die Tür zu und fühle mich geborgen.

Dienstag, 26. August 1997
Und nun gehe ich jeden Tag durch die Katakomben des AVK Krankenhauses zur Bestrahlung.

Bis jetzt fühle ich keine Wirkung außer Müdigkeit, und die tut nicht weh. Aber es ist schon ein komisches Gefühl, dort zu liegen und nicht zu wissen, was eigentlich geschieht.
Gestern hat Rosi und dann auch Uli ein paar "dunkle" Haare auf meinem Kopf entdeckt. Die sind neu! Also wachsen sie wieder. Aber leider sollen sie ja bei der nächsten Chemo wieder ausfallen. Schade, schade!
Wenn ich mich abgeschminkt betrachte, sehe ich völlig nackt aus, so wie sich Klein-Fritzchen einen Krebskranken vorstellt. Haarlos von oben bis unten! Hoffentlich kommt "alles" wieder.
Gestern Abend konnte ich wieder nicht einschlafen. 1.30 Uhr und trotz Tablette hellwach lag ich im Bett und weinte meiner Vergangenheit nach. Es kommt einfach so und überfällt mich, ich kann nichts dagegen tun. Am Tag ist es in Ordnung.
Im Moment ist es eben noch so schwer.

Freitag, 29. August 1997
Habe mir vorgestern Hand und Handgelenk mit kochenden Nudeln verbrannt. Tut teuflisch weh und wird sich wohl pellen.
Bin heute zu Frau Dr. Kaiser, unserer Hausärztin, gegangen, um ihr meine gequälten Arme zu zeigen und mir noch mal zeigen zu lassen, wie man die Mistelspritze aufzieht. Also jetzt muss es klappen.
Mein Bestrahlungsfeld tut langsam weh. Es ist rot, spannt und reißt. Und noch vier Wochen! Oh weh.
Mein armer, geschundener Körper!

Vorhin hat Ela angerufen. Sie kommen morgen nach Hause. Wetter war nicht besonders. Und sonst? Ich bin gespannt, ob und was sie erzählt. Endlich hat es heute geregnet. Aber der Sommer soll noch nicht vorbei sein.

****

Sonntag, 31. August 1997, 15.00 Uhr
Irgendwann im Juni haben Thorsten und ich beschlossen, uns wieder zu trennen. Es war zu dem Zeitpunkt eine gemeinsame Entscheidung, weil wir wohl nicht miteinander leben können. Seitdem ist schon wieder viel Zeit vergangen. Meinen 30. Geburtstag habe ich mit Freunden bei Jens im Garten verbracht. Reingefeiert habe ich mit Thorsten ... Irgendwie abartig, oder?
Mama hat die ersten vier Chemos hinter sich. Die letzten beiden liefen nicht so gut. Seit Anfang Juni hat sie keine Haare mehr, aber eigentlich lebt sie jetzt ganz gut damit. Zurzeit kriegt sie Bestrahlungen (noch vier Wochen lang). Dann kommen noch 6 Chemos. Man gewöhnt sich an dieses Leben. Irgendwie.
Thorsten ist immer noch hier, aber er wird wieder nach Gladbeck zurückgehen.
Gestern bin ich aus dem Urlaub zurückgekommen. Ich war zwei Wochen mit Jens auf Mallorca. Diese Entscheidung traf ich, als die Trennung von Thorsten klar war. Wir wollten schauen, ob wir uns in den zwei Wochen wieder nahe kommen können. Es war nett. Wie immer. Wir haben viel geredet. Aber ich kriege es einfach nicht mehr fertig, ihn zu küssen. So hat das doch alles keinen Sinn ...

Als ich gestern um 12 Uhr nach Hause kam, war die Wohnung leer. Thorsten war nicht da (nur ein Zettel), und unser Bett auch nicht mehr. Das hat er schon nach Gladbeck geschafft.
Gekündigt hat er hier immer noch nicht, und er hat auch keine neue Stelle. Ich liebe ihn, aber ich kann nicht mit ihm leben. Aber ich spüre dieses Gefühl, das mich verrückt macht, wenn er nicht da ist, und wie sehr ich ihn vermisse. Ich habe dieses überwältigende Bedürfnis, ihn zu berühren, ihn nur anzuschauen. Es ist einfach ein Gefühl der Liebe, wie ich es für Jens nie mehr fühlen kann. Ich bin sehr unglücklich, dass alles so gelaufen ist. Bald wird Thorsten hier weggehen, und ich muss über ihn hinwegkommen, ihn vergessen. Mit Jens bin ich übereingekommen, dass ich die Wohnung erstmal noch behalte, dass wir uns mittelfristig aber vorstellen können, wieder zusammen zu leben.
Ich denke, dass es dazu kommen wird, wenn ich erstmal wieder alleine bin. Aber es ist keine Entscheidung des Herzens, sondern des Verstandes. Wie soll ich Thorsten je vergessen? Gestern hatten wir eine wunderbare Nacht auf unseren Matratzen. Jetzt sind wir wieder da, wo wir angefangen hatten. Auf zwei Matratzen am Boden...

****

Samstag, 6. September 1997
Und weiter geht es mit der Bestrahlung. Die Hälfte ist fast vorbei. Hoffentlich bleibt es so problemlos. Gestern war ich in der Praxis. Frau Dr. Peters ist nicht mehr da, sie bekommt ein Kind. Nun bin ich bei Dr. Schönemann. Er war sehr nett und hat mir auch alle meine Fragen beantwortet.

Zum linken Arm: Das Taube, Schmerzvolle geht nie mehr weg.
Zum rechten Arm: Das dauert mit der Venenentzündung ein halbes Jahr oder bleibt für immer. Es gehört also zu meinem Leben. Die Haare wachsen, werden aber bei den nächsten Chemos wieder damit aufhören (vielleicht auch wieder ausfallen).
Das Wetter ist jetzt angenehm für mich. Ela ist auch wieder da. Alles war wohl nicht ganz so schön, aber ansonsten erzählt sie nichts über Jens und so. Ich will auch nicht fragen.
Ich gehe jetzt zu Rosi. Tine ist mit ihrer Familie da, und Ela will auch kommen.

Heute war die Beerdigung von Prinzessin Diana …

Freitag, 12. September 1997
Mein Gott, vergeht mir die Zeit!
Jetzt muss ich nur noch acht Mal zum Bestrahlen. War halb so schlimm. Heute war schönes, angenehmes Wetter, ich habe auf dem Balkon mit Chico gesessen und geträumt. Und hatte wieder so die fünf Minuten, wo ich denke: "Ist mir alles nicht passiert!" Aber leider ….
Ich musste wieder an Christel und Tante Mia denken, und dass sie nicht ein einziges Wort für mich haben. Ich glaube, ehe ich ihnen nicht meine Meinung gesagt habe, ist die Sache für mich nicht zu Ende.

****

Donnerstag, 18. September 1997, 20.00 Uhr
Thorsten ist seit Montag für zwei Wochen in Nürnberg - arbeiten. Ich fühle mich einsam, und er fehlt mir. Ich denke an Mama und muss weinen. Ich habe mir ein Glas Rotwein eingegossen. Irgendwie tröstet das.

****

Donnerstag, 25. September 1997
Heute war ich zum letzten Mal zur Bestrahlung. Meine Haut sieht aus wie die einer Echse. Hart, schrumpelig, juckend …
Aber das kriegen wir wieder hin. In vier Wochen muss ich noch mal zum AVK zum Nachsehen. Jedenfalls ist das kein Vergleich zur Chemo. Heute, als ich losfuhr zum AVK, habe ich das erste Mal nach langer Zeit Frau Spill, eine Nachbarin, gesehen, die auch gerade mit einer Freundin zur Chemo fuhr. Ich will mich mal mit ihr treffen und mich mit ihr austauschen. Sonst geht alles seinen Gang. Alles ist wieder beim Alten, als wenn nichts geschehen wäre. Uli ist häufig beim Fußball, Ela weiß nicht, welchen Mann sie will, Gudrun hat einen Freund, Inge W. hat auch einen Freund, Marianne hat Rückenprobleme, Rosi näht viel, aber die habe ich wenigstens Sonntags.
Das Wetter ist sehr schön, und ich sonne mich noch auf dem Balkon. Meine folgende Behandlung wird wohl bis ins neue Jahr gehen. Es graust mich. Meine Haare wachsen zaghaft, meine Wimpern heftig, ein Glück. Ja, und sonst … Sonst freut mich nichts, ich bin sehr lustlos. Mein Chico sitzt hier und schaut mich

an, das treueste Wesen, das man sich denken kann. Lieber Chico!

Sonntag, 28. September 1997
Unter meinem Arm tut die Bestrahlung sehr weh, ist sehr gerötet. Ein Mist!
Ich hoffe, es wird bald besser.
Gestern hat mir Ela erzählt, dass sie Ende des Jahres wieder zu Jens zieht. Ich freue mich sehr, aber mit Vorbehalt. Sie machte keinen besonders glücklichen Eindruck. Wenn es wieder auseinander geht, bin ich vorbereitet, und es wird mir nicht mehr das Herz brechen. Hoffentlich geht alles gut.

Donnerstag, 2. Oktober 1997
Ich bin am Montag noch einmal bei Dr. Heuer im Krankenhaus gewesen, weil meine Verbrennung sehr weh tut. Ich habe jetzt eine Cortisonsalbe, aber bis jetzt hat es noch nichts geholfen. Wenn es Montag nicht besser ist, gehe ich noch mal hin. Seit dem Tag meiner Operation bin ich nie mehr ohne Schmerzen gewesen, und wenn sie auch nur wenig waren. Manchmal bin ich traurig, aber ich gebe mir alle Mühe, dass die Traurigkeit mich nicht zu Boden drückt.
Gestern habe ich mich bei Rosi mit Ingrid Dussmann getroffen, und wir haben lange über unsere Krankheit gesprochen und uns unsere Narben gezeigt. Wenn ich so aussehen würde wie sie, damit könnte ich gut leben, denn sie hat noch ihre Brust. Was sehe ich dagegen scheußlich aus! Ob ich meinen Körper jemals ohne Abscheu betrachten kann? Ich bin so froh, dass Uli mich vollkommen in Ruhe lässt. Ich kann gut

verstehen, dass man einen solchen Körper nicht begehren kann. Aber er ist gleich bleibend lieb zu mir. Warum ist er früher bloß so schnell wütend geworden? Es geht doch auch so. Für mich sind viele Dinge sowieso unwichtig geworden. Bloß eines muss ich noch klären: Christel! Einmal muss ich ihr noch sagen, was ich von ihr halte!

****

Freitag, 3. Oktober 1997, 21.00 Uhr
Bin einsam und traurig. Kann nichts mit mir anfangen. Bin vorhin bei Mama gewesen. Wir waren beide traurig.
Jetzt sitze ich hier vor meinem zweiten Glas Wein und der hundertsten Zigarette und gucke "Mrs. Doubtfire". Ich fühle mich grauenhaft.
Ich habe die Wohnung gekündigt - zum 31.12. Ich werde wieder bei Jens wohnen. Ich habe ihn über meine Gefühle aufgeklärt. Habe ihm alles gesagt; dass die Liebe eben nicht wieder da ist, und dass mir die Trennung von Thorsten sehr schwer fällt. Er wollte trotzdem noch. Also tue ich es. Aber ich bin unglücklich. Ich fühle mich nicht wohl mit ihm. Und da ist nicht der Hauch einer Erotik; wie lange soll das funktionieren?
Ich vermisse Thorsten ganz wahnsinnig. Und dabei spüre ich, dass es ihm nicht sehr schwer fällt, mich zu verlassen. Und ich leide. Ich will nicht ohne ihn sein. Vielleicht sollte er lieber so schnell wie möglich verschwinden. Aber ich will nicht alleine sein. Ich kann das nicht. Alles ist so leer, kalt.
Es hätte doch klappen können mit uns. Warum ging es nicht? Was habe ich falsch gemacht? Es ist so dunkel, und mir ist unheimlich zumute. Ich versuche mich abzulenken,

von Mama, von Thorsten, aber es geht nicht. Niemand ist da zum Reden, zum Anlehnen. Ich habe solche Sehnsucht danach.

Mama hat jetzt die Bestrahlungen hinter sich. Sie hat Schmerzen, die Seite ist ganz verbrannt. In diesem Zustand können sie noch nicht mit den nächsten Chemos beginnen. Die Haare wachsen schon ein bisschen. Aber sie hat im Moment nicht die beste Phase.
Da ich leider auch nicht meine beste Phase habe, fällt es mir ein wenig schwer, sie zu trösten. Ich wünschte, alles wäre einfach vorbei und sie wäre gesund. Ich bin so erschöpft.
Morgen Nachmittag will Mama nach langer Zeit mal zu mir kommen. Jens wollte auch kurz kommen.
Warum ist nur jetzt niemand hier, wenn ich jemanden brauche? Ich bin so einsam, einsam, einsam.

Sonntag, 5. Oktober 1997, 21.00 Uhr
Ich werde gleich wahnsinnig hier. Drei lange, öde Tage liegen hinter mir. Es war entsetzlich. Niemand ist da, nicht mal zum Telefonieren. Ich werd noch verrückt. Gott sei Dank ist morgen Montag und ich kann arbeiten gehen. Endlich Menschen um mich herum.
Thorsten hat sich nicht gemeldet. Scheisskerl!
Ich rauche zuviel. Und wenn ich alleine bin, haue ich mir einen Wein nach dem anderen rein. Dann wird es ein bisschen leichter. Fernsehen, trinken, rauchen, Finger wund wählen – immer wieder von vorne. Warum kann der Abend nicht endlich vorbei sein? Warum ist niemand da? Ich hasse sie alle dafür, dass sie nicht da sind.

****

Samstag, 11. Oktober 1997
Gestern war ich bei Dr. Schönemann. Am 20. Oktober geht meine Chemo wieder los, aber wie gesagt, es soll nicht so schlimm sein, und meine Haare werden nicht ausfallen.
Ela hat heute gemessen, sie sind 1 ½ cm lang. Na, es wird ja!
Donnerstag ist Rosi zu Ralph und Gunhild gefahren. Somit habe ich morgen einen langweiligen Sonntag. Uli muss morgen nach Plauen fahren.
Mein linkes Bein tut mir heute wieder doll weh. Wahrscheinlich wegen des Regenwetters. Ela war vorhin da, und wir haben über Gott und die Welt geschwatzt. Sie hat ein Computer-Handbuch geschrieben, das jetzt verlegt werden soll. Ich bin sehr stolz auf sie.

Sonntag, 12. Oktober 1997
Heute ist Sonntag. Ich bin den ganzen Tag allein.
Ohne Rosi bin ich einsam. Vor Verzweiflung habe ich die Schränke aufgeräumt, und alle, die ich anrief, waren nicht da.
Dann habe ich mir Elas Hochzeitsfilm angesehen. Wie glücklich bin ich an diesem Tag gewesen. Und Ela und Jens sahen auch so glücklich aus. Was ist daraus geworden …
Morgen wird ein großes Blutbild gemacht. Hoffentlich ist alles in Ordnung.

Donnerstag, 16. Oktober 1997
Mein Verbranntes ist wieder geheilt, und ich werde heute das erste Mal baden!
Heute ist Donnerstag, und Sonnabend kommt Rosi zurück. Gott sei Dank.
Ich war sehr allein, denn alle anderen kann man vergessen. Keiner fragt mich mehr, wie ich das alles seelisch verkrafte. Da ich die Starke mime, denkt wohl jeder, bei mir ist alles in Ordnung. Dabei bin ich so traurig und allein mit meinen Sorgen.
Uli nimmt mich nie mehr in den Arm. Nur Schwester-Bruder-Küsse sind noch drin. Ich schlafe sehr schlecht, und in den langen Einschlafphasen gehe ich meine Beerdigung durch, und wo ich Chico beerdige, und ob Rosi mit in unser Familiengrab kann. Ich wäre gern auch im Tod mit ihr vereint.
Ich merke immer wieder, wie jeder sein eigenes Leben lebt, auch Ela ist wohl langsam ein bisschen genervt. Dabei jammere ich gar nicht. Mein kleiner Chico ist mein ganzes Glück. Er ist immer da, er liebt mich so oder so.

Samstag, 18. Oktober 1997
Gott sei Dank kommt Rosi heute wieder!
Das Wetter ist schön, und dann können wir morgen etwas machen.
An Rosis Geburtstag hat Inge W. erzählt, dass ihre Freundin Ilse, die ich ja auch kenne, an Brustkrebs operiert worden ist. Auch Brust ab. Sie will aber nicht, dass das einer weiß. Ich hätte mich sonst gern mit ihr unterhalten. Sie wird wohl den gleichen Horror emp-

funden haben wie ich. Nur wer selber betroffen ist, kann diese Angst, diesen Schmerz, dieses Wertlossein, empfinden.
Meine Haare wachsen zusehends, und meine Wimpern sind so lang wie vorher. Ich freue mich schon, wenn ich wieder ohne Perücke rausgehen kann.
Montag geht's wieder los mit Chemo, und in meinem Bauch sitzt ein großer Klumpen Angst.

Dienstag, 21. Oktober 1997
Gestern hatte ich meine neue Chemo. Mir war flau im Magen, und heute Morgen war mir schwindlig. Aber im Großen und Ganzen geht es mir besser als bei der roten Chemo. Leider findet man bald keine passende Vene mehr. Das Gestochere tut weh. Was hilft's? Ich muss auch da durch. Und ich komme auch durch!

Montag, 27. Oktober 1997
Bin von der Chemo zurück. Hab ich die Schnauze voll!
Viermal hat sie gesucht, ehe sie eine passende Vene gefunden hat, und das hat wehgetan. Noch viermal. Oh Gott!
Die ganze Woche war mir übel, und jetzt geht es schon wieder los. Heute habe ich vor Verzweiflung wieder einmal geheult.

Dienstag, 28. Oktober 1997
Heute geht es schon besser. Aber ich habe so eine Unruhe in mir, so dass ich heute Fenster geputzt und Gardinen gewaschen habe. Auch die Geranien habe ich rausgerissen. Es ist schon sehr kalt für Oktober. 5°C minus. Jetzt habe ich ein Gefühl der Befriedigung, etwas geschafft zu haben, aber ich bin total kaputt.
Gestern Abend hat Tine mich angerufen, hat mich sehr gefreut. Auf Hawaii haben sie es so schön! Auf uns wartet ein langer, kalter Winter, und die Arthrose wird mich auffressen. Es graust mich, ins Bett zu gehen, weil die Schatten der Nacht mich wach halten, und die Traurigkeit sich auf meine Seele legt. Ich habe manchmal das Gefühl, dass Uli mich nicht versteht. Ich wünsche mir so sehr, dass er mich einfach in die Arme nimmt und sagt, dass alles wieder gut wird und dass er mich doch braucht. Aber er ist nur in Eile und geht zum Fußball. Gut, er fährt mich überall hin und bringt mir oft Blumen, aber wenn ich mal das Gespräch darauf bringe, ist er nicht besonders interessiert. Einer, der mich wirklich braucht, ist Chico. Er ist verloren ohne mich.
Gott sei Dank habe ich Rosi, sie hört mir immer zu.

Donnerstag, 6. November 1997
Heute habe ich einen schlechten Tag. Die Tränen sitzen locker, ich fühle mich ganz am Boden. Ich glaube, ich kriege oder habe schon Depressionen. Chico schmust um mich rum, während ich schreibe. Er könnte alles tun, Hauptsache er ist da. Mein armer

Kleiner, wer liebt Dich so wie ich, wenn ich mal nicht mehr bin?
Ela will ihn ja zu sich nehmen, aber sie mag ihn einfach nicht richtig. Dabei ist er so lieb. Natürlich ist er verwöhnt, schließlich ist er mein Ersatzkind ...

Montag gehe ich zum Augenarzt und zum Orthopäden. Ich versuche, einen Deal mit dem lieben Gott zu machen: Lass mich gesund werden, und ich will mich nicht über meine fehlende Brust, über die schreckliche Chemo, über die Arthrose beklagen. Dabei weiß ich genau, dass es dem lieben Gott völlig egal ist, was aus mir wird. Vielleicht komme ich wenigstens in den Himmel und kann von dort ein wachsames Auge auf meine Lieben haben.
Bei Uli und Ela versuche ich immer, mir nichts anmerken zu lassen, weil ich Angst habe, ihnen auf den Geist zu gehen. Und das wäre ganz schlimm für mich. Wie kann ich bloß wieder ein bisschen Lebensfreude finden? Ich bin eine verlorene Seele, die verzweifelt versucht zu tun, als wenn alles nicht wahr gewesen ist.

Vor drei Tagen habe ich geträumt, ich hätte jemanden umgebracht und verbuddelt. Als man mir auf die Schliche kam, habe ich furchtbare Angst vor Entdeckung gehabt, aber dann habe ich gedacht: "Mir kann man nichts anhaben, ich habe ja Krebs!" Ein seltsamer Traum! Wenn ich noch tiefer in meiner Trauer versinke, muss ich mir wohl Hilfe suchen.

****

Freitag, 7. November 1997, 23.30 Uhr
Am nächsten Samstag will Thorsten ausziehen. Ich sitze hier und heule.
Am letzten Freitag war es genau ein Jahr her, unser erster Kuss. Er zieht vorübergehend zu seinem Arbeitskollegen Martin in die Friedrichstraße. Ich kann das alles nicht glauben. Es tut weh. Ich kann nicht fassen, dass er bald nicht mehr da sein wird. Und nie mehr wiederkommt!
Wir haben Probleme mit der Wohnungskündigung. Vielleicht lassen die uns nicht aus dem Vertrag raus, weil er auf 5 Jahre befristet war. Ich weiß nicht, was wird. Ist mir eigentlich auch egal.

Mama hat mir heute wieder stundenlang ihre Ängste geschildert. Ich mag nicht mehr. Ich hab auch Angst! Ich pack das alles nicht. Was soll ich machen? Kann uns mal bitte jemand retten???
Bald ist schon Weihnachten. Was für ein schlimmes Jahr. Wie soll man Weihnachten feiern in so einem Jahr? Einfach so tun, als wäre nichts geschehen?
Mein Herz tut so weh. Warum liebt er mich nicht mehr? Warum ist alles so schief gelaufen? Warum musste meine Mama so krank werden?
Es zerreißt mir das Herz.

****

Samstag, 8. November 1997
Heute hätte unsere Mutti Geburtstag. 91 Jahre alt würde sie werden.
Gestern hat mich Sibylle aus Hamburg besucht. Es war sehr nett. Sie interessiert sich sehr für Esoterik.

Hat mein Schlafzimmer ausgependelt und gesagt, über meinem Bett sei ein Stromkreis, der mir schadet. Ich soll auf Ulis Seite schlafen, und an die Stelle, wo der Stromkreis hin trifft, einen Ficus Benjamini hinstellen. Der fängt teilweise die Ströme ab. Also Uli tauscht das Bett mit mir, aber innerlich hat er bestimmt gelacht. Ich aber glaube daran. Früher habe ich auch gegrinst. In meiner Situation greift man nach jedem Strohhalm. Wir glauben schließlich auch an Gott und haben ihn nie gesehen.

Am Donnerstag, als ich so deprimiert war, habe ich Christel und Tante Mia geschrieben und ihnen gesagt, was ich von ihnen halte. Ich denke nicht, dass sie mir noch mal schreiben. Aber jetzt bin ich frei vom Warten. Ob sie ein schlechtes Gewissen haben?

Dienstag, 11. November 1997
Gestern war ich beim Augenarzt und bei Dr. Mönch, dem Orthopäden. Augenarzt ok, habe nur eine leichte Bindehautentzündung. Dr. Mönch hat mich geröntgt. Meine Arthrose ist gar nicht so schlimm, die Schmerzen kommen von der Chemo. Aber Krankengymnastik ist trotzdem angesagt. Die mache ich jetzt in Teltow. Ich hatte schon Angst, ich habe Knochenmetastasen. Jetzt ertrage ich die Schmerzen viel leichter, denn irgendwann wird es also besser werden.
Morgen bin ich bei Frau Spill zum Kaffee eingeladen. Ich habe schon wieder 1 kg zugenommen.

Sonntag, 16. November 1997
Morgen muss ich wieder zur Chemo. Igitt!
Und keiner (außer Rosi) bedauert mich mehr. Man hat sich daran gewöhnt, bloß ich mich noch nicht.
Uli denkt im Moment nur dran, wie er das Geld für sein neues Auto zusammen bekommt, und Ela, wie sie mit ihren beiden Männern klar kommt. Gestern ist nämlich Thorsten ausgezogen, und nun ist großer Liebeskummer angesagt. Dazu kommt noch, dass sie aus dem Mietvertrag nicht rauskommt, wenn kein Nachmieter da ist. Schöne Scheiße! Ich hoffe, sie lässt sich nicht unterkriegen. Egal, was sie macht, sie ist mir eine gute Tochter, und ich liebe sie.
Vor ein paar Tagen hat Christel geschrieben. Donnerwetter, doch noch! Mein Brief hat sie aufgerüttelt, aber der Brief geht nur so: "ICH kann nicht trösten, ICH kann nicht schreiben, ICH kann nicht anrufen." Immer ICH, ICH ... So etwas äußern für mich nur Egoisten. Ob ich ihr jemals antworte, weiß ich nicht.
Ich gehe jetzt nach Teltow ins Reha-Zentrum zur Krankengymnastik. Hoffentlich hilft es. Aber ich bin dann wenigstens abgelenkt. Drei Mal die Woche!

****

Mittwoch, 19. November 1997, 20.45 Uhr
Seit Samstag ist Thorsten nicht mehr da ...
Am Freitag waren wir noch beim Italiener essen, ein wenig spazieren und Kaffee trinken. Ich werde diese Momente nie vergessen.

Zu Hause haben wir Kerzen angezündet, Wein getrunken und stundenlang geheult. Er sagte immer noch, dass er mich liebt, aber dass er nicht mit mir leben kann. Es war ja auch eine chaotische Zeit. Am Samstag haben wir noch im Bett gekuschelt, danach gefrühstückt. So wie jeden Samstag.
Als er dann begann, die Matratze zusammen zu rollen, konnte ich es nicht mehr aushalten. Um halb 12 bin ich zu Mama geflüchtet. Ich sehe immer sein Gesicht vor mir, als ich die Tür hinter mir zu machte. Seine Augen waren voller Tränen.

Ich schaue ständig zur Tür und denke, gleich schließt es und er kommt nach Hause. Ich höre seine Stimme überall. Ich kann ihn riechen und fühlen. Alles hier erinnert mich an ihn.

Ich habe seit Samstag kaum geschlafen, bin immer erst morgens nach Hause gekommen. Ich habe 60 Zigaretten am Tag geraucht und viel zu viel getrunken. Ich bin völlig erschöpft und kann doch nicht schlafen. Ich habe Angst.
Angst, vor dem Alleinsein. Angst vor allem, was kommt.

Mama hatte Montag wieder Chemo. Entsprechend geht es ihr jetzt. Und ich muss auch wieder zuhören und trösten. Wie soll ich das bloß immer schaffen? Ich wünschte mir so, sie könnte mir eine Mutter sein, und mir auch mal zuhören oder mir vielleicht einen Rat geben, oder mich einfach in den Arm nehmen. Aber das hat sie eigentlich nie so richtig. Sie dachte wohl immer, wenn sie die Augen schließt und ein Problem einfach ignoriert, verschwindet es von selbst.

Im Moment lasse ich mich von zwei Arbeitskollegen trösten. Der eine war am Montagabend hier. Natürlich kam es zu Zärtlichkeiten, aber wir hörten irgendwann auf. Es ist mir egal. Es tröstet irgendwie. Ich würde alles dafür tun, getröstet zu werden und nicht allein zu sein.

****

Samstag, 22. November 1997
Heut ist Samstag. Uli ist schon früh nach Nordhausen gefahren.
Ela war da. Sie wollte sich heute mit Thorsten treffen. Was das bringt, weiß ich nicht. Heute hat sie mir erzählt, sie empfindet für Jens nur noch Freundschaft. Dann glaube ich, ist es besser, sie zieht nicht mehr zu ihm, so leid mir das tut.
Montag ist wieder Chemo angesagt, die Leukos waren gestern sehr gut (3200).
Rosi ist übers Wochenende nach Büsum gefahren. Da sieht sie mal etwas anderes. Dann bin ich wohl morgen allein.

Dienstag, 25. November 1997
Gestern war wieder Chemo. Sie hat zwar gleich die Vene gefunden, aber mir ist soooo schlecht, so eklig schlecht, und ich bin so schwach. Habe heute Krankengymnastik abgesagt.
Uli fragt mich kaum noch, wie es mir geht. Aus Angst, dass ich sagen könnte: "Es geht mir schlecht." Das will er gar nicht hören. Nie nimmt er mich in den

Arm und sagt: "Das wird schon wieder." Immer nur flüchtige Küsse beim Kommen und Gehen.
Nun war er ja nie ein zärtlicher Mann, warum sollte er es jetzt gerade sein? Aber irgendwie habe ich Sehnsucht nach ein bisschen Nähe, nach einem tröstenden Wort. Nur Rosi ist unermüdlich. Wenn ich sie nicht hätte, wäre ich sehr einsam. Ela geht ihrer Wege und sitzt tapfer jeden Sonnabend und einige Abende ihre Stunden bei mir ab. Sie ist selber traurig. Wie sollen sich zwei Traurige trösten?

Sonntag, 30. November 1997
Heute geht es mir magenmäßig endlich wieder besser. Wir waren in Teltow auf dem Weihnachtsmarkt, und ich bin ohne Perücke dort hingegangen. Keiner hat eine Miene verzogen. Naja, aber da kennt mich kaum einer. Dann war ich anschließend auf dem Weihnachtsmarkt in Zehlendorf, wo Uli einen Stand mit seinem Verein hatte.
Es war heut nicht kalt, ein netter Nachmittag.

****

Mittwoch, 3. Dezember 1997, 19.10 Uhr
Ich habe zwei Entscheidungen getroffen.
Nach einem Desaster am Sonntag habe ich definitiv entschlossen, nicht zu Jens zurück zu gehen! Er war so besoffen, dass er mich versetzt hatte und Montag noch nicht mal zur Arbeit gehen konnte. Das war der Auslöser. Diesen

Stress muss ich mir einfach nicht mehr antun. Das war schon damals immer ein Streitpunkt zwischen uns. Immer musste er trinken beim Fußball. Egal, wie oft ich ihn bat, es nicht zu tun und insbesondere dann nicht auch noch Auto zu fahren - er hat sich nie daran gehalten.
Ich werde lieber allein bleiben. Um endlich hier raus zu kommen und auf andere Gedanken zu kommen, habe ich kurzentschlossen einen Urlaub gebucht. Ganz alleine fahre ich am 15. Dezember für eine Woche nach Fuerteventura. Ich bin ganz stolz auf meine Entscheidungen. Und mach mir gleichzeitig fast in die Hosen …

Jetzt sitze ich hier und denke an Mama, und mein Herz klopft ganz schnell.
Heute Nacht hatte ich einen Traum. Ich habe mich aus dem Fenster eines Hochhauses gestürzt, weil ich nicht ohne Mama leben konnte, und weil ich diesem Alptraum einfach entfliehen wollte. Mitten im Fall wollte ich plötzlich doch lieber umdrehen, aber es war zu spät. Dann war ich tot. Und Mama kurze Zeit später auch, weil sie nicht ohne MICH leben konnte.

****

Freitag, 5. Dezember 1997
Nachdem ich mich erfolglos um Schlaf bemüht habe, habe ich wieder Licht gemacht und schreibe.
Mein Bein tut weh, meine Narben schmerzen, meine Halswirbelsäule lässt mich nicht ohne Schmerz liegen. Von Kopf bis Fuß tut alles weh. Niemand kann mir helfen. Ich bin oft so verzweifelt, habe aber Angst,

wenn ich davon rede, dass ich meinen Lieben langsam auf die Nerven gehe. Die Angst erstickt mich. Uli ist wie immer unterwegs. Ich glaube, er macht sich gar keine Gedanken, wie es mir geht, wenn ich so viel allein bin. Er träumt nur von einem neuen Auto.
Ela will eine Woche allein verreisen und mal abschalten. Ich hoffe, sie hat eine gute Zeit. Verdient hat sie es.
Gudrun ist im Moment auf Gran Canaria. Die hat es gut! Inge W. ist auch auf Gran Canaria. Als wir 1989 dort waren, war es sehr schön. Ich würde auch gern noch etwas von der Welt sehen, aber das ganze Geld wird von Uli für ein neues Auto gespart. Naja, ich habe wohl einfach nichts Besseres verdient. Scheiße, warum, warum?

Montag, 8. Dezember 1997
Seit Samstag, dem 6. Dezember gehe ich ohne Perücke. Das Haar ist zwar noch extrem kurz, aber ich will nicht mehr. Wieder ein Abschnitt meines Lebens vorbei! Es kann nur alles besser werden.
Ingrid Dussmann soll es sehr schlecht gehen. Ich hoffe nicht, dass sie stirbt. Ich wünsche ihr so sehr, dass sie es schafft. Wir sind einfach noch zu jung.

Donnerstag, 18. Dezember 1997
Ingrid wird es wohl nicht schaffen. Das belastet mich sehr.
Aber ICH will und werde es schaffen. Es schaffen so viele, warum soll ich nicht dabei sein? Ich fühle mich

gut. Bald ist Weihnachten, und wir wollen es uns schön machen. Ela ist zurzeit auf Fuerteventura, ganz allein. Sie wird staunen, dass sie zu Weihnachten einen neuen Fernseher bekommt.
Gestern war ich das letzte Mal bei Frau Jäger. Aber irgendwann gehe ich sie besuchen. Wir haben uns gut verstanden.
Ins Reha-Zentrum gehe ich auch noch. Ein bisschen hat es schon geholfen.
Übrigens, gestern habe ich im Kreuzworträtsel 300,- DM gewonnen. Prima!

Montag, 22. Dezember 1997
Ich schlafe wieder so schlecht, und ich muss immer an Ingrid denken. Aber ich rufe nicht mehr an. Das ist nicht gut für mich, und ich muss lernen, auch egoistisch zu sein. Körperlich geht es mir nicht schlecht, aber seelisch …
Wenn ich mich doch bloß von diesen schrecklichen Gedanken freimachen könnte! Ich bin so dünnhäutig geworden, und vieles bringt mich leicht zum Weinen.
Heute kommt Ela wieder. Es war wohl ganz schön.
Und wer hat mir heute eine Weihnachtskarte geschrieben? Christel! Aber ich bin noch lange nicht bereit, ihr wieder zu schreiben. Irgendwann einmal …

****

Samstag, 27. Dezember 1997, 17.40 Uhr
Weihnachten und Urlaub vorbei.
Mama geht es zurzeit recht gut. Sagt sie. Ob sie mich anlügt??
Sie hat die letzten zwei Chemos verschoben und konnte sich so fast fünf Wochen erholen. Deshalb war Weihnachten auch ganz schön. Jens war dabei, der alten Zeiten wegen …
Am ersten Feiertag waren wir zusammen essen und danach bei Tante Rosi.
Gestern war Mama kurz hier, um sich mein neues Bett anzusehen (hab ich mir geleistet, wollte nicht mehr auf dem Boden schlafen). Und zu Weihnachten habe ich einen neuen Fernseher bekommen! Grandios!

Am Dienstagabend war Thorsten hier und blieb die ganze Nacht. Wir können eben doch nicht ohne einander.
Heilig Abend morgens ist er dann nach Gladbeck gefahren. Am nächsten Dienstag fahren wir für ein paar Tage ins Blaue – über Silvester. Ich weiß auch nicht, was das alles soll. Aber ich bin froh, wenn ich nur mit ihm zusammen sein kann.

****

Sonntag, 28. Dezember 1997
Weihnachten ist vorbei. Es war ein schönes Fest. Jens war da, und ich glaube, er war sehr traurig, hat sich das aber nicht anmerken lassen und ging bald. Es ist schon sehr traurig, das mit den beiden.
Heute waren wir bei Tine in Konradshöhe. Sie haben ihr altes Haus noch behalten. War sehr nett.

Morgen habe ich wieder Chemo. Es graust mich, aber bald ist es zu Ende. Wenn bloß meine Knochen nicht so wehtun würden! Ansonsten fühle ich mich nicht schlecht und wiege wieder 66 kg!
Rosi hat diesmal mit uns gefeiert.

Kapitel 2 – 1998
"Ich HATTE Krebs, na und?"
****

Donnerstag, 1. Januar 1998
Es ist Neujahr! Und ich will nur hoffen, dass dieses und alle anderen Jahre besser werden.
Uli und ich waren Silvester allein, und wir haben ferngesehen. Ich hatte am 29.12. die vorletzte Chemo, und so schlecht wie beim letzten Mal geht es mir nicht. Nur noch einmal, und dann habe ich es geschafft. Lieber Gott, lass alles gut werden, und schenke mir noch viele Jahre mit meiner Familie. Ela hat in der Silvesternacht angerufen. Sie ist mit Thorsten in Zwiesel im Bayerischen Wald. Alles Schöne, was man erlebt, kann einem keiner mehr nehmen!

Freitag, 2. Januar 1998
Ich war heute bei Frau Heinrich. War viel zu tun, ich war total fertig. Dann habe ich mit Rosi gesprochen und sie gefragt, ob Ingrid noch lebt. Sie ist am 23.12. gestorben, und heute war die Trauerfeier. Ich bin traurig, aber sie ist erlöst. Es soll so schlimm gewesen sein, der Anblick.

Montag, 5. Januar 1998
Es ist geschafft! Ich habe heute meine letzte Chemo bekommen. Gott sei Dank!

Nun geht es aufwärts. Der Horror, der körperliche Horror, ist vorbei. Den seelischen muss ich auch noch bekämpfen. Man sagt ja immer, die Zeit heilt alle Wunden. Hoffentlich auch meine.

Donnerstag, 15. Januar 1998
Heute hatte Jens Geburtstag. Ich war mit Ela bei ihm. Ich dachte, ich hätte mich damit abgefunden, dass die beiden nicht mehr zusammenkommen. Aber das stimmt nicht. Es war mir ganz furchtbar, dort in der Wohnung zu sitzen, wo wir alle so viel gearbeitet haben, um eine gemütliche Bleibe zu schaffen.
Sie saß so stumm und verloren da, nicht mehr zugehörig. Alle haben so getan, als wäre alles normal. Marga und Günther, Jens' Eltern, haben mir einen Blumenstrauß geschenkt, weil meine Chemo zu Ende ist. Da kamen mir vor Rührung die Tränen. Ach, wenn doch alles so wie früher wäre! Und nun sitzt Ela allein in ihrer kargen Wohnung und ist auch nicht glücklich.

Übrigens habe ich einen Gutschein von Douglas über 300,- DM gewonnen. Toll!

****

Sonntag, 18. Januar 1998, 20.50 Uhr
Heute war ich mal wieder den ganzen Tag allein, war nur kurz bei Mama. Fühle mich einsam wie immer.
Mit der Wohnung tut sich nichts. Keiner will sie haben. Suche dringend einen Nachmieter.

Das Leben ist beschissen. Ein ewiges einsames Einerlei. Ich vermisse Zärtlichkeit und Liebe; jemanden, der da ist.

Am Donnerstag hatte Jens Geburtstag. Ich war mit Mama da, aber es war einfach blöd. Die Begrüßung fiel recht kühl aus, ich hab die alle ja fast ein Jahr nicht gesehen. Als dann noch ein paar Freunde von Jens kamen, fühlte ich mich gänzlich fehl am Platz und bin gegangen. Hätte ich mir sparen können. Aber ich denke, er hat es jetzt verstanden und lebt ganz gut damit.
Über Silvester war ich mit Thorsten in Zwiesel, im Bayerischen Wald. Es war schön, und wir haben uns ganz gut verstanden. Umso schlimmer ist immer die Einsamkeit danach. Seit zwei Wochen ist er dienstlich in Heilbronn. Schade, dass er nicht wenigstens ein einziges Mal zwischendurch anruft.

****

Mittwoch, 28. Januar 1998
Am 26. Januar war ich zur Untersuchung bei Dr. Schönemann, denn meine Therapie ist zu Ende. Es ist zurzeit alles in Ordnung. Gott sei Dank. Ich hoffe, es bleibt so. Ich bin erleichtert, aber meine Freude und mein Glück sind still. Weil immer die Angst da ist, dass dieser verdammte Krebs wiederkommt. Ich versuche zu verdrängen, so gut es geht. Aber in den schlaflosen Nächten kommen immer noch die trüben Gedanken. Ich muss mir immer sagen: "Ich bin gesund! Ich HATTE Krebs, na und?"
Meine Familie hat gar keine besondere Erleichterung gezeigt. Gut, prima, gehen wir zur Tagesordnung

über! Außer Rosi, sie leidet und freut sich immer mit mir. Uli hat sich gut arrangiert mit meiner Krankheit; er lässt sich weiter bedienen von hinten bis vorn. Ich weiß mit Sicherheit, dass er mal gut allein fertig werden wird. Ob er noch mal so eine Blöde findet, die ihm alles nachräumt? Jedenfalls bin ich froh, dass ich das alles überhaupt machen kann, denn ich lebe!!!

****

Mittwoch, 28. Januar 1998, 21.50 Uhr
Mein Gott, ich bin so froh! Mama war am Montag bei ihrer Untersuchung, und es ist alles in Ordnung!!!! Ich kann gar nicht sagen, was für ein Stein mir vom Herzen gefallen ist, mir sind am Telefon sofort die Tränen gekommen. Lieber Gott, bitte mach, dass das so bleibt. Lass diesen Scheiß-Krebs nicht wiederkommen! Lass meine Mama gesund sein! Ich liebe sie doch so, ich halte das nicht aus. Bitte, bitte, bitte!!!!

Donnerstag, 12. Februar 1998, 13.50 Uhr
Jetzt ist alles aus! Thorsten hat einen Job in Heilbronn angeboten bekommen, und er hat sich gestern entschieden, ihn anzunehmen. Es war so schön in der letzten Zeit. Wir waren jedes Wochenende zusammen und hatten eine tolle Zeit. Und nun das. Sonntag sagte er noch, wenn er nicht nach Heilbronn geht, kommt er wieder zu mir zurück. Und ich machte mir wieder Hoffnungen, ich Idiot!
Gleichzeitig faselt er immer noch so einen Mist, dass ich mitkommen soll nach Heilbronn, und dass er unsere Beziehung trotz der Distanz nicht aufgeben will und an den Wo-

chenenden doch nach Berlin kommen kann. Er sagt immer noch, dass er mich liebt, dieser Scheißkerl!
Gestern Abend war ich völlig fertig. Er soll schon am 1. März anfangen. So schnell. Warum mache ich das alles mit? Ich fühle mich hundeelend. Außerdem bin ich erkältet und deshalb mittags nach Hause gegangen. Werde nachher eine Flasche Wein aufmachen, die hilft gegen alles ...
Gott sei Dank geht es Mama recht gut. Wenigstens muss ich momentan nicht jede Sekunde Angst haben, dass etwas mit ihr nicht stimmt. Aber dennoch ist die Angst ein ständiger Begleiter geworden. Ob das nur die Ruhe vor dem nächsten Sturm ist?!?

****

Freitag, 13. Februar 1998
Am 17. Februar haben wir unseren 31. Hochzeitstag. Mein Gott, was für eine lange Zeit!
Mir geht es gut. Im Reha-Zentrum bin ich fertig. Ich gehe jetzt drei Mal die Woche zu Frau Heinrich. Verdiene gutes Geld. Aber am meisten bin ich froh, dass ich das alles machen kann, weil es mir gut geht.
Bald wird es Frühling, und alles sieht wieder schöner aus.

****

Sonntag, 15. Februar 1998, 15.20 Uhr
Mama geht es gut. Und trotzdem – ich träume verrückte Sachen, stelle mir sogar manchmal ihr Begräbnis vor, werde verrückt bei diesem Gedanken. Wie soll ich danach weiterleben? Wie soll Papa weiterleben? Und wie soll ich mit ihm

alleine weiterleben? Diese Gedanken machen mich wahnsinnig. Ich habe so ein Gefühl, dass im Moment irgendetwas vor sich hin schlummert, nur um bald wieder auszubrechen. Man wiegt uns in Sicherheit, alles erscheint normal und gut, Mama lacht, Papa lebt wie immer, aber ich komme um vor Angst. Ich traue der Geschichte nicht. Ich möchte darüber reden, aber mit wem? Susi ist meistens beschäftigt. Am Telefon können wir meist keine zwei Minuten ungestört reden, weil die Kinder im Hintergrund ständig was wollen. Thorsten? Kein Kommentar. Wer bleibt mir?
Heute vor einem Jahr sind wir hier eingezogen. Wir waren so glücklich. Und nun ist alles vorbei. Was tut er mir an? Warum merkt er es nicht einmal? Ich hasse ihn!

Ich sitze hier und bin schon ziemlich betrunken. Sonntagnachmittag! Niemand ist da. Niemand hat Zeit für mich. Ich muss endlich begreifen, dass er nichts mehr für mich fühlt. Gar nichts. Gestern habe ich ihn gefragt, was er sagen würde, wenn ich mitkäme nach Heilbronn. Nur, um ihn auf die Probe zu stellen. Er war ganz erschrocken und sagte, das ginge doch nicht so einfach, und er müsste ja erstmal die anderen fragen, weil sie sich doch dort ein Haus zusammen mieten wollten. Und überhaupt wäre das ja alles nicht so leicht.
Piiiiep, leider die falsche Antwort, Du Mistkerl!
Ich heule und saufe und fühle mich unendlich allein. Ich habe versucht, alle anzurufen, die ich kenne. Es ist niemand zu Hause. Klar, ist ja auch Sonntag. Familientag, ha ha!
Mir ist schwindlig vom Wein. So kann ich es aushalten. Ich habe sogar Jens angerufen ... Heute ist einer von den ganz schlimmen Tagen. Ich weiß nicht mehr, was ich tue. Alles ist mir egal. Ich betrinke mich sinnlos, auch wenn ich nachher

vielleicht kotzen muss. Ist mir wurscht. Es ist einfach leichter.
Jetzt, wo es Mama besser geht, habe ich wahrscheinlich mehr Zeit, um über den Rest meines Lebens nachzudenken, weil momentan nicht jeder Gedanke ausschließlich um Mama kreist. Da weiß man ja gar nicht, was besser ist ...
Meine Schrift kann ich morgen bestimmt nicht mehr lesen. Ich kann nicht mal mehr heulen, so zugedröhnt fühle ich mich. Kann gar nicht mehr richtig laufen, alles dreht sich. Wieso kann ich eigentlich noch schreiben?
Irgendwie krieg ich noch mit, was ich tue. Aber ich fühle nichts mehr. Mein Körper reagiert nicht mehr richtig. Mein Kopf fällt nach hinten, und ich bin ganz schwach. Habe kaum noch Zigaretten. Wie soll ich den Tag überstehen? Es ist erst 15.50 Uhr, und ich kann doch jetzt nicht mehr Auto fahren.

Mein Katzentier sitzt an der Badezimmertür und guckt mich an. Was denkt er wohl? Merkt er, dass mit mir was nicht stimmt? Jetzt muss ich langsamer trinken, sonst krieg ich gleich gar nichts mehr mit. Nun muss ich doch weinen. Vielleicht sollte ich was essen? Vielleicht will ich aber gar nicht nüchtern werden! Ich spüre keinen Schmerz mehr, habe keine Angst. Warum ist niemand hier, der mich in den Arm nimmt und ganz fest hält?
Will schlafen, aber noch ist es hell. Warum ruft niemand an? Wo seid ihr alle? Ich will mein altes Leben wieder haben! Meine Geborgenheit, meine Sicherheit, meine gesunde Mama!
16.30 Uhr, die Zeit vergeht nicht. Meine Flasche ist alle. Nur noch ein Schluck. Den schaffe ich auch noch. Meine Augen brennen. Worum geht es hier eigentlich?

16.50 Uhr, neue Flasche aufgemacht. Jetzt gibt es Rosé, alles andere ist leer.
Kann nicht mehr schreiben.

****

Donnerstag, 19. Februar 1998
Wir waren gut essen an unserem Hochzeitstag. Es war schön. Es geht mir gut, und ich versuche erfolgreich, alle bösen Gedanken zu verdrängen.
Gestern hat mir Ela erzählt, dass Jens eine Freundin hat. Das musste ja mal kommen, jetzt hat sie ihn endgültig verloren und Thorsten auch. Sie ist böse auf ihn, weil er für ein Jahr nach Heilbronn geht und dann zurück nach Gladbeck, nach Hause. Vielleicht ist es gut so, vielleicht vergisst sie ihn dann endlich. Er war kein Mann fürs Leben, keiner für schlechte Tage. Nun steht sie mit leeren Händen da.

****

Sonntag, 22. Februar 1998, 14.15 Uhr
War am Dienstag mit Mama und Papa essen, sie hatten Hochzeitstag. Es war richtig schön, und wir haben so getan, als wäre alles gut und wie früher. Ich denke, Mama verdrängt das alles im Moment ganz gut, so wie ich auch. Papa lässt sich auch nichts weiter anmerken. Oder sie lügen alle und schauspielern sich zu Tode. Wer weiß das schon?

Thorsten hat nicht angerufen. Habe ihm einen Brief geschrieben. So leicht kommt er mir nicht davon. Schließlich kommen wir aus dem Mietvertrag nicht raus, und ich kann die Wohnung nicht alleine bezahlen. Er muss die Hälfte der

Miete tragen, sonst gehe ich zum Anwalt. Nicht mal darauf hat er reagiert.

Jens hat jetzt eine Freundin! Tja, so ist das eben. Ist schon ok, er hat es ja verdient, nachdem er so lange gelitten hat. Er hat gesagt, er wird immer mein Freund sein. Wir haben uns gedrückt und umarmt. Aber nun hat sogar ER eine andere, und ich bin allein.

****

Donnerstag, 5. März 1998
Ich habe schon lange nichts mehr geschrieben. Ich gehe wieder ins Solarium und bin auch schon ein bisschen braun. Wir wollen auch mal schwimmen gehen, wenn ich einen Badeanzug habe. Wenn ich nicht immer Schmerzen hätte, könnte ich alles für eine Zeit vergessen. Aber so! Ich habe gerade gebadet. Was für ein hässlicher Körper! Außerdem wiege ich 68 kg!! Ich habe noch nie so viel gewogen. Aber besser so als anders. Ich will ja auch nicht jammern, es würden viele gerne mit mir tauschen. Wichtig ist, dass ich alles allein machen kann und sogar noch „arbeiten" gehe.

Ela ist übers Wochenende mit Arbeitskollegen an die Ostsee gefahren. Nun ist Thorsten weg nach Westdeutschland, Jens hat eine Freundin, und sie ist allein. Wenn ich doch nur helfen könnte!

Ich schlafe schon eine Weile ohne Hilfe. Ich habe noch heute manchmal Augenblicke, wo ich denke, ich bin die Alte. Aber mein graues Haar lehrt mich etwas anderes. Ich werde mir die Haare wohl nicht mehr färben.

****

Freitag, 13. März 1998, 18.30 Uhr
Am letzten Wochenende war ich mit ein paar Kollegen an der Ostsee. Es war richtig lustig, und ich habe mich total abgelenkt gefühlt. Super! Allerdings haben wir alle auch mächtig viel getrunken, hingen den halben Vormittag mit Kopfschmerzen rum, aber bis zum Abend waren wir wieder fit. Wir fühlten uns wie kleine Kinder, die nur Unsinn im Kopf haben. Ein herrliches Gefühl, nicht allein zu sein.

Ich habe Thorstens Telefonnummer in Heilbronn aufgespürt und ihn angerufen. Er war stinksauer und hat gesagt, er überlegt sich etwas wegen der Zahlungen für die Wohnung und ruft mich am Freitag wieder an. Er rief auch tatsächlich an und sagte, dass er zahlt. Die Hälfte der Kaltmiete. Ich konnte nicht anders als ihn zu fragen, ob er mich noch einmal sehen will. Er sagte JA, und wir trafen uns am Sonntag darauf. Er fing immer wieder davon an, warum man eine Beziehung nicht einfach ein Jahr auf Eis legen könne usw.
Gestern teilte er mir per Mail seine neue Adresse mit und schrieb, dass er mich anruft. Ich schrieb zurück und hatte heute Morgen wieder Antwort von ihm. Sein erster Satz: "Ich habe mich sehr über Deine Mail gefreut. Fängt jetzt alles noch einmal von vorne an?"
Heute habe ich ihn angerufen. Es war so schön, seine Stimme zu hören. Er fragt immer wieder, was denn jetzt aus uns wird, und ob wir nicht doch eines Tages wieder zusammen

kommen können. Ich werde noch verrückt. Nichts anderes will ich doch! Er quält mich so!
Nächstes Wochenende will er ziemlich sicher nach Berlin kommen...

****

Mittwoch, 18. März 1998
Ich sehe, ich habe schon eine Weile nichts mehr geschrieben. Ist auch nichts passiert. Es geht mir ganz gut, außer dass mir ALLE Gelenke wehtun. Am 26. März bekomme ich dafür das erste Mal Akupunktur. Ob es hilft? Ich muss es jedenfalls versuchen.
Ich habe letzte Woche fünf Mal bei Frau Heinrich gearbeitet. Das war mir zuviel. Ich war total erschöpft. Noch mal mach ich das nicht.
Uli ist jetzt hauptberuflich wieder mit seinem Außenprojekt beschäftigt. Deshalb ist er viel zu Hause, und wir können länger schlafen. Gott sei Dank! Sein Autotraum nähert sich der Wirklichkeit. Ich gönne es ihm sehr. Ich weiß, wie es ist, wenn man keine Freude, keine Abwechslung mehr hat. Mir ist nur meine Angst geblieben, und jeder Stich im Körper bringt mich zur Verzweiflung. Was ist das? Wer kann mir einen Weg zeigen, dass ich nicht mehr solche Angst habe?
Ela ist endlich ihre Wohnung los. Nun heißt es Suchen. Hoffentlich findet sie eine nette, preiswerte, neue Wohnung. Ich mache mir oft Sorgen um sie. Ich hätte so gern gehabt, dass sie in einer guten Beziehung versorgt und zufrieden ist.

****

Sonntag, 29. März 1998, 20.40 Uhr
Er ist nicht gekommen!
Dafür hat er mir den Flug bezahlt, und ich bin zu ihm nach Stuttgart bzw. Heilbronn geflogen. Das war vor einer Woche. Und dieses Wochenende war er hier. Vor 3 Stunden ist er wieder losgefahren. Es war herrlich! Aber nun sitze ich wieder hier völlig allein und deprimiert. Ich weiß nicht, wie das auf Dauer weitergehen soll.
Wenigstens habe ich einen Nachmieter gefunden! Nun heißt es, den Umzug vorzubereiten. Zum 1. Mai will/muss ich ausziehen. Hoffentlich finde ich etwas Nettes, wo ich mich wohl fühle.

Mama geht es im Moment sehr gut! Am 21. April hat sie die erste große Untersuchung. Davor hab ich ganz schön Angst. Sie bestimmt auch, aber sie tut natürlich immer so, als wäre alles ein Klacks. So ein Unsinn, warum teilt sie ihre Gedanken nicht mit mir? Es wäre doch völlig unnormal, wenn sie keine Angst hätte. Warum können wir nicht einfach darüber reden und uns austauschen? Aber sie lenkt ja immer ab, wenn ich das Thema anspreche.
Ich bete, dass alles in Ordnung ist. Ach, wenn sie doch nur gesund wäre!!!!!

****

Dienstag, 31. März 1998
Noch drei Wochen, dann muss ich zu Dr. Schönemann, und dann kommen die Untersuchungen. Ich habe schreckliche Angst. Ich glaube, meine Familie weiß gar nicht, wie viel Angst ich jeden Tag erleide. Ich versuche ja, es ihnen so leicht wie möglich zu

machen, aber wer kann MIR es etwas leichter machen? Ich denke, meine Täuschungstaktik mache ich gut.
Ich war das erste Mal zur Akupunktur. Ist nicht schlimm, und vielleicht hilft es gegen die Schmerzen.
Ich freue mich schon auf Mallorca, denn langsam brauche ich Erholung. Andere fahren zur Kur, und ich arbeite mehr als vor der Krankheit. Wenn ich von Frau Heinrich komme, bin ich echt kaputt.
Uli hat sich sein neues Auto gekauft. Wenigstens einer, der sich auf was freut. Ich gönne es ihm von Herzen, er hat es sich verdient.

Montag, 6. April 1998
Ich war gestern mal wieder auf dem Flohmarkt und habe 370,- DM für mich und 80,- DM für Ela verdient. War gut, was? Aber ich war fix und fertig und habe heute noch Rückenschmerzen. Habe heute Frau Spill getroffen. Die hat mir von einer neuen Kräutertherapie aus dem Ausland erzählt. Muss mich kundig machen, vielleicht mache ich das auch.

Donnerstag, 16. April 1998
Also, diese Therapie ist Scharlatanerie. Ich glaube nicht daran und mache es nicht.
Heute geht es mir nicht so gut. Ich fühle mich schwach und habe Luftmangel. Ob das von den Pollen kommt? Meine Untersuchung nähert sich, und meine Angst wird groß und größer und droht mich zu ersticken.

Frau Eggers hat mir geschrieben. Bei ihr ist alles in Ordnung. Hoffentlich bei mir auch. Ich habe ein Pieksen in der Brust, und gleich denke ich: "Was ist das, oh Gott?"

Ostern ist vorbei. Ralph war mit seiner Familie da. Da war ich wenigstens abgelenkt. Außerdem war ich beim BSV 94 mit zum Ostertreffen. Es war nett, aber ich kann mich nicht vergnügen. Ich bin zu ernsthaft geworden. Ich habe eigentlich an nichts Freude. Vielleicht kommt das mal wieder.
Ich hoffe, Ela kriegt ihre Wohnung, auf die sie wartet. Das wäre schön.

Gestern war ich mit Chico zum Impfen. Er muss zum Blut abnehmen, weil seine Schleimhäute so hell sind. Hoffentlich hat er nichts. Das könnte ich kaum noch ertragen.

Mittwoch, 22. April 1998
Heute vor einem Jahr bin ich operiert worden. Was für ein Jahr!
Gestern war ich bei Dr. Schönemann zur Untersuchung. Gott sei Dank hat er nichts gefunden, aber die wichtigen Untersuchungen habe ich am 5. Mai.
Ich weiß nicht, meine rechte Hand fühlt sich oft so taub an. Kommt bestimmt nur von der Halswirbelsäule.
Ela hat mich gestern begleitet, weil Uli nicht konnte. Sie hatte richtig Angst, dass mir irgendwas passiert. Es hat mir gezeigt, dass sie längst nicht so cool ist,

wie sie tut. Es tut mir so leid, dass ich sie belaste mit meiner Krankheit.

Am 19. April war ich wieder auf dem Flohmarkt, war nicht schlecht. Ich bin zwar sehr müde danach, aber ich denke an nichts, weil so viel zu tun ist. Unsere Reise nähert sich. Ich freue mich sehr, endlich mal auszuspannen.

Dienstag, 5. Mai 1998
Was für ein Tag! Ich war heute zu all meinen Untersuchungen. Sie sind alle OK!!

Ich bin so glücklich. Und meine drei liebsten Menschen haben sich auch so gefreut. Ich hatte heute tief in mir die Überzeugung, dass alles gut geht. Ich will ein noch besserer Mensch werden, damit ich mir mein Leben verdiene. Danke, lieber Gott!

Meine Arthose-Füße tun weh. Gestern habe ich eine teuflisch schmerzhafte Spritze in den Zeh bekommen. Hoffentlich hilft es.

Sonntag auf dem Flohmarkt war es nicht so gut mit dem Verdienst. Egal, was kümmert es mich? Am Wochenende zieht Ela in ihre neue Wohnung in Lichterfelde. Sie ist recht hübsch.

Ich mache mir Sorgen um Chico. Er bricht so oft nach dem Essen. Morgen will ich mit ihm zum Tierarzt, Blut abnehmen. Hoffentlich hat er nichts. Bitte, bitte, lieber Gott, lass ihn mir noch ein paar Jahre. Ich liebe ihn doch so sehr.

****

Mittwoch, 13. Mai 1998, 20.50 Uhr

Zuerst die gute Nachricht! Mamas Untersuchungen waren alle IN ORDNUNG!! Was für eine Erlösung! Sie ist glücklich und fit und sagt, sie ist gesund. Hoffentlich glaubt sie das wirklich ...

Anfang Juni fährt sie mit ihrer Freundin Gudrun und Tante Rosi für zwei Wochen nach Mallorca. Ach, wenn nur alles so bliebe! Ich hoffe so sehr, dass es vorbei ist, aber glauben tu ich es nicht. Ach was, vielleicht ist sie ja wirklich gesund ....

Letzten Samstag bin ich umgezogen! Ich habe jetzt eine niedliche 2-Zimmer-Dachgeschoßwohnung am Teltow-Kanal in der Bröndbystraße. Wirklich sehr gemütlich und hübsch. Noch habe ich sehr viel zu tun, bin gestresst und genervt.

Thorsten hat mir sogar geholfen, in der neuen Wohnung den Teppich rauszureißen, zu putzen etc. Nun kommt er Himmelfahrt wieder, also Ende nächster Woche.

Es ist komisch, wieder so ganz von vorne anzufangen. Ganz allein. Ich hasse es, allein zu sein. Trotz allem.

Lämmi macht mir ein bisschen Kopfzerbrechen. Er hat irgendein Geschwür an der Bauchseite. Aber es scheint ihn nicht zu stören. Er verhält sich ganz normal, ist lebendig und verfressen. Warten wir mal ab.

Habe mal wieder ein Gedicht für Mama zum Muttertag geschrieben:

EIN NEUES LEBEN
Herrje, das war ein schweres Jahr;
Was hast Du alles durchgemacht,
doch wenn's auch noch so schrecklich war,
es hat ganz sicher was gebracht,
mit Mut und Kraft da ran zu geh'n,
so tapfer alles durch zu steh'n.

Und nun beginnt ein neues Leben;
Es wird ein wenig anders sein,
doch hat es Dir noch viel zu geben,
auch Du kannst wieder glücklich sein.

Wir können nur daneben steh'n
Und Dich auf Deinem Weg begleiten,
und fröhlich in die Zukunft seh'n,
es gibt noch viele schöne Zeiten.

Ich hab Dich lieb, das weißt Du ja,
bewunder' Deine Tapferkeit,
bin zwar schon "groß" mit 30 Jahr',
doch brauch ich Dich noch lange Zeit.

****

Donnerstag, 21. Mai 1998
Heute ist Himmelfahrt (Vatertag). Uli ist schon beim Fußball. Ich gehe nachher zu Rosi.
Es geht mir gut, außer meinen Knochen. Die Reise nähert sich, und ich freue mich, mal nichts tun zu müssen. Chico ist gesund, wahrscheinlich leidet er nur an den Haaren, die er verschluckt. Er muss jetzt eine

Abführpaste nehmen. Ela hat mir erzählt, dass Lämmi eine Geschwulst am Bauch hat. Hoffentlich ist er nicht krank. Morgen geht sie mit ihm zum Arzt.
Sie fühlt sich wohl in ihrer neuen Wohnung, aber für immer oder lange Zeit will sie nicht allein sein. Verstehe ich gut.
Ich habe Christel geschrieben, weil ich so erleichtert war. Mal sehen, ob und wann sie zurück schreibt.

****

Sonntag, 25. Mai 1998, 18.00 Uhr
Vier schöne Tage mit Thorsten liegen hinter mir. Ich habe es sehr genossen. Wir haben sogar einen Urlaub gebucht, ist das zu fassen? Wir beide fahren für eine Woche nach Mallorca am 31. August. Herrlich.
Ich arbeite viel in der Wohnung; Renovieren, Dekorieren, Kaufen, Putzen ...

Heute treffe ich mich noch mit meinem Freund und Kollegen Lutz zum Essen. Ist immer sehr nett mit ihm. Er ist auch alleine, und so verbringen wir immer mehr Zeit miteinander. Es ist aber wirklich rein freundschaftlich. Endlich jemand, der mir zuhört!
Immer wenn Thorsten wieder wegfährt, bin ich umso deprimierter und knalle mir 1 - 2 Flaschen Wein hinter die Binde. Es tut weh, sich immer wieder zu verabschieden. Immer wieder.

Mama geht es immer noch gut. Anfang Juni fährt sie in den Urlaub. Heute war ich bei ihr auf dem Flohmarkt in Steglitz, und es war wunderbar, sie so zu sehen. Sie hat fleißig

verkauft, gelacht, war ganz in Hektik beim Kassieren und sah glücklich aus.
Lieber Gott, gib ihr noch viele solcher Sommer auf dem Flohmarkt!

****

Sonntag, 31. Mai 1998
Heute ist Pfingsten. Gisela ist in Berlin. Heute und morgen wollen wir etwas unternehmen.
Mittwoch geht es auf nach Mallorca, und ich freue mich sehr. Ich will mich richtig erholen. Hab heute mit Frau Jäger gesprochen. Nach dem Urlaub wollen wir uns wieder treffen. Also, bis nach dem Urlaub, liebes Tagebuch. Sollte mir im Urlaub etwas passieren, ist dieses Buch meine Hinterlassenschaft.

****

Mittwoch, 3. Juni 1998, 20.30 Uhr
Mama ist seit heute Mittag auf Mallorca. Es geht ihr gut, sagt sie, sie haben ein traumhaftes Haus und 30°C.

In 10 Tagen treffe ich mich mit Thorsten in Gladbeck. Freue mich.
In letzter Zeit bin ich sehr viel mit Lutz zusammen. Wir trösten uns gegenseitig über unser "Single-Dasein" hinweg.
Nun sitze ich wieder mal hier, trinke Wein und gucke Fernsehen. Es ist schön, wenn es so lange hell bleibt, dann fühle ich mich sicherer. Habe immer noch Angst im Dunklen.

Lämmi habe ich "verborgt". Er ist bei Chico, damit der arme Kleine nicht so einsam ohne Mama ist .... Man kann ja auch übertreiben, oder?
Lämmis Beule ist anscheinend nichts Schlimmes, ich soll noch abwarten, sagt die Tierärztin. Bisher hat sich nichts verändert. Hoffentlich ist es nichts Bösartiges. Von Krebs habe ich echt genug!
Bin unglaublich froh, dass Mama jetzt mal richtig Urlaub macht. Sie soll sich erholen, es sich gut gehen lassen, essen, trinken, sich sonnen, an nichts Böses denken und so tun, als sei sie gesund ...

****

Samstag, 20. Juni 1998
So, liebes Tagebuch, ich bin aus dem Urlaub zurück. Es war wunderbar! Das Haus war ein Traum. Gerade für mich war es das Ideale, da ich in der Anlage keinen falschen BH tragen brauchte. Den ganzen Tag das Ding zu tragen ist der reinste Horror.
Wir haben viel unternommen, so ging die Zeit noch schneller um. Wir haben uns gut vertragen, sogar Gudrun war ohne Launen. Wenn wir wollen, können wir im nächsten Jahr wieder hin. Ich würde schon gern, habe aber immer ein schlechtes Gewissen Uli gegenüber. Dabei war ich noch nicht mal zur Kur. Andere fahren ohne zu fragen. Es ging mir dort sehr gut.
Kaum bin ich zu Hause, tun mir meine Schulter, mein Bein und meine Hüfte weh. Das Einzige, was mir zum Halse heraushing: Rosi und Gudrun sind bei jeder Gelegenheit "oben ohne" gegangen, damit sie schön

braun werden! So wurde ich immer daran erinnert, wie ICH aussehe, und das tat weh.

****

Sonntag, 21. Juni 1998, 20.40 Uhr
Mama ist seit Donnerstag wieder zurück. Es ist alles in Ordnung. Sie fand es wunderbar und hat sich offensichtlich gut erholt. Ach, was freue ich mich darüber!

Gladbeck war ok, nur sehr kurz. War aber schon ziemlich komisch, seine Familie zum ersten Mal kennen zu lernen. Seine Mutter scheint mir etwas gewöhnungsbedürftig zu sein ...

Bin alleine, wie immer, die 2. Flasche Wein ist gleich alle, und ich bin traurig. Nächsten Sonntag habe ich Geburtstag. Freitagnacht kommt Thorsten. Ich wünschte, es würde ein richtig schöner Tag werden.

****

Dienstag, 23. Juni 1998
Seit vier Tagen tut mir der Rücken weh. Deswegen bin ich gestern zum Orthopäden gegangen. Die Spritze hat nicht geholfen, also bin ich heute noch mal hin. Da hat er mir ein Mittel per Infusion gegeben. Als ich den Tropf sah, kam alles wieder in mir hoch. Ich hatte richtig Angst, aber habe es zugelassen. Es geht mir jetzt besser. Ich habe nicht gewusst, wie weit ich meine schreckliche Krankheit verdrängt hatte. Nun, ich

bin ja nicht mehr krank, aber es graust mich vor dem Tropf.

****

Montag, 29. Juni 1998, 19.10 Uhr
Schon ist alles vorbei! Ich hatte ein ziemlich schönes Wochenende. Mein Geburtstag war auch recht schön. Es war herrlich, dass Thorsten an diesem Tag hier war.
Ich hatte ein paar Freunde eingeladen, und sie haben ihn endlich kennen gelernt. Er hat mir wunderschöne Ohrringe geschenkt. Bin beeindruckt.

Heute Morgen habe ich Lämmi von Mama abgeholt. Er hat mir gefehlt. So bin ich wenigstens heute Abend nicht vollkommen allein.
Ich trinke zuviel. Ich merke auch, dass ich immer mehr vertrage und mehr brauche. Aber ich habe das Gefühl, dass es ohne nicht geht. So kann ich einfach besser schlafen, denke nicht an die Einsamkeit und vergesse so Manches. Und rauchen tu ich sowieso zuviel. Ach, Mist. Ich wird schon wieder aufhören damit, wenn's mir mal besser geht.

Donnerstag, 9. Juli 1998, 17.00 Uhr
Bin heute schon früh von der Arbeit nach Hause gegangen. Mir war kotzübel; ich war ganz zittrig.
Morgen kommt Thorsten wieder. Für den 14. August habe ich einen Flug nach Düsseldorf gebucht, damit ich ihn vor unserem Urlaub noch mal sehen kann.

Der Abend ist noch so lang, was mach ich nur? Mama kommt nachher kurz vorbei, um etwas abzuholen. Vorher kann ich also nicht trinken. Muss warten, bis sie wieder weg ist ...

****

Montag, 13. Juli 1998
Morgens! Ich sitze und weine. Uli hat mich so furchtbar angeschrien, weil ich keine Brötchen holen fahren wollte. Ich bin entsetzt! Er hat nichts gelernt aus allem. Er ist wie früher. Wenn er nicht kriegt, was er will, ist Polen offen. Eines weiß ich: Er wird eines Tages sehr gut ohne mich zurechtkommen!

****

Montag, 13. Juli 1998, 15.40 Uhr
Habe mich selten so unnütz gefühlt wie heute. Habe den ganzen Tag auf der Arbeit nichts getan, nur die Zeit abgesessen. Weltuntergangsstimmung!
Das Wochenende war grauenhaft. Es fing damit an, dass Thorsten erst Samstag früh um 6 ankam, weil er die ganze Nacht arbeiten musste. Entsprechend lange haben wir dann geschlafen. Schon beim Einkaufen im Supermarkt haben wir uns gestritten. Den ganzen Tag war die Stimmung schlecht. Er war auch dauernd nur müde.
Abends wollte ich ein bisschen reden, nicht immer nur fernsehen. Aber es hat einfach keinen Sinn mit ihm. Am besten tue ich so, als sei alles in Ordnung. Wenn ich seine Ansichten höre, könnte ich heulen. Er hat kein Herz, keine Ge-

fühle, er kann gar nicht wissen, was Liebe ist. Er ist niemals einsam, sehnt sich nach gar nichts. Ich möchte doch so gerne glücklich sein. Ich hab solche Sehnsucht. Er ruft nie an, antwortet nie auf eine SMS von mir. Er fragt nie, was ich tue, wie ich meine Wochen so verbringe.
Warum kommt er nur immer wieder? Warum fährt er mit mir in den Urlaub? Ich wünsche mir so sehr jemanden, der mich wirklich liebt, mir zuhört, mir über den Kopf streichelt, nach mir fragt. Ich halte das alles nicht aus.
Und bei Mama muss ich immer so tun, als wäre alles schön, und mir geht es gut. Ich kann sie damit nicht belasten. Und ich glaube, sie will auch gar nichts davon wissen. Jedenfalls hat sie mich noch nie irgendwas gefragt, und macht lieber vor allem die Augen zu wie immer.
Lämmi sitzt da und guckt mich mit großen Augen an. Habe keine Lust, mich um ihn zu kümmern. Will mich nicht mit ihm beschäftigen. Auch nicht schmusen. Möchte im Regen spazieren gehen und heulen.

****

Donnerstag, 16. Juli 1998
Am 14. Juli hat Uli sein neues Auto bekommen und hat gleich einen Stein angefahren. Ha Ha, man sieht, auch er ist nicht vollkommen!
Es ist ein tolles Auto, und hoffentlich ist er nun etwas glücklicher.
Wir haben uns wieder vertragen. Die Zeit ist einfach zu schade, um sie im Streit zu verbringen. Ich brauche Frieden, um überhaupt leben zu können.

Gestern war Ela da, und Uli hat ihr 500,00 DM geschenkt, weil sie ständig pleite ist. Hoffentlich gibt sich das. Sie verdient doch nicht schlecht. Im Moment hat sie beruflich viel auf dem Kopf. Aber auch sonst scheint sie nicht besonders zufrieden. Die Situation mit Thorsten ist ja nicht gerade optimal. Aber was soll ich machen? Ich kann nur zusehen.

****

Montag, 20. Juli 1998, 19.50 Uhr
Letzten Montag war ich tatsächlich noch im strömenden Regen am Kanal spazieren. Habe mir eine Flasche Wein mitgenommen, saß auf der Wiese bei den Enten, war nass bis auf die Knochen und hab getrunken. Gut, dass mich keiner so gesehen hat.
Thorsten meldet sich mal wieder nicht, aber das ist ja nichts Neues.
Habe Kreislaufprobleme, und mir ist schlecht. Brauche endlich mal Urlaub!

****

Sonntag, 26. Juli 1998
Heute werde ich 58 Jahre alt! Uli ist gerade Blumen holen.
Ich hoffe, ich werde noch viele Jahre Geburtstag feiern können. Gestern schrieb mir Frau Eggers, dass ihre Blutwerte nicht in Ordnung sind und sie zu Dr. Schönemann muss. Lieber Gott, nein, lass sie nicht

wieder krank werden, bitte nicht!!! Das hat mir irgendwie die Laune für heute verdorben.
Meine Akupunktur ist zu Ende. Vielleicht hat es doch was gebracht. Als ich damit anfing, hatte ich überall Schmerzen, jetzt nur noch einige in den Knochen.
So, wir wollen schön Geburtstag feiern. Bis bald!

****

Mittwoch, 29. Juli 1998, 15.45 Uhr
Gestern und heute war ich nicht arbeiten. Brauchte dringend eine Auszeit. Hat mir ganz gut getan.
Thorsten verhält sich mal wieder völlig bescheuert. Haben am Montag telefoniert. Er hat ganz vergessen, dass er am nächsten Wochenende herkommen wollte. Toll. Ich hab keinen Bock mehr, darüber zu diskutieren. Ich weiß nicht mal mehr, ob ich ihn überhaupt noch sehen will. Daraufhin habe ich mich am Montagabend so betrunken, dass ich am Dienstag nicht in der Lage war aufzustehen. Irgendwie hab ich den Tag rumgekriegt. Und immer frage ich mich, warum ich überhaupt morgens aufstehe. Warum kann ich morgens nicht einfach mal nicht mehr aufwachen?
Scheiß-Arbeit, Scheiß-Thorsten, Scheiß-Angst um Mama, alles Scheiße.
PROST!

Donnerstag, 30. Juli 1998, 18.05 Uhr
Nächste Woche Mittwoch hat Mama wieder ihre vierteljährliche Untersuchung. Sie ist schon wieder völlig verängstigt, verständlicherweise. Ja, ich habe auch wieder Angst. Gott sei

Dank bin ich an dem Tag nicht da. Ich muss von Dienstag bis Donnerstagabend dienstlich nach Aschaffenburg.
Morgen gehen wir beide alleine essen. Hoffentlich sprechen wir nicht nur über Krankheiten.
Gestern habe ich mich wieder im Fitness-Studio angemeldet. Scheiß auf das Geld! Ich muss was für meinen Körper tun. Habe unwahrscheinlich zugenommen. Wohl auch, weil ich so viel trinke ... Außerdem komme ich dann unter Menschen. Ich muss raus hier. Und ich muss wirklich endlich aufhören zu trinken!!! Ernsthaft!

****

Freitag, 31. Juli 1998
Ela hat mir unter anderem zum Geburtstag ein Essen mit ihr geschenkt, und das haben wir heute gemacht. Wir waren bei unserem Italiener, und es war sehr nett. Ich habe wieder so blöde Angst vor Mittwoch, wenn ich zur Untersuchung zu Dr. Schönemann muss. Wie kriege ich das bloß aus mir raus? Es wird vor jeder Untersuchung so sein.

Samstag, 1. August 1998
War gerade Haare schneiden. Da erzählt mir Frau Stüven, dass Frau Dr. Kaiser auch Brustkrebs hat und amputiert ist. Wie schrecklich! Es hat mich sehr erschüttert. Als sie mich nach der OP gesehen hat, hat sie an so was bestimmt nicht gedacht. Was ist los auf dieser Welt?

Mittwoch, 5. August 1998
Bin gerade von Dr. Schönemann gekommen. Soweit er sehen kann, ist alles ok!
Nun müssen nur noch die Blutwerte in Ordnung sein. Bitte, lass sie in Ordnung sein! Er hat mir wieder gesagt, dass die Schmerzen in dem Operationsfeld von der Bestrahlung sind und ich damit leben muss. Ich kann damit leben, wenn ich weiß, warum.

****

Sonntag, 9. August 1998, 19.20 Uhr
Thorsten war am Wochenende hier und ist vor einer Stunde wieder gefahren. Es war ausgesprochen schön. Wir haben rumgegammelt, waren frühstücken im Korso-Café, er hat mir eine Fliegengittertür für den Balkon gebaut, wir haben ferngesehen, waren im Park und haben uns auf eine Wiese gelegt, gesonnt und gelesen.
Manchmal, wenn ich so neben ihm sitze, kann ich nichts anderes tun, als ihn ansehen. Für mich ist er der schönste Mann der Welt.

Nun, Freitag sehen wir uns schon wieder. Ich fliege nach Düsseldorf, und in drei Wochen ist endlich URLAUB!!

SELBSTBETRUG
Glück ist,
wenn Du da bist.
Mich anlachst,
mich berührst, ganz von allein.
Wenn Du anrufst, weil Du Dich erinnerst.
Wenn ich über Dein Haar streichen darf.
Wenn Du mit mir redest,
mich wahrnimmst.
Dich nicht vereinnahmt fühlst.
Wenn ich neben Dir sein darf,
Dich anfassen und
Deine Stimme aufsaugen darf.
Wenn Du mir sagst,
Du hast mich lieb,
auch wenn es gelogen ist.

****

Mittwoch, 19. August 1998

Wenn ich lange nicht schreibe, muss es mir wohl gut gehen. Mir tun zwar die Hüfte und das Bein weh, auch meine Narben, aber sonst geht es mir gut. Wir haben heute eine Fünf-Stunden-Dampferfahrt in die Ost-Gewässer gemacht. Gudrun, Rosi und ich. Es war sehr schön, und das Wetter auch. Dr. Schönemann hat sich nicht gemeldet, also ist wohl alles in Ordnung. Gott sei Dank!

Freitag, 21. August 1998
Ich gehe gleich mit Rosi schwimmen.
Es geht mir heute besonders gut, das muss man ja auch mal sagen, wie dankbar ich bin.

****

Sonntag, 23. August 1998, 15.50 Uhr
Habe irgendeine Zyste am Eierstock, die wohl von alleine wieder eintrocknet, meint der Arzt. Naja, wird schon wieder weggehen. Tut jedenfalls nicht weh.

Dienstag wollte ich mal wieder mit Thorsten über unsere Beziehung sprechen (so sind Frauen nun mal …). Aber es ist ihm mal wieder gelungen, mir absolut keine Hoffnung zu machen. Er sagt, ich würde ihn immer noch völlig vereinnahmen. Ihm vorschreiben, wann er ins Bett gehen soll, was er im Fernsehen sehen soll usw. Er kennt kein Kribbeln im Bauch, keine Sehnsucht, gar nichts. Ich verstehe es nicht, kann es nicht begreifen. So selten, wie wir uns sehen! Habe den ganzen Abend geheult und gesoffen. Mittwoch ging es mir entsprechend schlecht.
Wie soll ich unter diesen Umständen einen schönen Urlaub haben? Im Urlaub wird alles anders, sagt er. Wenn er mal keinen Stress hat und ausspannen kann. Nee, klar!! Und danach? Ich muss endlich Schluss machen. Warum soll ich meine Zeit mit ihm verschwenden? Aber es fällt so schwer. Dann ist NIEMAND mehr da. Warum kann er mich nicht einfach lieb haben? Bin ich denn so unausstehlich??

Der einzige Trost ist, dass es Mama wirklich gut geht. Jedenfalls sieht sie so aus und sagt es auch. Bin unglaublich froh, mache die Augen zu und tue so, als wäre sie für immer gesund!

Montag, 24. August 1998

*Roter Wein,
Du tröstest ungemein.
Zum Schlafen gut,
zum Vergessen,
zum Fröhlichsein.
Morgens wie benebelt,
bis zum Abend wieder vorbei.
Neuer Abend,
neue Flasche.
Nur um nicht allein zu sein.*

Mittwoch, 9. September 1998, 19.15 Uhr

Zurück aus Mallorca! Und ich glaube, jetzt ist es wirklich vorbei.
Wir wussten nicht mal, worüber wir reden sollten. Ich fühlte mich sehr einsam in seiner Gegenwart.
Donnerstagabend hat's mir gereicht. Ich habe ernsthaft damit gedroht, nach Hause zu fahren. Nach vielem Hin und Her haben wir beschlossen, uns zusammen zu reißen und das Beste daraus zu machen. Das hat auch irgendwie geklappt. Nichtsdestotrotz war dies unser Abschiedsurlaub. Aus. Vorbei. Er sagte, ja, das sei wohl besser für mich. Aber irgendwie fände er es schade. SCHADE! Aha.

Wir haben uns verabschiedet, kein weiteres Treffen geplant, keinen Termin, nichts. Er will mal anrufen, sagte er. Irgendwann.

Ich habe einen dicken Kloß im Hals, und in meinem Brustkorb zieht es ganz doll. Ich knall mir die Birne zu und sehe mir Urlaubsfotos an. Vergrabe mich in meinem Elend, bis ich morgen wieder arbeiten muss.
Ich habe eben seine Zahnbürste weggeworfen.

****

Donnerstag, 10. September 1998
Wenn ich lange nichts schreibe, geht es mir gut. Ich habe viel zu tun, war Sonntag auf dem Flohmarkt. Verdienst war ganz gut. Wenn ich immer in Trab bin, merke ich meine Schmerzen in Hüfte und Bein nicht so sehr.
Ela ist aus dem Kurzurlaub mit Thorsten zurück und hat es nicht so schön getroffen.
Ach, was hatten wir es in Magalluf schön! Ich freue mich schon aufs nächste Mal.
Gestern hat sie mir erzählt, dass Thorsten und sie sich wieder mal getrennt haben. Sie haben eingesehen, dass das alles keine Zukunft hat. Wenn man sich aber noch gern hat, tut es weh. Ich mach mir Sorgen um sie. Hoffentlich findet sie mal einen netten Mann, wo (fast) alles stimmt. Jens ist jetzt besser dran mit seiner neuen Freundin. So ist das Leben.

Am 5. September war ich bei Frau Dr. Kaiser. Wir haben lange geredet. Ein bisschen besser als ich ist sie schon dran, aber die Brust ist ab. Jedenfalls sind meine Blutwerte in Ordnung.
Christel hat auch geschrieben. Sie bessert sich.
Das Wetter ist noch recht schön, aber bald kommt die dunkle Jahreszeit. Na, da müssen wir auch durch.

****

Sonntag, 13. September 1998, 15.30 Uhr
Oh Gott, was war ich am Mittwoch betrunken. Mein erster Arbeitstag verlief entsprechend. Nun ist es ein paar Tage her, und natürlich hat er sich nicht gemeldet. Ich habe nichts mehr zu erwarten.
Zum Glück habe ich Lutz, der mich etwas tröstet. Es geht mir schlecht, mein Körper rebelliert. Ich liege rum, höre Musik und schaue sein Foto an. Was er wohl gerade tut?
Heute Abend werde ich wieder Wein trinken und mich selbst bemitleiden. Immer dasselbe. Jeden Tag. Weiß nicht, warum ich überhaupt noch arbeiten gehe. Oder lebe.
Am 1. Oktober fahren wir wieder an die Ostsee. Naja, ein bisschen Abwechslung tut mir wohl gut.
Ich fühle mich hässlich und fett. Ungeliebt. Langweilig. Ängstlich. Traurig, traurig, ganz doll traurig. Ich fühle mich alt, als wäre ich 80. Als hätte ich keine Zeit mehr...

Samstag, 19. September 1998, 18.10 Uhr
Mir geht's schlecht. Ständig ist mir schwindlig und übel, ich kriege Schweißausbrüche, Kopfschmerzen und hab zitternde Knie. Gestern war ich nicht arbeiten. Bin zum Arzt gegan-

gen. Mein Blutdruck war völlig im Keller. Habe erstmal Tabletten bekommen, es ist auch schon etwas besser. Am Dienstagmorgen muss ich dann zum Labor, Blut abnehmen usw.
Hoffentlich kann man was dagegen tun. Ich fühle mich so fürchterlich. Und immer muss ich so tun, als ob es mir gut ginge. Und immer lächeln! Mama macht sich sonst Sorgen.
Ich sitze zu Hause - wie immer - und mir fällt die Decke auf den Kopf. Morgen gehe ich mit Mama ins Kino! Ihr ist langweilig, weil Tante Rosi bei Ralph ist. Naja, mal was anderes. Hauptsache, ich krieg das auf die Reihe, ohne Magenschmerzen und Schwindel.
Heute ist das Wetter so schön. Ich würde gern spazieren gehen. Aber mit wem?

Sonntag, 20. September 1998, 20.25 Uhr
Er fehlt mir so!

Heute war ich mit Mama essen, und danach im Kino. Wir haben "Out of Sight" mit George Clooney gesehen. War ein schöner Film. Aber ich kann in Mamas Gegenwart nie locker sein. Immer beobachte ich sie aus dem Augenwinkel, ob mit ihr alles in Ordnung ist. Tut ihr was weh, geht es ihr gut, benimmt sie sich irgendwie auffällig? Es ist anstrengend. Ich bilde mir immerzu etwas ein.

Wie immer sitze ich jetzt auf meiner Couch, trinke und gucke ins Leere. Meinem Kreislauf geht es besser. Wenn ich bloß nicht so fett wäre. Aber ich kann nicht aufhören zu essen. Ich fresse und saufe den ganzen Frust weg, und helfen tut's auch nicht.

****

Donnerstag, 24. September 1998
Seit einiger Zeit habe ich große Schmerzen an meiner operierten Seite. Was ist das wieder? Ich habe schon wieder Angst. Habe auch 2 kg abgenommen. Heute werde ich erstmal zum Frauenarzt gehen. Dafür geht es meiner Hüfte und dem Knie besser.

****

Donnerstag, 24. September 1998, 20.20 Uhr
Montagnacht um 0.15 Uhr hat er eine SMS geschickt.
"Hallo Du, ich hoffe, es geht Dir einigermaßen gut. Wollte nur mal Hallo sagen. Ich denke an Dich. Melde dich mal – wüsste gerne, wie es Dir geht. Liebe Grüße, Thorsten".
Tja.
Lutz hat gesagt, ich darf auf keinen Fall reagieren. Alle sagen das.
Ich hab es nicht geschafft. Dienstagabend habe ich geantwortet, seitdem habe ich nichts mehr von ihm gehört.
Ich habe in letzter Zeit viele Gedichte geschrieben. Ich kann nur schreiben, wenn ich getrunken habe. Seltsam.

Dienstag, 29. September 1998, 18.00 Uhr
Freitagabend klingelte das Handy! Wir haben 20 Minuten telefoniert. Es war schön. Er sagte, er wäre Ende Oktober beruflich in Berlin. Ich konnte nicht anders, als ihn zu fragen, ob er herkommen möchte. Und er sagte sofort JA.

Scheiß drauf. Immerhin bin ich dann abgelenkt. Und ich trinke weniger, wenn er da ist. Obwohl ihn das ja nicht interessiert.

****

Donnerstag, 8. Oktober 1998
Ich habe noch immer Schmerzen. War bei Dr. Schönemann und im AVK. Aber sie glauben beide nicht an etwas Schlimmes. Trotzdem muss ich am 13. Oktober die Lunge röntgen lassen und zum Knochenszintigramm, weil mir die Rippe so weh tut. Lieber Gott, lass es etwas Harmloses sein, die Schmerzen will ich schon ertragen. Habe Frau Bader bei Dr. Schönemann getroffen, der geht es gar nicht gut.
Sie hat seit Mai wieder Chemo, weil in der Leber Metastasen sind. Gott schütze mich vor so etwas.

****

Montag, 12. Oktober 1998, 20.00 Uhr
Jetzt habe ich den Salat!
Ende September habe ich einen Gesundheits-Check machen lassen, weil mein Kreislauf so verrückt spielte. Und heute bekam ich die Ergebnisse. Meine Leberwerte sind im Arsch. Und meine Ärztin fragte sofort: "Trinken Sie eigentlich regelmäßig Alkohol?"
Ich habe nicht die Wahrheit gesagt. Ich habe gesagt, 1 – 2 Mal die Woche ein bisschen. Nicht jeden Tag zwei Flaschen …
Jetzt darf ich drei Wochen lang KEINEN Alkohol trinken und muss dann zur Sonografie usw.

Oh Scheiße, was nun?
Was soll ich tun? Ich bin ganz fertig, mir ist ganz schlecht. Ich weiß nicht, ob ich das schaffe. Ich bin total nervös. Zumal ich gerade noch 2 Flaschen gekauft habe. Die stehen jetzt hier rum. Es hat immer so gut geholfen. Wie soll ich jetzt schlafen, den Abend rumkriegen, vergessen? Was kann ich stattdessen tun? Wer kann mir dabei helfen? Wenn Mama das wüsste ...
Habe mir jetzt eine Riesen-Kanne Tee gekocht. Aber diese Unruhe, diese Ängstlichkeit geht nicht weg. Es ist gerade mal 20 Uhr.
Was hab ich erwartet? Dass ich immer so weitermachen kann? Ich hätte niemals gedacht, dass mir so was passieren könnte. Ich – die Antialkoholikerin schlechthin. Die, die immer auf Jens geschimpft hat. Wie kann das sein?
Bin ich schon süchtig? Wie nennt sich denn dieser Zustand? Mein Gott. Ich hab Angst.

Mama hat Schmerzen in der Seite. Sie glaubt, dass sie sich eine Rippe gebrochen hat. Hoffentlich ist es nur das! Wenn es Metastasen sind, werde ich wahnsinnig. Dann brauche ich 3 Flaschen am Abend!

SCHON ZU SPÄT?
Ich brauche eure Hilfe
Doch ihr dürft es nicht wissen
Kaputt
Schlechtes Gewissen
Panik
Es geht mir nicht gut
Unruhe

Kein Mut
Warnsignale
Ignoriert
Weiß nicht,
wie es weitergeht
oder ist es schon zu spät?

****

Mittwoch, 14. Oktober 1998
Ich war heute zur Untersuchung. Lieber Gott, ich danke Dir. Ich habe mir nur eine Rippe gebrochen. Wie schön! Es tut zwar weh, aber damit kann ich leben. Es wird ja besser werden. Uli war auch so erleichtert. Es ist richtig rührend. Aber irgendwie muss ich kürzer treten. Wer kann diese Glücksgefühle verstehen, die man hat, wenn gesagt wird: "Da ist nichts!"
Nur eine Betroffene.

Freitag, 16. Oktober 1998
Wir - Rosi, Gudrun, Marianne und ich - haben heute bei strahlendem Wetter eine Stadtrundfahrt gemacht. War prima. Leider hat mir Frau Eggers gestern erzählt, dass ihre Blutwerte nicht in Ordnung sind und sie ein anderes Medikament nehmen muss. Das bedrückt mich sehr.

****

Dienstag, 20. Oktober 1998, 20.20 Uhr
Letzten Montag hat Lutz mich gerettet. Er kam noch abends um halb 11 vorbei, weil ich so verzweifelt war. Dienstag hat er mich spontan ins Kino entführt, zum Ablenken. Und dann ging es einigermaßen. Ich habe nur ganz, ganz wenig getrunken, damit ich schlafen kann. Das merkt bestimmt niemand.
Morgen kommt Thorsten. Ich bin so aufgeregt! Es kommt mir vor wie eine Ewigkeit. Dabei ist es gerade mal 6 Wochen her.

Sonntag, 25. Oktober 1998, 18.00 Uhr
Vorbei. Schon wieder. So schnell.
Was ist das Fazit? Keine Ahnung. Das Ergebnis ist, dass ich hier sitze und eine Flasche Wein vor mir habe.
Es war schön, morgens Rühreier für zwei zu machen. War es dieses Mal das letzte Mal?

Gestern war ich die Katzen füttern, weil Mama und Papa in Bremen bei Tante Gisela sind. Lämmi habe ich wieder mal verborgt, weil Chico ja nicht alleine bleiben kann. Pfffh ...
Heute Morgen war ich wieder dort, aber heute Abend kommen sie ja schon zurück.

Ich habe Angst vor dem langen Abend. Lutz hat keine Zeit. Ich muss etwas trinken. Es ist stockdunkel, aber erst 18.30 Uhr. Ich trinke ganz langsam, grüble, schreibe, lese, sehe fern, fühle mich einsam. Wie immer. Ich habe es so satt. Alles.

****

Dienstag, 27. Oktober 1998
Seit gestern geht es mir ein bisschen besser mit meiner Rippe. Wird schon werden.
Am Wochenende (24. und 25.10.) waren wir in Bremen bei Gisela. Habe von ihr Flohmarktsachen zum Verkaufen bekommen.
Gestern hat mir Frau Eggers wieder erzählt, dass sie so schlechte Blutwerte (Tumormarker) hat, man weiß aber nicht, wieso. Ich habe das Gefühl, dass man sich um die alte Frau nicht mehr so sorgt. Hoffentlich muss ich nicht diese Erfahrung machen.

Dienstag, 3. November 1998
War heute bei Dr. Schönemann. Ich habe Osteoporose, und damit ich mir nicht noch mal die Knochen breche, bekomme ich sechs Aufbauinfusionen (Aredia). Wieder zwei Stunden an den Tropf, wieder in dem elenden Zimmer sitzen mit armen, elenden Frauen. Aber ich will schon nicht klagen, wenn es bloß nichts Schlimmeres ist.

Donnerstag, 5. November 1998
War gestern bei der ersten Infusion. Gott sei Dank hat die neue Ärztin im rechten Arm noch eine Vene gefunden, ging schnell und hat nicht wehgetan. Ich spüre keine Wirkung, vielleicht ein bisschen müde, aber vielleicht wäre ich das sowieso. Ich habe die ganzen zwei Stunden gelesen, damit mir niemand was von Krankheiten erzählt. Aber jedenfalls grause ich mich nicht mehr so.

****

Freitag, 6. November 1998, 14.10 Uhr
Letzten Donnerstag in der Nacht ging es mir gar nicht gut. Ich bin recht früh ins Bett gegangen und bald darauf wurde mir kotzübel. Bin dann ins Bad, aber außer so einem magenzusammenkrümmenden Brechreiz passierte nichts. Ob es am Wein lag? Eigentlich war es gar nicht so viel…
Naja, gestern war ich dann wieder beim Blut abnehmen und zur Sonografie. Überraschung: Ich habe eine Fettleber, die wohl auch den Stoffwechsel beeinträchtigt. Also kein Wunder, dass ich so schlecht abnehmen kann …
Die Werte erfahre ich erst am 16. November.

Mama war am Dienstag wieder zur Untersuchung. Ihre Knochen sind von der Chemo so beeinträchtigt worden, dass sie jetzt alle 4 Wochen irgendeine Infusion kriegen muss, zur Stärkung. Das heißt, sie muss wieder in demselben Zimmer mit den Chemo-Frauen sitzen und zwei Stunden am Tropf hängen. Grauenhaft. Alles so furchtbar. Aber natürlich hätte es auch viel schlimmer kommen können.

Mittwoch, 18. November 1998, 20.00 Uhr
Habe Jens gestern darauf vorbereitet, dass Thorsten mit zur Firmen-Weihnachtsfeier kommen wird. Er sagt, es wäre kein Problem für ihn. In diesem Zusammenhang sagte er, ich solle doch bei Gelegenheit mal meine restlichen Sachen holen, er beabsichtigt, Anfang des Jahres mit seiner Freundin zusammen zu ziehen. Na klasse. Außerdem sollten wir endlich mal über die Scheidung nachdenken, meinte er. Ich soll das mal anleiern. Habe sofort an den Anwalt geschrieben und warte nun auf Nachricht, was jetzt passiert. Na toll.

Meine Leberwerte sind übrigens gesunken. Ich habe mich ja auch ziemlich beherrscht. Es kommt nicht mehr in Frage, dass ich täglich trinke. Ich muss aufpassen.

****

Donnerstag, 19. November 1998
Habe schon lange nichts mehr geschrieben. Ein bisschen tut mir mein Rippenbruch noch weh, vor allem beim Niesen. Aber sonst geht es.
Heute fiel der erste Schnee.
Gestern hat mir Ela erzählt, dass sie die Scheidung eingereicht hat. Jens will klare Verhältnisse, weil er im Januar mit seiner Freundin zusammenziehen will. Nun wird es endgültig, aber ich hatte auch keine Hoffnung mehr. Wie schade! Ich wünsche ihm viel Glück.

****

Sonntag, 22. November 1998, 22.30 Uhr
"Hab Sehnsucht. Möchte jetzt so gerne kuscheln."
"Wieso geht denn meine Schranktür jetzt nicht auf?"
"Schönen Dank für das Gespräch!"
"Was?"
"Ich sagte: Ich hab Sehnsucht und würde jetzt gerne mit Dir kuscheln!"
"Hab ich gehört."
"Ich hab Sehnsucht und Du erzählst mir was von Deiner Schranktür."
"Ha Ha."
"Na prima."
"Wieso, was ist denn?"

Gespräch von heute. O-Ton. Normal. Wie immer.
Wie kann man immer noch so was wie Liebe für diesen Mann empfinden? Nur, wenn man völlig verblödet oder ziemlich besoffen ist.

Dienstag, 1. Dezember 1998, 23.55 Uhr
Ich bin betrunken. Der Tag war schlimm. Bin deprimiert. Trinke und höre Musik. Will nicht schlafen. Muss um 5.30 Uhr aufstehen.
Heute beim Anwalt gewesen. Komisch.
Sehe die vielen Lichter, Advent.
Mama ist morgen wieder dran. Hatten heute blödes Gespräch. Sie versteht nichts. Oder will nicht.

ICH BIN NICHT DU
Du hast mir gar nicht zugehört,
ich habe Pläne und
Du verwirfst sie.
Nur weil es immer so war,
darf es niemals anders sein.
Hast Angst vor meinem Risiko,
traust mir meinen Weg nicht zu.
Du bist ich
Ich bin Du
Ich spiele immer blinde Kuh.
Liege wach und hör Deinen Gedanken zu
Und finde niemals Ruh.

Sehe Sterne. Die drehen sich. Wieder nicht geschafft, ohne Wein klar zu kommen. Wenn ich Lutz nicht zum Reden hätte, wäre ich verloren.
Lichter blinken. Heimelig.
Morgen hat mich das Leben wieder. Alltag.
Ich höre einfach nur Musik und denke. Was anderes schaffe ich auch gar nicht mehr. Verdammt!

****

Freitag, 4. Dezember 1998
Vorgestern hatte ich meine zweite Infusion Aredia. Dieses Mal wurde mir schlecht, aber nur an dem Abend. Jedenfalls hat die Ärztin gleich die Vene gefunden.
Am Sonntag machen wir fünf Frauen ein Fondue-Essen. Vorigen Sonntag waren wir alle bei Gudrun zum Kaffeetrinken. Im Nu wird es Heilig Abend sein. Die Zeit verfliegt nur so. Ela hat die Scheidung eingereicht. Naja, traurig, aber Tatsache.

****

Montag, 21. Dezember 1998, 20.50 Uhr
Thorsten war da, und es war so toll. Er war mit bei der Firmen-Weihnachtsfeier, und ich war so glücklich! Alles ist schön, wenn er nur da ist.
Irgendwann haben wir wieder mal versucht, über uns zu reden. Ich fragte ihn, ob er schon jemals darüber nachgedacht hätte, ob wir wieder zusammen sein könnten. "Ja", sagte er. "Nur wo?" Ich will nicht nach Gladbeck, er nicht nach

Berlin. Naja, es würde sowieso niemals gut gehen. Wir passen im Alltag einfach nicht zueinander.

Bald ist Weihnachten. Grässlich. Ganz allein mit Mama und Papa. Will nicht. Deprimierend. Papa kriegt wieder seine theatralischen Anfälle, ist deprimiert, hält lange, traurige Reden. Ich möchte einfach nur so tun, als ob alles in Ordnung wäre. Möglichst fröhlich sein. Mama tut ja sowieso so. Ich kann das auch.

****

Donnerstag, 24. Dezember 1998
Das ist das zweite Weihnachtsfest in meinem neuen Leben!

Ich habe gerade ein wenig Pause, aber ich bin kaputt. War viel Arbeit mit dem Weihnachtsbaum und so, auch bei Frau Heinrich.
Heute Abend sind wir nur zu dritt, aber Gott sei Dank **sind wir zu dritt!**

Ela ist zwar unzufrieden, aber sie überlegt wohl nicht genug. Ja, die Jugend! Jens hat also eine neue Partnerin und sich ein neues Leben eingerichtet, und das hat er verdient. Es tut mir immer noch leid, dass alles so kommen musste. Mit Marga telefoniere ich immer noch, auch sie bedauert es. Nichts bleibt, wie es ist.
Die Zeit vergeht, bald geht es wieder aufwärts, und ich freue mich schon jetzt auf Mallorca.

Jetzt fällt mir ein, wir sind nicht zu dritt sondern zu viert. Chico ist ja auch noch da. Hoffentlich recht lange noch.

****

Sonntag, 27. Dezember 1998, 15.20 Uhr
Feiertags-Depri – heute erst. Heilig Abend war besser als befürchtet.
Am 1. Feiertag war ich mit Lutz essen, gestern waren wir bei Tante Rosi. Tine und Familie waren auch da.

Und heute? Weiß auch nicht. Papa kriegt wieder irgendwelche Anfälle, weil er zu einer Vorsorge-Untersuchung muss. Natürlich denkt er, er hätte auch Krebs. Kriegt ja auch sonst zu wenig Aufmerksamkeit. Wenn er nicht die erste Geige spielt, wird er doch verrückt.
Das wäre aber wahrhaftig zuviel. Aber wieso sollte es so sein? So ein Quatsch.
Ich hatte vorhin bei Mama beim Essen plötzlich ganz doll Bauchschmerzen, bin schnell nach Hause gefahren. Durchfall.
Heute bin ich wieder alleine, trinke eine Menge. Höre Musik und fühle mich seltsam.
Die Tage werden schon vergehen. Tun sie ja immer irgendwie.
Silvester kommt Thorsten wieder. Gott sei Dank!

Mittwoch, 30. Dezember 1998, 17.10 Uhr
Mama ist jetzt gerade mal wieder am Tropf. Sie kriegt doch jetzt immer dieses Knochenstärkungs-Zeug. Ich mache mir

wie immer Gedanken. Danach muss sie auch noch zum Arzt rein. Ich denke dauernd daran und wünschte, ich hätte ein dickeres Fell.
Es ist noch so früh. Ich trinke schon wieder. Mal wieder niemand zum Telefonieren da.

Kapitel 3 – 1999
"Ich bin oft so müde, so schrecklich müde …"
****

Sonntag, 3. Januar 1999

Heilig Abend war nett und ruhig. Ebenso wie Silvester. Ich war mit Uli zu Hause. Nun sind die Feiertage vorbei, und der Alltag hat uns wieder. Ela hatte kurz vor Silvester eine Magen- und Darmgrippe, und es ging ihr nicht gut. Dann hat sich Thorsten bei ihr angesteckt. Na, das war ein Silvester und ein neues Jahr! Eben war sie da und sagt, dass sie froh ist, wieder allein zu sein. Was will sie denn nun?

Ich hoffe, dass das neue Jahr so wird wie das alte, mehr wünsche ich nicht für uns. Dass alles so bleibt, wie es ist. Bitte, lieber Gott!

****

Sonntag, 3. Januar 1999, 19.00 Uhr
Ein Albtraum!
Habe allerschlimmste Tage hinter mir.
Mittwochabend um elf erwischte es mich. Eine nette Magen-Darm-Grippe. Ich habe die ganze Nacht alle 15 Minuten gebrochen und hatte Durchfall. Ich dachte, ich sterbe, weil ich auch keine Luft mehr bekam. Und ich fühlte mich so endlos allein und verlassen.

Thorsten kam Donnerstag um 16 Uhr. Da ging es mir noch nicht wieder sehr gut. Das geplante Fondue mussten wir ausfallen lassen, und der ganze Silvesterabend war im

Arsch. Hatte noch solche Bauchkrämpfe. Entsetzlich. Freitag ging es mir etwas besser. Wir sind spazieren gegangen, aber ich war ganz schlapp. Und dann kam's: Der Virus! Ich habe ihn angesteckt. Gestern Nacht ging es bei ihm los. Genau dasselbe. Die ganze Nacht bis heute morgen um 7. Dann habe ich aus Verzweiflung den Notarzt gerufen, weil ich mir nicht mehr zu helfen wusste, und er musste doch heute schließlich nach Hause fahren. Der Arzt kam dann endlich morgens um halb 10 und gab ihm eine Spritze. Er schlief dann bis halb 1, und ich saß im Wohnzimmer und wünschte mir nichts sehnlicher, als allein zu sein, meine Ruhe zu haben, das alles los zu sein. Ich konnte es einfach nicht ertragen, mir auch noch Sorgen um ihn zu machen, ihn so zu sehen. Er sah auch wie eine Leiche. Er ist trotz allem dann um 13.30 Uhr nach Hause gefahren, und das muss furchtbar für ihn gewesen sein.

Mir ist auch gleich wieder schlecht geworden. Habe bisher nur einen Zwieback und eine Banane gegessen. Bin völlig fertig von der Nacht. Habe versucht, im Wohnzimmer zu schlafen, ohne Erfolg.

Diese schrecklichen Geräusche! Es hat mich so fürchterlich geekelt. Habe mir immer nur die Ohren zugehalten und im Kopf ein Lied von Ulla Meinecke gesungen.

Nun bin ich endlich alleine, aber zufrieden bin ich auch nicht. Irgendwie spinne ich wohl.

Vorhin war ich kurz bei Mama. Ich fand, sie sah schlecht aus. Aber sie benahm sich ganz normal.

Habe seit Mittwoch keinen Tropfen getrunken und kaum gegessen. Ich muss mich zusammenreißen. Endlich hab ich ein wenig abgenommen!

Was für ein Jahresbeginn!

Montag, 4. Januar 1999, 18.35 Uhr
Heute hat Thorsten Geburtstag.
Ich schaue aus dem Fenster und überlege, was wohl die Menschen hinter ihren beleuchteten Fenstern machen. Familien sitzen am Abendbrot-Tisch, lachen, reden, streiten sich. Kinder machen Hausaufgaben, telefonieren mit Freunden. Irgendwer macht sich schön für ein Rendezvous. Und ich stehe hier hinter meinem Fenster und tue gar nichts. Hohl. Leer.
Möchte tot sein. Bin ich ja schon irgendwie.
Wozu bin ich da? Möchte Wein trinken, aber ich traue meinem Magen noch nicht.

19.05 Uhr. Gerade hat Lutz angerufen. Er kommt vorbei, damit ich keine Angst mehr habe! Das ist schön. Aber was ist morgen, übermorgen …?

****

Donnerstag, 7. Januar 1999
Uli war zur Vorsorgeuntersuchung und hat heute seine Ergebnisse bekommen. Alles in Ordnung, Gott sei Dank, ich brauche ihn doch so sehr. Danach hat er mir soviel Liebes gesagt, dass ich weinen musste. Es ist unglaublich, wie meine Krankheit uns zusammengeschweißt hat. Das ist mein ganzer Halt, mein Antrieb, gesund zu bleiben.
Ich mache eine Woche Vertretung für Frau Dutkowski bei Frau Heinrich, sie ist krank mit dem Auge. Aber es ist mir einfach zuviel.

Ich habe oft Rückenschmerzen, ob das von der Aredia ist?

Donnerstag, 14. Januar 1999
So, Blutwerte (Tumormarker) sind in Ordnung. Hat sich keiner gemeldet. Gott sei Dank!
Ich will nur noch 6 Stunden in der Woche arbeiten. Das ist genug. Ich muss mich etwas schonen. Uli hat Urlaub, und danach ist er bald zu Hause. Ein Rentner!!

Dienstag, 19. Januar 1999
Im Moment geht es mir nicht gut. Ich habe Atemnot und Husten und immer Angst. Die frisst mich eines Tages auf. Morgen gehe ich zum Lungenarzt. Ich könnte ja alles ertragen, wenn nicht die Angst wäre. Nur wer das auch hat, kann das verstehen.
"Angst essen Seele auf".

****

Dienstag, 19. Januar 1999, 18.10 Uhr
Mama sagt, es gehe ihr zurzeit ganz gut. Sie sieht aber gar nicht so aus. Ich habe Angst, genauer nachzufragen.
Mit Susi telefoniere ich zurzeit selten. Lutz ist meine Hauptrettungsleine. Wenn er eines Tages eine Freundin hat, wird auch das vorbei sein.

Morgen treffe ich mich mit meinem Verleger und kriege meine Honorarabrechnung für das Buch, das ich geschrieben

habe. Endlich kommt mal ein bisschen Kohle rein. Bin mal wieder mega-pleite.
Was nun? Fernsehen? Aufs Telefon starren? Heute vor 2 Wochen habe ich zum letzten Mal mit Thorsten gesprochen. Er bricht mir das Herz.

****

Mittwoch, 20. Januar 1999
Beim Lungenarzt war alles ok. Er hat mich sogar noch geröntgt. Ich habe jetzt Cortisontabletten, damit soll der Husten weggehen. Hoffentlich!

Ela hat mir erzählt, dass sie mit ihrem Computerbuch schon 3.000,- DM verdient hat. Toll!

****

Mittwoch, 10. Februar 1999, 17.20 Uhr
Mama hängt heute wieder am Tropf. Habe ihr gesagt, dass ich heute ausnahmsweise mal nicht anrufen kann, weil ich unterwegs bin. Ich gehe nämlich mit Lutz essen. Ob sie das versteht? Wenn ich mal einen Tag nicht anrufe? Habe ein schlechtes Gewissen. Sie hat Husten. Warum? Was kann das sein? Sie wird doch nicht einfach nur erkältet sein???
Fühle mich erschöpft. Lämmi schreit und quengelt. Hat Hunger, ist aber noch zu früh für ihn. Er geht mir gerade auf die Nerven. Brauche Ruhe!

****

Donnerstag, 11. Februar 1999
- Es ist nicht wenig Zeit, was wir haben, sondern es ist viel, was wir nicht nutzen –

Nun fange ich schon das zweite Tagebuch an.
Ich habe immer noch Husten, schlimmer als vorher. Uli allerdings auch. Ob das ansteckend ist? Gestern war die vierte Aredia. Da war eine Frau, die hat mich verrückt gemacht mit ihrer Krankengeschichte, und nun habe ich noch mehr Angst als sonst. Wo ich doch so einen Husten habe! Immer Angst, Angst, Angst …

Nichts mehr durchblicken lassen, weil ich alle traurig mache. Letztens habe ich erst wieder erkannt, welche Sorgen Ela sich macht.
Heute bin ich bei Glatteis gestürzt. Ich hoffe, ich habe mir nichts getan. Irgendwie ist die operierte Seite komisch. Aber der Rippenbruch hat mehr wehgetan.
Wir wollen doch jetzt loslegen mit der Küche und der Renovierung. Das gibt soviel Arbeit und Dreck. Es graust mich davor, aber nun ist alles am Laufen.

****

Mittwoch, 17. Februar 1999, 23.10 Uhr
Heute haben Mama und Papa Hochzeitstag.
Und Thorsten kommt. Momentan steht er noch im Stau auf der A2. Es schneit wie verrückt, Glätte, Nebel, verdammt. Langsam werde ich müde. Und getrunken habe ich auch schon eine Menge.

Samstag, 27. Februar 1999, 16.20 Uhr
War heute schon um halb 12 bei Mama, weil ich noch nach Steglitz wollte. Habe mir endlich eine neue Uhr gekauft.
Heute Abend kommt Lutz. Wir bestellen Pizza-Ecken, gucken Video und trinken 3 - 4 Flaschen Wein. Toller Samstag.

Sonntag, 28. Februar 1999, 16.15 Uhr
Heute hat sich mal wieder die ganze Welt gegen mich verschworen. Außerdem habe ich schlimmen Schnupfen. Kein Mensch hat Zeit für mich. Sitze mal wieder den ganzen Tag alleine rum. Krieg 'ne Krise.
Mama ist bei Tante Rosi. Ich fürchte, ich werde mir gleich ein Gläschen eingießen. Heute Abend wollte Thorsten anrufen. Würde mich wundern, wenn er sein Versprechen mal hält. Fühle mich gerade mal wieder ganz schrecklich verlassen und vernachlässigt.

Dienstag, 2. März 1999, 18.10 Uhr
Mir fällt die Decke auf den Kopf. Ich hatte gerade die Idee, einen schönen Hackfleisch-Auflauf zu machen. Weiß nur nicht, wen ich dazu einladen soll. Habe Mama gefragt, aber sie hat keine Lust. Ist ihr schon zu spät, sagt sie. Dann kriegt sie abends keinen Parkplatz mehr in ihrer Straße. Hm.
Hätte jetzt gerne mit ihr gesprochen, vielleicht zur Abwechslung mal über mich.

****

Donnerstag, 4. März 1999
Wir stecken total im Dreck. Es ist ganz schrecklich, aber es wird bestimmt schön. In 14 Tagen soll alles fertig sein. Gestern war in der Küche noch ein Rohrbruch. Wurde aber gleich in Ordnung gebracht. Mir geht es ganz gut; ich huste zwar noch ein wenig, aber bei dem Staub ist das ja kein Wunder. Ich komme auch gar nicht zum Nachdenken.

Am Sonntag, dem 28. Februar habe ich mich ganz furchtbar mit Gudrun gezankt. Folgendes ist passiert: Anke, ihre Tochter, ruft zehn Tage vor Gudruns Geburtstag an und möchte, dass wir Kaffeeweiber Gudrun nachfahren, die mit Anke eine Woche auf einer Schönheitsfarm ist. So als Überraschungsgäste an ihrem Sechzigsten. Da habe ich gesagt, dass ich nicht kann, weil wir hoch im Dreck stecken, dass Rosi ohne mich nicht fährt, Inge eine Thrombose hat, und Marianne fährt sowieso nicht. So habe ich über alle entschieden. Rosi habe ich es gesagt, sie hat Marianne informiert. Inge wusste von nichts. Anke legte danach auf. An Gudruns Geburtstag rief ich sie in Warnemünde an. Am Samstag, ehe sie wiederkam, habe ich ihr einen Geburtstagstisch in ihrer Wohnung vorbereitet. Am Sonntagnachmittag ruft sie bei Rosi an, total aggressiv. Sie will jetzt kommen und mit uns ihre Geburtstagstorte essen. Dann kam sie, und beim Kaffeetrinken fing sie an, rum zu schreien. Wie ich für alle entscheiden könnte, sie hätte sich so gefreut, Anke wollte doch alles bezahlen, hätte schon Zimmer gebucht und so weiter. Ihre Nachbarin und Anke wären empört gewesen, was wir für Freundinnen seien!

Anke hat lauter Dinge erzählt, die ich gar nicht gesagt habe. Ich lüge, hat Gudrun gesagt, sie glaubt schließlich ihrer Tochter. Sie war wie eine Furie, hat gebrüllt, geheult. Ich habe mich entschuldigt, ich habe das nicht böse gemeint und nicht darüber nachgedacht. Das war mein Fehler. Aber alles andere kann ich ihr nicht verzeihen.

Somit ist unsere Spanienreise gestorben. Rosi hat sie auch noch angegriffen, die würde jetzt nie mehr mit ihr in den Urlaub fahren. Unter den Umständen würde es auch nicht gut gehen. Unsere herzliche Freundschaft hat sie damit kaputtgemacht. Anke würde uns auch gar nicht mehr in ihr Ferienhaus lassen. Es ist so schade, ich hatte mich so gefreut. In meinen schlechten Tagen und Nächten habe ich mich immer mit der Reise getröstet. Es war so schön, wir sind soviel rumgekommen. So eine Scheiße, warum habe ich nur Inge nicht Bescheid gesagt? Die wäre nämlich hingefahren. Es ist alles schief gelaufen, ein einziges Missverständnis mit solchen Folgen …

Tagelang habe ich Magenschmerzen vor Wut gehabt. Wie soll ich nur weiter mit ihr auf den Flohmarkt gehen?

****

Donnerstag, 10. März 1999, 20.20 Uhr
Morgen kommt Thorsten wieder. Ich freue mich. Er wird bestimmt wieder nicht vor Mitternacht hier sein, und das Wochenende ist kurz. Aber besser als nichts. Ich gebe mich mit allem zufrieden. Hauptsache, er ist hier, und ich bin nicht allein.

Morgen habe ich einen Probefahrt-Termin. Ich habe mich entschlossen, einen Corsa zu leasen. Mein oller Golf ist mir zu nervig. Er ist alt, und dauernd versagt die Batterie.

Sonntag, 14. März 1999, 19.15 Uhr
Mama kann mal wieder nicht sprechen. Schon zum dritten Mal ist sie ganz plötzlich so heiser, dass sie keinen Ton rauskriegt. Ich mache mir Sorgen. Diese wochenlange Renoviererei war bestimmt zu anstrengend für sie. Der viele Staub, das Saubermachen, die Hektik. Nächsten Samstag habe ich versprochen, das Bad bei ihnen zu putzen. Meine Lieblingsarbeit – Fliesen wischen. Oje.
Am Dienstag hat Papa Geburtstag. Habe zum Glück so ein Hemd bekommen, wie er es wollte. Hab nur keine Lust hinzugehen. Ist immer alles so traurig.

Dienstag, 16. März 1999, Papas Geburtstag, 20.30 Uhr
Ihre Wohnung sieht schön aus, die Küche ist echt klasse.
Und Mama sieht schlecht aus, überarbeitet. Mache mir Sorgen!
Ich nehme immer mehr zu. Das ist der viele Wein. Ich muss endlich aufhören!

****

Donnerstag, 1. April 1999
Nun, es ist schon eine Weile her, dass ich das letzte Mal schrieb. In der Zeit ist unsere Wohnung fertig geworden. Sie sieht ganz toll aus, ich traue mich kaum, das Wohnzimmer zu benutzen. Die Küche ist eine Wucht, aber man muss immerzu putzen. Es waren sehr anstrengende Wochen, aber ich habe es doch geschafft, und es hat sich gelohnt. Jetzt versuche ich mich zu erholen, aber bis jetzt war immer was anderes.

Mit Gudrun habe ich mich bis jetzt nicht richtig vertragen, aber das liegt an ihr. Sie spricht sehr reserviert. Ich habe ihr gesagt, dass wir nicht mit ihr in den Urlaub fahren. Wir haben eine Pauschalreise nach Magalluf gebucht. Marianne fährt auch mit. Am 24. Mai geht es los. Ist gar nicht so teuer, rund 1.200,- DM, und wir können uns auch mal bedienen lassen.

Ich habe nun erstmal meine letzte Aredia hinter mir. Beim letzten Mal war nur eine Frau da, die nicht sprach. Wunderbar! Am 15. April muss ich zu allen Untersuchungen. Großes Zittern, immer und immer … Und ab heute ist Uli Rentner. Seltsames Gefühl, aber er hat immer zu tun, und er darf noch das Projekt "Bus-Wartehäuschen" weiterführen.

Mein Auto war kaputt. 450,- DM, aber jetzt läuft es wieder super. Muss noch eine Weile halten!!
Ostersamstag gehen wir zur Berliner Meisterschaft im Rock'n'Roll. Ela kommt natürlich auch mit und freut

sich auf ihre ganzen alten Freunde aus dem Club. Ich freue mich auch schon.

****

Freitag, 2. April 1999, 21.30 Uhr, Karfreitag
Morgen gehen wir zur Berliner Rock'n'Roll-Meisterschaft. Alle meine alten Kumpels aus der Zeit, in der ich noch aktiv getanzt habe, werden da sein. Mama und Papa kommen mit. Hoffentlich hat Mama ein bisschen Spaß dort. Ich möchte, dass sie sich amüsiert und fröhlich ist. Dann bin ich auch glücklich.

Ostersonntag, 4. April 1999, 19.10 Uhr
Gestern beim Rock'n'Roll war es richtig schön. Der schönste Augenblick seit langem war, als Mama mit Papa getanzt hat. Ich hätte ewig zuschauen mögen. Zwei Lieder hat sie geschafft! Das war solch ein Glücksgefühl. Wunderbar! Plötzlich war alles so wie früher. Als wäre nie etwas passiert.

Dienstag, 13. April 1999, 20.55 Uhr
Donnerstag sind Mamas große Untersuchungen. Ich habe Angst.
Lutz hat im Moment nicht viel Zeit, also bin ich allein. Wem kann ich meine Ängste schildern? Wer nimmt sich die Zeit, mir zuzuhören? Susi hat auch nie Zeit.
Thorsten ist immer im Stress, und außerdem hat er kein Verständnis für meine Sorgen. Jedenfalls redet er mit mir nie

darüber. Er sagt höchstens mal JA und NEIN und AHA; aber das war's dann auch.
Wenn ich trinke, vergesse ich diese blöde Angst. Ich fühle mich leicht und gleichgültig. Das tut gut.

Mittwoch, 14. April 1999, 20.40 Uhr
Bin schon völlig beduselt. Habe so dolle Angst vor morgen. Mamas Untersuchungen! Es MUSS alles gut gehen. Ich tröste mich. Es ist alles so einfach mit dem Wein. Alles nicht so schlimm.
Die Angst wird weniger. Die Schrift wird schlechter. Ich sehe es. Was soll's?

Habe Mama vorhin am Telefon gefragt, ob sie schon sehr viel Angst hat. Was sagt sie? "Habe gar nicht dran gedacht. Und jetzt hast Du mich wieder dran erinnert!"
Was ich auch mache, ich mache es falsch.
Habe eine Scheiß-Angst. Ich kann nur warten, warten.

Ich will einen Menschen haben, der sich um mich kümmert. Der da ist, wenn ich ihn brauche. Der zuhört. Nachfragt. An mich denkt. Und nicht in Heilbronn oder sonst wo ist. Ich hasse es.
Thorsten ruft nicht an.

****

Mittwoch, 14. April 1999
Rock'n'Roll war prima. Wie in alten Zeiten, aber mehr als einen Tanz schaffe ich kaum mehr.

Heute war ich zur Mammografie, Oberbauchsonografie und zum Knochenszintigramm. Alles in Ordnung, Gott sei Dank. Nun muss nur noch das Blut in Ordnung sein. Uli, Ela und Rosi waren so erleichtert. Was ICH empfinde, kann ich kaum beschreiben.

Am 9. April haben wir (Inge, Rosi, Marianne, Gudrun und ich) uns im Café getroffen zu einer nochmaligen Aussprache. Viel hat es nicht gebracht, weil sie sehr uneinsichtig ist und darauf besteht, dass ich schwindele und Anke Recht hat. Und zum Schluss hat sie noch gesagt, sie könnte ja schließlich nichts dafür, dass ich krank geworden bin. Indirekt heißt das wohl, "warum sollen wir auf Dich Rücksicht nehmen?" Das habe ich als herzlos empfunden, aber vielleicht bin ich zu sensibel in der Hinsicht. Jedenfalls haben wir uns alle vertragen, aber so wie früher wird es wohl nie wieder. Sonntag will ich trotzdem mit ihr auf den Flohmarkt gehen...

****

Donnerstag, 15. April 1999, 20.30 Uhr
Es ist alles in Ordnung!!!!! Mama ist gesund!!!!
Mein Gott, wie viele Steine fallen mir vom Herzen! Gestern Abend war's noch richtig schlimm. Hab so viel getrunken, bis mir extrem schlecht war. Ich hatte einfach zu große Angst ....
Habe Thorsten eine SMS geschickt und geschrieben: "Es ist wirklich schade, dass Du nie da bist, wenn es mir schlecht geht. Was hat das für einen Sinn? Gute Nacht."
Bis jetzt keine Reaktion. Arschloch.

****

Donnerstag, 22. April 1999
Heute ist mein Jahrestag! Heute vor zwei Jahren bin ich operiert worden. Ich hoffe, ich kann noch in 10 Jahren schreiben: "Heute ist mein Jahrestag!"
Es ist jetzt 11.30 Uhr, und um diese Zeit war ich schon operiert. Zwei Jahre, die ich gelebt habe, und sie waren nicht so schlecht. Ich kann den Gedanken nicht ertragen, dass morgens die Sonne aufgeht, und ich bin nicht mehr da. Dass die Sonne nur noch auf mein Grab scheint.

Ich habe meine großen Untersuchungen hinter mir, und es war alles gut. Ich bekomme weiterhin Aredia. Wenn Dr. Schönemann meint, es ist gut, will ich sie klaglos hinnehmen.
Sonntag auf dem Flohmarkt war gutes Geschäft. Kommenden Sonntag gehe ich wieder. Mit Gudrun war alles ok. Wir geben uns Mühe. Gott, ich danke Dir!!!

****

Sonntag, 25. April 1999, 0.15 Uhr
Er bringt mich auf die Palme. Totenstille, keine einzige Reaktion. Nichts, was ich hören möchte. Ich hasse ihn. Und mich auch.

Lutz ist verreist, schade. Fühle mich allein. Und trinke. Habe mein Auto verkauft und warte jetzt auf den Corsa. Bin jetzt also mit Bus und Bahn unterwegs. Wie grauenhaft. Bin duselig, wie immer. Hilft aber. Tut gut. Macht locker. Habe nur noch eine Flasche hier und zur Tankstelle komme ich nicht ohne Auto. Mist. Also schlafen gehen! Aber ist ja auch schon 0.20 Uhr! Und morgen ist Moooontag ...

Samstag, 1. Mai 1999, 19.55 Uhr
Langeweile! Ganz allein. Niemand ist da. Susi macht auf Familie oder so. Lutz ist schon wieder verreist.

Mittwochabend hat Thorsten noch angerufen. War noch auf der Arbeit. Er musste kurz unterbrechen und sagte, er riefe gleich zurück. Bis halb 10 kam nichts. Habe ihm dann eine SMS geschickt, dass mir schwindlig ist und ich ins Bett gehe. Habe nichts mehr von ihm gehört. Das war vor 3 Tagen.

Gestern war ich mit Mama bei Pflanzen-Kölle. Wir haben Blumenkästen und Geranien gekauft. Mama hat mir ganz doll geholfen beim Pflanzen und Putzen. Jetzt sieht mein Balkon super aus. Morgen kommt sie mich mit Tante Rosi besuchen. Weil das arme Kind doch so alleine ist ...

Freitag, 7. Mai 1999, 14.50 Uhr
Scheiße, Lämmi ist ganz krank!! Seit Dienstagabend hat er immer gebrochen. Heute habe ich Urlaub genommen, weil ich mit ihm zum Arzt gegangen bin. Er musste dort bleiben! Die Ärztin tippt auf einen Darmverschluss. Jetzt hat er ein Kontrastmittel bekommen und er muss beobachtet werden,

ob es durch den Darm geht. Wenn nicht, muss er sofort operiert werden. Morgen um 12 muss ich wiederkommen.
Bin ganz zittrig. Hoffentlich ist es nicht so schlimm. Mache mir Sorgen. Ist ganz schrecklich hier allein, ohne ihn. Ist doch mein Baby! Jetzt ist die Wohnung wirklich leer.
Ausgerechnet dieses Wochenende kommt Thorsten. Hoffentlich ist er einmal im Leben in der Lage, mich zu trösten. Hoffentlich geht alles gut mit meinem Miezekatzenmann.

****

Samstag, 8. Mai 1999
Etwas Schreckliches ist geschehen! Lämmi ist heute wegen eines Darmverschlusses operiert worden. Es geht ihm nicht gut, aber die OP hat er überstanden.
Hoffentlich geschieht nichts mit Chico. Lämmi sollte doch wieder den "Babysitter" bei Chico spielen, wenn ich verreise. Wie alles wird, weiß ich nicht.
In 16 Tagen geht es los. Aber die Freude auf die Reise ist mir gründlich verdorben. Uli gleich anklagend: "Na, da habe ich ja eine schöne Zeit mit Chico alleine." Ich fahre aber trotzdem. Ich hoffe, er kommt gut durch, der dicke Lämmi. Und niemand soll sagen, es ist ja bloß ein Tier. Chico habe ich den Zahnstein abmachen lassen, und als die Narkose wirkte und er in meinen Armen einschlief, dachte ich: "Lass mich nicht erleben, dass er so einmal für immer eingeschläfert werden muss." Lieber von allein sterben.

Heute hat Ela ihr neues Auto bekommen, aber sie wird sich auch nicht freuen können, obwohl Thorsten da ist.

****

Sonntag, 9. Mai 1999, 20.10 Uhr, Muttertag

Lämmi musste gleich am Samstag operiert werden, sonst wäre er gestorben. Die Operation ist gut gegangen, aber dabei haben sie entdeckt, dass seine Bauchspeicheldrüse verändert ist. Das kann verschiedene Ursachen haben, unter anderem Leukose.
Ich werde verrückt. Mein armer kleiner Lämmi. Was wird er Angst haben dort ganz allein. Und bestimmt Schmerzen! Morgen früh soll ich anrufen, wie es weitergeht. Und morgen Abend vorbei kommen.
Thorsten ist am Freitag um 22.45 Uhr hier gewesen. Und vorhin um 6 wieder gefahren. Bin dann zu Mama gefahren, denn heute ist auch noch Muttertag.
Nein, er konnte mich nicht trösten. Nein, er konnte mir nicht helfen.

Dienstag, 11. Mai 1999, 19.35 Uhr

Am Donnerstag (Himmelfahrt) kann ich Lämmi abholen! Es geht ihm den Umständen entsprechend normal, und die Ärztin meint, ich kann ihn dann mitnehmen. Hoffentlich ist er in Ordnung. Aber am Donnerstag kann ich ja den ganzen Tag auf ihn aufpassen.
Fühle mich noch einsamer ohne Lämmi. Habe nur Zigaretten und Wein. Wie kann ich nur endlich damit aufhören? Ich mach mich völlig kaputt. Ich weiß es. Aber es geht einfach nicht. Sofort nach dem ersten Glas geht es mir besser. Physisch und psychisch. Unglaublich.

Muss mir einen neuen Teppich kaufen. Habe zum zweiten Mal Rotwein verschüttet, sieht grauenhaft aus. Die Flecken kriegt man nicht mehr raus.

Susi ruft mal wieder nicht zurück, Lutz ist heute mit einem Kollegen verabredet. Fühle mich beschissen.

Donnerstag, 13. Mai 1999, Himmelfahrt, 12.40 Uhr

Lämmi ist zu Hause. Sieht aus wie ein Alien. Mit Halskrause und kahl rasiertem Bauch. Er schläft jetzt unter dem Bett. Wollte noch nicht fressen. Stößt überall mit dem Kopf an, läuft sehr langsam. Hoffentlich ist das normal. Hoffentlich frisst er bald. Komisches Gefühl. Fühle mich hilflos.
Mama kommt um halb 5 mal vorbei, nach Lämmi schauen. Habe keinen Wein mehr, muss noch zur Tankstelle. Kann ich Lämmi alleine lassen?

Montag, 17. Mai 1999, 18.40 Uhr

Ach Mist. Ich musste Lämmi am Donnerstagabend um halb 9 wieder zurückbringen. Er hat sich so seltsam verhalten. Ganz apathisch. Lag steif rum, mit offenen Augen und reagierte auf gar nichts. Fühlte mich so hilflos und hatte Angst. Also musste ich mit 2 Flaschen Wein im Blut ins Auto und Lämmi zum Arzt bringen. Keine Ahnung, wie ich das geschafft habe, ohne uns beide umzubringen.
Freitag sagte die Ärztin, er habe jetzt endlich gefressen und verhält sich relativ normal. Er bleibt trotzdem bis zum

Fäden-Ziehen dort, also bis morgen. Dann habe ich ihn wieder!

Mir ist nicht gut im Magen. Habe nur noch ein bisschen Wein von gestern. Mehr wird heute nicht getrunken! Es kann einfach nicht jeden Abend so sein. Darf nicht! Ich werde es schon überstehen. Irgendwie. Vielleicht gehe ich mal früher ins Bett.

****

Dienstag, 18. Mai 1999
Ich bin heute bei Frau Heinrich die Treppe runter gefallen.
Ich glaube, ich habe mir wieder eine Rippe gebrochen. Die tut aber mehr weh, als die andere gebrochene Rippe. Bei der Infusion ging es auch nicht besonders, drei Mal mussten sie stechen. Zu Hause war mir zum Kotzen elend. In fünf Tagen will ich in den Urlaub fahren! Oje.
Aber ich fahre! Da brauche ich wenigstens nicht zu arbeiten.

Eine gute Nachricht: Lämmi ist zu Hause und wieder munter und gesund. Hat 1.025,- DM gekostet. Au weia! Arme Ela.
Morgen werde ich meine Rippe röntgen lassen.

Mittwoch, 19. Mai 1999
Wusste ich es doch! Die Rippe ist gebrochen. Aber ich kann unbesorgt in den Urlaub fahren. Passieren kann da nichts, sagen die Ärzte.

****

Donnerstag, 20. Mai 1999, 20.35 Uhr
Lämmi geht es gut! Was bin ich froh.
Aber dafür ist Mama am Dienstag die Treppe bei Frau Heinrich runter gefallen und hat sich wieder eine Rippe gebrochen. Scheiße! Am Montag fährt sie trotzdem nach Mallorca. Eine Scheiß-Nachricht jagt die nächste. Zum Kotzen!
Mama hat Schmerzen. Gott sei Dank muss sie im Urlaub nichts tun und kann sich hoffentlich ausruhen. Zu Hause hat sie ja keine Ruhe. Warum hören diese blöden Sorgen bloß nie auf?

Thorsten? Kein Kommentar. Er hatte einmal auf den Anrufbeantworter gesprochen, und ich habe nicht zurückgerufen. Bin bockig.

****

Sonntag, 23. Mai 1999
Mein Rücken brennt wie Feuer, und die Rippe tut weh, weh, weh …
Ich habe schon Angst vor der Reise morgen. Noch nie habe ich so wenig Lust gehabt. Habe gerade den Kof-

fer gepackt. Aber ich kann den beiden anderen nicht den Urlaub versauen.

Ela bringt Lämmi diesmal nicht zu Chico, weil er noch Aufsicht braucht. Armer Chico! Wird einsam für ihn werden. Ich hoffe, ich komme in besserem Zustand zurück als ich gefahren bin.
Dann bis nach dem Urlaub, liebes Tagebuch!

****

Montag, 24. Mai 1999, 21.15 Uhr
Schon wieder 1 1/2 Flaschen intus.

Mama ist offenbar gut angekommen. Bringe Lämmi nun doch Donnerstag früh zu Papa, weil der so gejammert hat, dass Chico so alleine ist. Früher aber nicht, ist mir sonst zu lange für Lämmi. Er braucht noch ein bisschen Aufsicht.

Mittwoch, 26. Mai 1999, 20.00 Uhr
Habe vorhin eine halbe Stunde lang versucht, Mama anzurufen. Kein Durchkommen. Und als dann frei war, war sie nicht mehr da. Schade.
Papa erzählt ja nichts. Nur, wie arm er dran ist so alleine! Putzen, abwaschen, Katzenkotze wegmachen. Ach, der Ärmste! Statt er Gott auf Knien dankt, dass sie überhaupt in den Urlaub fahren kann. Er sollte es ihr wirklich gönnen.

Will unbedingt hören, wie sie mit der Rippe zurecht kommt. Muss es morgen früh noch mal versuchen.

Sonntag, 30. Mai 1999, 18.30 Uhr
Habe Mama am Donnerstag noch erreicht. Scheint nicht so toll zu sein, und die ersten beiden Tage hatte sie große Schmerzen. Musste sich dann mit Tabletten über Wasser halten. So ein Pech. Sie tut mir so leid.

****

Montag, 10. Juni 1999
Nun sind wir wieder da. Es war soweit ganz nett, aber sehr laut. Wir haben alle schlecht geschlafen, aber gut gegessen. Meine Rippe tat mir zuerst so weh, dass ich nicht wusste, wie ich die ersten Tage liegen sollte. Dann wurde es durch die Ruhe besser, aber hier zu Hause ist es schon wieder schlechter. Wir haben auch schöne Ausflüge gemacht, waren in Ankes Haus, das ganz verkommen war, und der Pool hat gestunken. Hat Gudrun also gelogen, denn sie hat gesagt, es wäre alles ok.

Übrigens, Heinz, Rosis erster Mann, ist gestorben. Haben sie jetzt erst erfahren. Das war nach dem Urlaub ein Schreck. Traurig, so ganz allein sterben zu müssen.

****

Montag, 14. Juni 1999, 19.10 Uhr
Mama kann schon wieder nicht sprechen! Was ist das bloß mit ihrer Stimme? Was verschlägt ihr nur so die Sprache? Langsam besorgt mich das. Es tut ja nicht weh, aber warum hat sie das??

Dienstag, 15. Juni 1999, 12.30 Uhr
Arbeits-Zwangspause! Heute Morgen um 9 Uhr machte mein Kreislauf nicht mehr mit. Habe Angst bekommen. Plötzlich dachte ich, ich falle um oder muss mich übergeben. Hab gezittert wie verrückt, Schwindel, Übelkeit, wahnsinniges Herzrasen. Wurde immer schlimmer. Eine Kollegin hat mich ins Behring-Krankenhaus gefahren. Mann, war mir elend. Sie haben mich um und um gedreht und nichts gefunden. Hätte ich erzählen sollen, dass es gestern wieder 2 Flaschen waren? Eigentlich hätte der Arzt ja was merken müssen, denn meine Zunge war immer noch ganz blau vom Rotwein ...
Ich weiß nicht, was es ist. Aber jetzt muss ich aufhören. Ganz dringend. Mir ist immer noch schwindlig und nicht recht gut. Muss viel trinken. Wasser natürlich!
Was nun? Kriege ich die Kurve noch? Ganz alleine?
Ich wünschte, Thorsten wäre hier.

Samstag, 19. Juni 1999, 18.45 Uhr
Mittwochabend fing dann noch der Hals an wehzutun. Donnerstag steige rte es sich noch. Bin vorsichtshalber zum Arzt gegangen. Erhöhte Temperatur, dicke Bronchitis, Antibiotika etc.

Freitag war ich zu Hause und hab den ganzen Tag rumgelegen. Dann kam der Schnupfen. Und Kopfschmerzen. Seit Montagabend habe ich keinen Tropfen Wein getrunken. Ich muss wirklich krank sein! Aber es ging. Fühlte mich zu elend. Heute habe ich mir allerdings eine Flasche gekauft. Nur ein kleines bisschen probieren. Ich weiß ja schließlich, dass es auch ohne geht.
Heute war ich lange bei Mama. Habe einen Auflauf gemacht und ihr mitgebracht. Aber ich glaube, sie fand es nicht so toll. Sie ist nicht für solche "außergewöhnlichen" Sachen. Erbsensuppe oder ein Schnitzel mit Kartoffeln ist ihr lieber.

Montag, 21. Juni 1999, 20.05 Uhr
Es geht mir besser. Samstag und Sonntag habe ich leider eine Flasche getrunken. Aber heute nicht! Habe auch gar nichts hier. Ich werde mich bessern. Ganz sicher!

****

Donnerstag, 24. Juni 1999
Es ist nicht wahr! Es KANN nicht wahr sein.

Heute beim Frühstück erzählt mir Uli, dass er bei sich Blut beim Husten entdeckt hat. Er hat schon lange eine Bronchitis, geht natürlich nie zum Arzt. Mir ist ganz schlecht. Ich bin zu Frau Dr. Kaiser gegangen und habe ihr das erzählt. Es muss ja kein Lungenkrebs sein, aber er soll sich schnell untersuchen lassen, sagt sie. Aber er will nicht!!! Mein Gott, was habe ich verbrochen, dass es so dicke kommt?

****

Montag, 28. Juni 1999, mein Geburtstag, 21.40 Uhr

Thorsten kam am Samstag und blieb bis heute Abend. Mit seinem Geschenk konnte er nicht viel falsch machen. Er hatte nämlich keins.

Um 5 kam Mama kurz vorbei. Papa nicht.
Das war der traurigste Geburtstag, an den ich mich erinnern kann.

Freitag, 2. Juli 1999, 12.00 Uhr

Meine Hände zittern, kann gar nicht richtig schreiben. Der Kopf ist völlig dumpf, schwindlig. Kann nichts essen. Immer wieder kommen mir die Tränen, weiß nicht warum. Müsste einkaufen und zur Bank, krieg nichts auf die Reihe. Kann nicht aufstehen, mich nicht bewegen. Ist so hell im Zimmer. Licht tut weh.

Sonntag, 4. Juli 1999, 11.55 Uhr

Gehe nachher mit Lutz zum Flohmarkt, Mama hat einen Stand. Ich weiß nicht, sie sieht schlecht aus. Ich glaube, sie hat's wieder mit dem Magen, aber sie sagt ja nichts. Hoffentlich wird sie auf dem Flohmarkt abgelenkt.
Es ist schrecklich heiß. Vielleicht setzt ihr ja auch die Hitze so zu, aber darüber sagt sie auch nichts.

****

Sonntag, 4. Juli 1999
Seit letztem Sonntag hat Uli kein Blut mehr gespuckt. Hoffentlich geht dieser Kelch noch mal an uns vorbei. Am Dienstag hat er einen Arzttermin in der Lungenklinik in Heckeshorn. Dann wissen wir mehr, Gott steh uns bei! Er ist doch mein ganzer Halt. Vor Kummer habe ich es schon wieder mit dem Magen. Und seit einer Woche tut mir die rechte Brust bei jeder Erschütterung, bei jeder Bewegung weh. Was ist das wieder? Hört der Kummer nie auf? Ich traue mich schon niemandem mehr davon zu erzählen. Nicht mal Rosi, ich weiß, dass sie sich auch Sorgen macht!

Freitag, 9. Juli 1999
Uli war zur Untersuchung, und der Arzt hat nichts gefunden. Lunge frei! Sollte er noch mal Blut spucken, muss eine Bronchoskopie gemacht werden. Erstmal bin ich erleichtert und er auch. Ich glaube, wir haben noch mal Glück gehabt. Es geht mir gleich besser, aber meine rechte Brust tut immer noch so weh.

****

Sonntag, 11. Juli 1999, 19.30 Uhr
Habe heute drei Dinge getan, die ich noch nie getan habe. Ich bin in den Steglitzer Stadtpark gegangen und habe mich mit einer Decke auf die Wiese gelegt, 2 Stunden. Habe gelesen. Danach bin ich ins Korso-Café gefahren, habe Milchkaffee getrunken und die Leute beobachtet. Und dann

bin ich mit ganz lauter Musik einfach im Auto rum gefahren. Wollte gar nicht mehr nach Hause.

Sonntag, 18. Juli 1999, 19.55 Uhr
War heute mit Lutz im Robbengatter in Schöneberg frühstücken, bin dann alleine zum Flohmarkt und danach noch mal in den Stadtpark gegangen. Langweilig.
Heute sind wieder über 30°C. Ich hab es so satt.
Fühle mich allein. Mit Thorsten ist mal wieder Funkstille, aber ich kann es kaum aushalten ohne ihn. Und dann noch diese blöden Liebesfilme im Fernsehen. Es tut weh.

Dienstag, 27. Juli 1999, 20.50 Uhr
Gestern hatte Mama Geburtstag. War sehr nett, wir waren essen. Mama war gut drauf und alles war prima. Um halb 10 war ich zu Hause.

Von Susi hab ich seit 10 Tagen nichts gehört. Immer ist sie nur im Stress, dabei arbeitet sie nicht mal. Ich brauche so dringend eine Freundin.
Habe Thorsten eine SMS geschrieben, weil ich doch Mitte August nach Düsseldorf muss. Konnte es nicht mehr ertragen, nichts von ihm zu hören. Wer weiß, vielleicht antwortet er ja …

Dienstag, 3. August 1999, 20.35 Uhr
Mama hat heute wieder Untersuchung und Infusion. Habe ihr gesagt, dass ich mich noch wegen meines Buches mit dem

Verleger treffen muss. Also nicht mehr anrufen kann. Ich bin heute so verdammt feige. Ich habe Angst!
Ich brauche was zu Trinken, kann das alles nicht aushalten.

****

Dienstag, 3. August 1999
Ich war wieder zu meiner vierteljährlichen Untersuchung. Alles in Ordnung, Gott sei Dank.
Die anderen Brustschmerzen sind von der Mastopathie, damit muss ich leben. Hauptsache, alles ok.

****

Freitag, 6. August 1999, 20.50 Uhr
Mama ist ok!!!!!
Ich bin ja so froh, so erleichtert. Diese Stunden und Tage vor dem Untersuchungsergebnis sind einfach grauenhaft. Diese Warterei kann ich nur völlig zugedröhnt überstehen, sonst drehe ich durch. Und nun ist alles wieder gut. Sie haben nichts gefunden!

Thorsten hat eine Nachricht geschickt. Er wird auch da sein, in Düsseldorf. Wir treffen uns im Hotel. Geht jetzt wieder alles von vorne los?

****

Freitag, 20. August 1999
Ich habe seit vier Wochen Zahnschmerzen. Plombieren hat nichts geholfen. Jetzt bin ich bei Uwe in Behandlung, dem Mann von Elas Freundin Susi. Hoffentlich kriegt er das in den Griff. Außerdem tun seit langem meine Halswirbelsäule und mein Rücken wieder weh. Habe mir einen Nerv eingeklemmt und bekomme jetzt Spritzen und Krankengymnastik. Irgendwas ist immer.
Ich bin oft so schrecklich müde, so müde, aber Uli glaubt manchmal, ich bin bloß faul oder bequem. Alles muss immer schnell gehen, immer sofort sein. Wir haben jetzt das kleine Zimmer (Elas Kinderzimmer) neu gemacht, aber das ist mir alles zuviel. Ich weiß, dass mir keiner glaubt. Ich bin oft sehr traurig und verzweifelt, weil es nicht einen Tag gibt, an dem ich keine Schmerzen habe. Meine Umwelt hat längst vergessen, warum ich nicht mehr so kann und bin wie früher. Und trotzdem will ich dankbar sein, dass der Krebs nicht wiedergekommen ist.

****

Freitag, 20. August 1999, 19.40 Uhr
Mama hat sich wohl einen Nerv im Rücken eingeklemmt und hat wieder Schmerzen. Papa sagt, er hat sie heute endlich zum Arzt geschickt.
Zurzeit ist sie mit Tante Rosi beim Augenarzt. Rosi hat auf einem Auge grauen Star oder so und das wird gelasert. Sie sind wohl noch nicht zurück. Ich wollte Bescheid sagen, wann ich morgen komme. Werde gleich noch mal versuchen anzurufen.

Montag, 23. August 1999, 18.50 Uhr
Mama war heute mit ihrem Aua-Zahn bei Uwe. Sie hat eine entzündete Zahnfleischtasche.
Gestern hat sie mich tierisch genervt. Lutz und ich haben ihr auf dem Flohmarkt Tragen geholfen, und danach sind wir gegenüber ins Maredo Essen gegangen. Eine dreiviertel Stunde später klingelt mein Handy und eine völlig aufgelöste Mutter jammert mit weinerlicher Stimme: "Oh Mäuschen, ich glaub, ich hab was ganz Schlimmes gemacht!" Mir blieb das Herz stehen!! Ich dachte, sie hätte einen Menschen totgefahren oder so was.
Nein, sie meinte, sie hätte ihr Portemonnaie mit allen Papieren auf dem Flohmarkt gelassen. Und ich wäre doch genau gegenüber, ob ich nicht schnell mal rüber laufen könnte.
Oh Mann, ich bin also aufgesprungen und rübergehetzt, da klingelt das Handy wieder in meiner Tasche. Bevor ich rangehen konnte, hatte sie schon auf die Mailbox gesprochen, wo ich denn bloß sei, und sie hätte das Portemonnaie gefunden. Sie wusste nicht mehr, dass sie es schon ins kleine Zimmer getan hatte. Ich dachte, ich krieg 'ne Krise. Rief zurück und sagte: "Na, wo soll ich schon sein? Auf dem Flohmarkt, wo Du mich hingeschickt hast!"" Sie war total aufgelöst und zittrig und entschuldigte sich tausend Mal. Abends rief sie noch mal an. Ich hab ihr gesagt, sie solle das nächste Mal erst 10 Minuten durchatmen, bevor ich noch mal tot umfalle vor Schreck.
Also, manchmal mache ich mir wirklich Sorgen, weil sie immer alles vergisst. Scheiße!

Montag, 30. August 1999, 15.30 Uhr
Habe diese Woche Urlaub genommen, einfach nur so.

Mir ist schlecht. Kopf und Magen sind danieder. War wohl wieder ein bisschen viel gestern Abend. War noch keinen Schritt draußen, obwohl ich dringend einkaufen müsste. Scheiße, selber Schuld. Toller erster Urlaubstag.

Vorhin rief Mama an. Oma Sale ist heute Nacht gestorben. Hm, nun muss ich Jens wohl morgen anrufen und auch wegen der Beerdigung fragen. Die ist am nächsten Montag. Ich würde ja hingehen, aber ich glaube, das hat er nicht so gern wegen seiner Freundin ...

Susi habe ich vorhin auf den Anrufbeantworter gesprochen. Sie hat noch nicht zurückgerufen. Und nun? Eigentlich wollten wir uns morgen treffen, aber sie hat mir immer noch keine Uhrzeit gesagt.

Dienstag, 31. August 1999, 12.20 Uhr
Um 8 Uhr morgens (!) klingelte Susi mich aus dem Bett. Es regnet, und deshalb will sie unseren Bummel verschieben. Ist mir auch recht. Bin nicht gut drauf.
War vorhin im Möbelgeschäft, weil mir so langweilig war. Fühlte mich so allein zwischen all den möbelsuchenden Menschen. Ich schlurfte einsam durch die Gänge, und neben, vor und hinter mir planten junge Paare ihre Wohnungseinrichtungen. Bin lieber allein zu Haus und gucke in die Glotze.

Vorhin habe ich Jens angerufen. Er will nicht, dass ich zu Omas Beerdigung komme, weil das Petra, seiner Flamme, nicht recht ist. Vollidiot!

****

Freitag, 3. September 1999
So, mein Zahn ist raus. Er hat mich zu sehr gequält. Ich lasse mich jetzt von Susis Mann behandeln.
Der Zahn ist weg, aber dafür habe ich wieder im ganzen Körper Schmerzen. Schultern, Halswirbelsäule, Rücken. Ich glaube, der Orthopäde weiß auch oft nicht weiter. Wenn die Krankengymnastik nicht hilft, werde ich bei Rosis Nachbarin – die ist Heilpraktikerin - Akupressur versuchen. Einen Versuch ist es wert.

War heute mit Ela essen. Das hat sie mir zum Geburtstag geschenkt. Das Wetter war sehr schön, das Essen auch, und es war richtig gemütlich.
Jens' Oma ist gestorben, aber wir schicken nur Blumen. Jens war es wohl nicht recht, wenn Ela zur Beerdigung gegangen wäre.

****

Samstag früh, 4. September 1999, 0:20 Uhr
War gestern mit Mama essen. War ja ganz nett, aber manchmal denke ich, wir haben uns eigentlich nichts Ernsthaftes zu sagen. Wetter, Arbeit, Freunde, Wohnung, das alles sind Gesprächsthemen, aber wie es uns wirklich geht, sagen wir uns nicht. Es ist zum Heulen.

Ist schon spät, ich denke nach und trinke. Will nichts mehr mitkriegen von allem rund um mich herum. Augen zu, Ohren zu, Mund zu – so wie Mama! Wie die drei Äffchen … Muss ins Bett, Wein und Zigaretten sind alle. Bin total zugedröhnt.

Montag, 6. September 1999, 22.10 Uhr
Ein einziger Anruf zaubert ein Lächeln auf mein Gesicht!
Thorsten kommt am Freitag! So spontan. So schön!

KUMMER KANN SCHWIMMEN
... und sie träumte von Liebe und Leidenschaft
Vergaß dabei, zu leben
Verlor darüber ihre Kraft
Es konnt' ihr niemand geben

Ertränkte den Kummer mit aller Macht
Sie konnte es nicht mehr bestimmen
Nur eines hat sie nicht bedacht
Ihr Kummer konnte schwimmen ...

Donnerstag, 9. September 1999, 20.10 Uhr
War heute beim Urologen. Hatte heute direkt mal ein bisschen Angst. Ich war beim Frauenarzt, und beim Ultraschall stellte er etwas Komisches in meiner Blase fest. Schickte mich gleich eine Etage tiefer zum Urologen. Der meinte, das sähe wirklich seltsam aus, es könnte aber auch nur eine Schleimhautfalte sein. Als ich fragte, was sonst noch, meinte er: Ein Tumor! Und ob ich viel rauchen würde und so ...
Mein Herz klopfte. Blasenkrebs? Dann kam die gefürchtete Blasenspiegelung. AUA! Aber es ist alles in Ordnung. Es ist eine Schleimhautfalte. War ziemlich erleichtert. Frage mich, was ich getan hätte, wenn's mich jetzt auch noch erwischt hätte. Schade, dass ich über so was mit niemandem reden kann.

****

Sonntag, 14. November 1999
Ja, lange habe ich schon nicht mehr geschrieben. Die Zeit war ausgefüllt mit Schmerzen und Arztbesuchen. Der Orthopäde weiß nicht, was ich habe, und er will mich zum Knochenszintigramm schicken. Aber erst gehen wir am Dienstag zu Dr. Mönch. Hoffentlich kann er mir helfen. Ich habe scheußliche Schmerzen im Rücken. Und ich habe schon wieder Angst. Durch die Schmerzen in der Halswirbelsäule habe ich immer Kopfschmerzen. Massagen haben auch nichts geholfen. So, das ist mein Krankenbericht!

Frau Heinrich war kurz im Krankenhaus. In ihrer Abwesenheit haben Frau Dutkowski und ich ihr Testament gelesen. Frau Dutkowski bekommt einen Bausparvertrag über 54.000,- DM, die Vitrine und die Schreibmaschine. Ich bekomme eine Vitrine, einen Fernseher und ihren Schmuck. Aber wenn sie noch lange lebt, bekomme ich wohl nichts mehr. Immerzu sagt sie, ich soll mit Frau Dutkowski teilen. Zurzeit gehe ich nur einmal pro Woche hin, sie hat nämlich eine Rundumbetreuung von der Pflegeversicherung. Mal sehen, wie es weitergeht.

****

Mittwoch, 15. September 1999, 18.55 Uhr
Hab 'ne komische Stimmung heute. Irgendwie erschöpft und genervt.
Das tägliche Telefonat mit Mama um halb 2 war auch nicht gerade beruhigend. Sie war gestern wieder zur Infusion. Seit einer Weile hat sie große Probleme mit den Knochen. Alles

tut ihr weh. Geht dauernd zur Krankengymnastik, hilft aber nichts. Heute hat sie sehr geklagt und gejammert. Ach Mensch, warum hört das bloß nie auf? Kann es bitteschön mal wieder normale Zeiten geben?
Lutz jammert auch die ganze Zeit. Ich kann das alles nicht mehr hören. Bei wem kann ICH denn mal jammern??? Soll ich eigentlich die ganze Welt trösten? Scheiße, immer nur Sorgen und Kummer ...
Ich muss endlich aufhören zu trinken. Es geht mir nur noch schlecht, und ich werde fetter und fetter. Ich hasse mich!
Und trotzdem zwingt mich irgendetwas, jetzt noch mal loszufahren zur Tanke. Ich kann nicht anders, ich brauche meinen Stoff! Ich hasse mich dafür. Wie krank ist das denn? ☹

Freitag, 17. September 1999, 18.15 Uhr
Schwindelanfälle, Panikattacken, Übelkeit. Was ist mit mir los? In immer kleiner werdenden Abständen kriege ich diese komischen Anfälle. Letztens morgens in der Firma, beim Frühstück. Oder neulich wieder auf der Autobahn. Ich habe Angst.
Kann nicht schlafen, kriege Schweißausbrüche und mein Kopf tut weh. Das soll vorbei gehen!! Bitte!
Heute Morgen in der Abteilungs-Besprechung. Mehrere Menschen in einer Runde, geschlossene Tür und dann ging's los. Platzangst. Panik!
Ich glaube, ich will nur noch alleine sein.
Werde jetzt ein Glas trinken und beobachten, ob es mir dann besser geht. Wenn ja, ist das wohl ein schlechtes Zeichen ...

Morgen geh ich wie immer zu Mama. Hoffentlich geht's mir dann besser. Muss eigentlich dringend zum Friseur. Habe aber Angst vor jeder öffentlichen Aktion. Habe Angst vor mir selber.

Montag, 20. September 1999, 18.15
Ich denke nach und fühle mich schrecklich. Fünf Schlucke Wein habe ich erst getrunken und sofort geht es mir besser. Ich kann mich nur noch betäuben. Ich brauche ein paar liebe Worte. Ein Streicheln über den Kopf. Einen Kuss auf die Stirn.
Komme mir vor wie in einem schlechten Film. Ist alles so unwirklich.
Ob sich Lämmi auch immer so einsam fühlt wie ich?
Ob Thorsten heute anruft?

Am 30. ist mein Scheidungstermin! Mir ist unheimlich zumute. Diese Endgültigkeit ist seltsam. Ich treffe mich um halb 9 mit Jens in Steglitz. Dann fahren wir hintereinander her zum Gericht.

Donnerstag, 30. September 1999, Scheidung, 18.35 Uhr
Das war es also. Drei Minuten hat es gedauert. Und es war noch unechter als im Film.

Jens hat meine zitternden Hände gesehen. Ich hab's ihm einfach gesagt. Hab gesagt, dass man immer so zittert, nachdem man jeden Abend zwei Flaschen Wein trinkt. Ich

glaube, er war ein bisschen geschockt, aber auch besorgt. Nett. Haben noch einen Kaffee getrunken.
Zu Hause hatte ich wahnsinnige Kopfschmerzen. Jetzt ist das Schlimmste vorbei, aber ich fühle mich immer noch hundeelend. Druck im Kopf und Schwindel.
Gestern hat Thorsten noch angerufen. Aber ich kann mich beim besten Willen nicht mehr daran erinnern, was er gesagt hat ...
Lutz hat heute Geburtstag, aber er wollte den Tag lieber alleine verbringen. Hat auch wieder diese üble "Ich-vergrabe-mich-Phase". Können wir uns nicht zusammen vergraben?

Mittwoch, 13. Oktober 1999

ZU SPÄT
Sie ging ohne eine Nachricht
Niemand wusste, warum
Doch aus ihrer eigenen Sicht
War es alles andere als dumm

Mutter weinte, Vater schrie
Sie waren völlig ahnungslos
Das Kind klagte doch nie
Und plötzlich war ihr Leid so groß?

Sie hatte doch noch so viel vor
Stand mittendrin im Leben
So selbstbewusst, so kurz davor
Die Welt aus den Angeln zu heben

*Sie hatten nie etwas gesehen
Und hatten ihre eigenen Sorgen
Sie könnten's jetzt nicht mal verstehen
Doch für ihr Kind, da gab's kein Morgen*

*Sie hatte nämlich gar nichts mehr
Nichts zu Weinen, nichts zum Lachen
Ihr Leben, das war einfach leer
Da war rein gar nichts mehr zu machen*

*Sie war nicht mehr zu retten
War einsam wie noch nie
Und darum schluckte sie Tabletten
Vielleicht denkt jetzt einer an sie*

Montag, 18. Oktober 1999

DIE SCHAUSPIELERIN
*Niemand mehr da, der mich noch liebt
Freunde vergessen, dass es mich gibt
Verliere und verlaufe mich
Vergesse mich, besaufe mich*

*Verschwommene Bilder irren herum
Verworrenes Fragen nach dem Warum
Verlogenes Lächeln, acht Stunden am Tag
Und keiner sieht, dass ich nicht mehr mag*

*Danke der Nachfrage, es geht mir gut
Ich strahle, bin fröhlich, so weh es auch tut
Der Magen schmerzt, die Seele brennt*

Kein Mensch ist da, der mich wirklich kennt

Wer gibt mir die Antwort auf meine Frage?
Wer hört mir zu, wenn ich was sage?
Warum will niemand, was ich gebe?
Wer kann mir sagen, warum ich lebe?

Mittwoch, 20. Oktober 1999, 15.00 Uhr
Um 12 musste ich nach Hause gehen. Zuviel getrunken gestern Abend. Bin immer noch nicht wieder bei mir.
Wie soll ich bloß mit dem Trinken aufhören? Woher weiß man, wann man abhängig ist? Niemand erkennt den Ernst der Lage. Warum sieht denn bloß niemand meine vom Rotwein blau verfärbten Zähne, mein Zittern, mein bleiches Gesicht? Meine Augenringe? Warum fragt mich niemand, ob mit mir was nicht stimmt? Seid ihr denn alle blind??????
Soll ich zum Arzt gehen? Aber ich habe solche Angst, das nicht alleine durchzustehen. Was soll ich tun? Ohne, dass es meine Eltern merken? Wie denn?
Wenn Mama davon erfährt, kriegt sie gleich einen Rückschlag, und ich bin schuld daran ...
Ich denke immer öfter, dass ich nicht mehr leben möchte. Wenn nur nicht diese Hoffnung da wäre, dass eines Tages alles wieder gut wird. Vielleicht werde ich eines Tages ja doch mal glücklich. Und muss keine Angst mehr haben.

Samstag, 6. November 1999, 19.15 Uhr
Mama konnte sich heute kaum bewegen. Ich kann es kaum mit ansehen. Es zerreißt mir das Herz und macht mir

schreckliche Angst. Hoffentlich wird das ganz schnell ganz viel besser. Sie sieht so schlecht aus.
WAS HAT SIE WIRKLICH??

Mittwoch, 17. November 1999, 13.15 Uhr
Gestern Abend war ein schlechter Abend.
Mama war bei einem Spezialisten und wurde zum Knochenszintigramm überwiesen, am Freitag hat sie den Termin.
Sie wissen nicht, was es sein könnte. Ich habe fürchterliche Angst. Ich hoffe und bete, dass alles in Ordnung sein wird. Habe dann abends viel zu viel getrunken und nur geheult. Dann kam auch noch ein Film über eine Kinder-Krebs-Station im Fernsehen. Thorsten war wie immer nicht erreichbar. Susi auch nicht. Lutz war da, hatte aber keine Lust zum Reden und war kurz angebunden. Sein Vater liegt selbst schon wieder im Krankenhaus. OK.

****

Freitag, 19. November 1999
Ich war heute beim Knochenszintigramm. Gott sei Dank war nichts! Mir ist ganz schlecht gewesen. Der Arzt sagt, die Schmerzen sind noch vom letzten Rippenbruch, der übrigens doppelt war. Jetzt kann ich meine Schmerzen leichter ertragen.

Uli, Ela, Rosi, Gisela, alle haben mit mir gelitten. Es tut mir so leid, dass ich ihnen das antun muss. Aber ich kann es nicht ändern. Mein Gott, bin ich froh!

****

Freitag, 19. November 1999, 19.20 Uhr
Entwarnung!! Mama ist ok!! Die Schmerzen kommen offenbar von dem doppelten Rippenbruch damals. Wurde wohl durch die Massage so sehr schlimm. Mein Gott, diese Angst macht mich jedes Mal fertig. Heute war es ganz besonders schlimm; ich hatte Angst wie noch nie. Ab 10 Uhr habe ich gebangt. Ich hatte solches Herzklopfen. Je später es wurde, desto mehr hat mein Körper zu zittern begonnen, eiskalt war mir. Schlecht. Völlig daneben. Konnte kein bisschen arbeiten. Es war so schlimm. Und um halb 3 kam der erlösende Anruf.
Viele solcher Zitterpartien kann ich nicht mehr aushalten. Ich muss das irgendwie in den Griff kriegen. Ich kann mich nicht selber so fertig machen. Auch jetzt krieg ich es noch nicht los. Ich bin zwar erleichtert, aber richtig besser geht es mir noch nicht. Bin echt durch den Wind.

****

Donnerstag, 25. November 1999
Ich bin in den letzten Tagen gründlich untersucht worden, war auch bei Dr. Schönemann. Alles in Ordnung, aber in der HWS ist Arthrose, also wieder Krankengymnastik!
Für den alten Rippenbruch habe ich eine Spritze bekommen, ich hoffe, es hilft. Nun muss ich nur noch Geduld haben, dass alles wieder besser wird.

****

Donnerstag, 9. Dezember 1999, 20.35 Uhr
In letzter Zeit geht es mit körperlich besser. Ich kriege kaum noch Panikanfälle, kann morgens relativ gut frühstücken, kein Schwindel, keine Kopfschmerzen. Abends habe ich Hunger und Appetit. Solche Zustände waren schon lange nicht mehr da. Freue mich direkt auf Weihnachten. Vielleicht auch, weil wir diesmal nicht allein sind, sondern Tante Gisela bei uns ist. Endlich mal nicht alleine, zu dritt, trübe und langweilig. Vielleicht wird es mal ein anderes Thema außer Krankheit geben ...

****

Dienstag, 14. Dezember 1999
Wir laufen nur noch zum Arzt. Jetzt habe ich eine Knochenhautentzündung in der linken Seite, einfach so. Seit Monaten habe ich nur noch Schmerzen. Ich bin oft sehr unglücklich und habe Angst, meine Umwelt zu nerven. Uli fährt mich überall hin, ist so geduldig und lieb zu mir. Was würde ich bloß ohne ihn machen?

Freitag, 17. Dezember 1999
Meine Knochenhautentzündung tut sehr weh, genauso wie ein Rippenbruch. Die Spritze von gestern hat ein klein wenig geholfen. Hoffentlich wird es besser, damit ich Weihnachten alles gut schaffe! Und trotzdem muss ich froh sein, dass ich nur DAS habe.

****

Montag, 27. Dezember 1999, 22.10 Uhr
War gerade mit Susi beim Griechen. War nett.
Heilig Abend grundsätzlich auch. Tante Gisela hat Leben in die Bude gebracht. Allerdings hatte ich ein großes Problem. Sie wollten, dass ich den Sherry vor dem Essen eingieße. Blöder Fehler! Ich habe plötzlich so gezittert, dass es mir nicht möglich war, die Flasche zu halten. Alle Blicke waren auf mich gerichtet. Gisela posaunte heraus: "Was ist denn mit Dir los? Haste Deinen Schuss heute noch nicht gehabt, oder wie?" Ich versuchte, irgendwie aus der Situation raus zu kommen, bekam aber immer mehr Panik, so dass ich kaum etwas essen konnte. Nach jedem Bissen musste ich das Besteck ablegen, damit es nicht auf dem Teller klappert. Ich versuchte, mir Cola einzugießen und goss sofort daneben, so dass ich weder Cola noch den Sherry trinken konnte. Die ganze Zeit hatte ich Angst, dass alle mich beobachten und so wurde es immer schlimmer. Es war furchtbar. Mein Herz klopfte wie wahnsinnig. Erst Stunden später hatte ich mich einigermaßen beruhigt, so dass ich am Wein nippen konnte. Ums Anstoßen habe ich mich herumgemogelt!

Meine Hände zittern eigentlich immer leicht, nur ganz wenig. Aber solche Anfälle hatte ich noch nie. Heute beim Essen mit Susi war es genauso. Ich gab ihr Feuer, musste also den Arm ausstrecken, und ich zitterte wie verrückt. Eine Stunde lang konnte ich mein Glas nicht zum Mund führen. Es war einfach grauenhaft. Zusätzlich Herzklopfen bis zum Hals. Genau wie Heilig Abend schmeckte mir das Essen kaum. Nach einer langen Weile wurde ich wieder ruhiger. Dann konnte ich trinken. Was ist das?? Was ist los mit mir? Das kann doch nicht am Suff liegen! Susi

meint, ich solle unbedingt mal zum Arzt gehen. Was soll ich tun?
Ich traue mich kaum noch in die Öffentlichkeit.

Silvester, am Freitag, kommt Thorsten wieder. Ob mir das Zittern in seiner Gegenwart auch passiert? Würde ja gerne mit ihm sprechen, aber er hat mal wieder das Handy aus.

****

Donnerstag, 30. Dezember 1999
Morgen ist Silvester. Wir bleiben zu Hause. Ein Glück, mit meinen Schmerzen im Körper hätte ich auch keine Lust, stundenlang zu feiern. Ich fühle mich auch so schlapp, so luftarm, so interesselos, und das schon seit Monaten. Ich weiß nicht warum, aber im neuen Jahr gehe ich zu Frau Dr. Kaiser. Vielleicht kann die mir helfen. Heute habe ich scheußliches Knochenziehen in den Beinen, der Rücken tut mir weh, meine linke Seite auch noch. Ob ich noch einmal einen Tag erlebe ohne Schmerzen?

Weihnachten war anstrengend für mich. Gisela war da, die redet mich in Grund und Boden. Drei Mal waren wir Essen. Gisela hat noch Power, ich beneide sie. Sie ist ja soviel besser dran als ich. Vielleicht gibt es für mich im neuen Jahr auch bessere Tage!

****

Donnerstag, 30. Dezember 1999, 19.20 Uhr
Was ist jetzt schon wieder los? Vorhin habe ich mit Lutz einen Nudel-Auflauf gemacht. Danach wurde mir schon wieder schlecht. Durchfall hatte ich auch. Lutz ist dann netterweise um 7 gegangen, weil ich alleine sein wollte und auch keinen Nerv zum Reden hatte. Jetzt hält es sich so in Grenzen. Was ist das bloß?

Letztes Jahr um diese Zeit hat uns diese Magen-Darm-Sache erwischt. Ich hab solche Angst davor, dass so was noch mal passiert. Muss Tag und Nacht daran denken. Morgen kommt Thorsten eigentlich. Wenn mir heute noch schlechter wird, sage ich ihm ab.

Und Mama hat auch immer nur Schmerzen. Es ist doch zum Wahnsinnig-Werden! Warum macht denn keiner was dagegen?!?

Kapitel 4 – 2000
Ein Wunder namens Aromasin
****

Mittwoch, 5. Januar 2000
Alle Feiertage sind vorbei. Mit viel Schmerzen ist das alte Jahr gegangen, und das Neue hat mit neuen Schmerzen begonnen.
Ich bin so verzweifelt, ich weiß kaum noch weiter. Meine Familie wird langsam genug von mir haben.
Außerdem ist Diana, Frau Heinrichs Hund, heute eingeschläfert worden. Es ging nicht mehr weiter. Sie hatte vorgestern einen Anfall bekommen und war noch bei der Tierärztin, aber sie sah keine Hoffnung. Armes Tierchen! Ich bin sehr traurig.

****

Mittwoch, 5. Januar 2000, 18.40 Uhr
Ein neues Jahrtausend! Wie toll.
Die Tage mit Thorsten waren sehr schön. Harmonisch und liebevoll. Trotzdem überwiegt bei allem, was ich tue, die Angst um Mama. Lachen fällt mir schwer.
Heute war das Zittern wieder sehr schlimm. Ich bin vollkommen am Verzweifeln. Ich mogle mich irgendwie durch den Tag und kann meine Arbeit nicht richtig tun. Ich kann zu niemandem hingehen und was an seinem PC machen oder so. Ich kann kaum Brötchen aus der Kantine holen oder in Gegenwart der anderen essen. Ich kann mir kaum noch eine Zigarette anzünden, wenn ich nicht alleine bin. Es gibt so viele Situationen. Ich werde verrückt. Hab solche Panik. Bei

Leuten, die es wissen (Lutz, Thorsten, Susi) passiert es mir nicht ...
Habe gestern ein Treffen mit Tine bei Tante Rosi abgesagt, weil ich nicht in der Lage bin, mit ihnen Kaffee zu trinken. Traue mich nicht mal mehr zu Mama, aus Angst, sie könnte was merken und sich solche Sorgen machen, dass es ihr noch schlechter geht. Es ist furchtbar, einfach furchtbar. Wie soll ich die Arbeitstage überstehen? Zu Hause alleine passiert es wenigstens nicht. Ich möchte mich nur noch einschließen und niemandem begegnen.

Samstag, 8. Januar 2000, 17.55 Uhr
Ich bin krankgeschrieben!
Donnerstagabend war ich bei Frau Dr. Hengst. Ich habe alles gebeichtet, meinen Alkoholkonsum. Ich war sehr aufgeregt und konnte kaum sprechen. Sie war klasse. Hat sich ganz viel Zeit genommen. Sie sagte, sie findet es sehr mutig und toll von mir, dass ich gekommen bin. Ich habe also um den Komplett-Check gebeten. Sie meint, dass es natürlich möglich ist, dass irgendwas in mir schon krank ist. Leberwerte? Nieren? Mangelerscheinungen?
Also, Dienstag gehe ich um 8 Uhr zum Labor, um 15 Uhr zum EKG. Donnerstag ist dann Besprechung. Hab Angst. Hoffentlich bin ich noch ok.
Donnerstagabend habe ich dann gleich einen Abend ohne Wein versucht. Es war grauenhaft. Ich habe literweise Tee getrunken, aber je später der Abend wurde, desto verrückter wurde ich. Hab gezittert und war wahnsinnig nervös und unruhig. Bin wie blöde durch die Wohnung getigert. Habe lange mit Thorsten telefoniert. Aber gegen 1 (ich war hellwach!) habe ich angefangen, ein paar Schlucke aus der Fla-

sche zu nehmen, die noch offen war. Das tat gut. Es war ja nicht mehr viel da. Habe dann noch bis 2 ferngesehen und konnte dann natürlich nicht schlafen.

Gestern war Lutz hier und hat auf mich aufgepasst. Aber dennoch habe ich dann eine Flasche aufgemacht, die wir uns geteilt haben.

Vorhin war ich einkaufen und konnte nicht anders, als eine Flasche zu kaufen. Es ist, als wenn ich gar nicht mehr entscheiden kann. Der Alkohol entscheidet für mich. Er hat die Kontrolle über mich.

Hab sie gerade aufgemacht, und hoffe, dass ich nicht die ganze Flasche trinke. Aber noch so einen Abend wie Donnerstag packe ich nicht. Freitag habe ich mir 2 Packungen Schlaftabletten gekauft. Vorsichtshalber.

Ich fühle mich so schwach, weil ich einfach nicht durchhalte. Wenn mir nur jemand helfen könnte! Wann kann ich endlich wieder normal leben?

Mein Gott, wenn Mama und Papa das alles wüssten …

****

Dienstag, 11. Januar 2000

Auch das noch! Jetzt habe ich Schmierblutungen! Der Frauenarzt hat gesagt, vier Wochen Beobachtung, dann muss ich zur Ausschabung. Kann aber dann gleich wieder nach Hause gehen. Nimmt das denn kein Ende? Die Schmerzen auch nicht. Jeden Tag ein Arzt- oder Krankengymnastiktermin. Hoffentlich geht alles gut.

Freitag, 14. Januar 2000
Mein Gott, geht's mir schlecht! Keine Spritze hilft gegen die Schmerzen. Außerdem wird die Übelkeit immer größer. Ich glaube, es ist keinem bewusst, wie schlecht ich dran bin. Wenn doch nur ein kleiner Erfolg irgendwo wäre! Ich bin todunglücklich. Morgen gehen wir mein neues Auto kaufen, und ich kann mich noch nicht mal richtig freuen. Nur die Hoffnung ist geblieben, dass es mal besser wird.

Sonntag, 16. Januar 2000
Gestern haben wir mein neues Auto gekauft.
Und heute rief mich Frau Dr. Kaiser an, weil meine Blutwerte (Leber und Galle) nicht in Ordnung sind. Gleich morgen früh soll ich nüchtern zur Oberbauchsonografie kommen. Mein Herz und mein Magen flattern vor Angst. Bleibt mir denn nichts erspart?

****

Montag, 17. Januar 2000, 21.10 Uhr
Wieder einmal bricht die Welt über mir zusammen. Ich will zurück in mein altes Leben, in meine alte Haut!
Ich habe eine akute Leberentzündung, und wenn ich nicht sofort die Notbremse ziehe, steuere ich geradewegs auf eine Leberzirrhose zu. So, das war's dann wohl. Jetzt ist es kein Spiel mehr.
Heute ist mein fünfter Tag ohne Alkohol. Bis heute Abend war ich sehr, sehr stolz auf mich und zufrieden. Ich habe es fünf Abende gepackt, ganz allein. Habe ein Psychopharma-

kum verschrieben bekommen, damit ich die Nächte durchhalte. Es ging.

Samstag war ich wie immer bei Mama. Es ging ihr schlecht. Die Knochenhautentzündung hat sich ausgebreitet, und sie humpelt nur noch. Außerdem leidet sie unter Atemnot und konnte die Treppe nicht hochkommen. So hab ich sie noch nie gesehen. Nach ein paar Stufen hing sie über dem Geländer und keuchte und sah aus, als würde sie ohnmächtig werden. Ich machte mir schlimme Sorgen. Heute fühlte ich mich relativ gut, und ich war – wie gesagt – so zufrieden mit mir. Irgendwie hatte ich aber das Gefühl, dass das nicht lange anhalten kann.
Und um 7 rief ich dann Mama an …
Frau Dr. Kaiser hat sie gestern Abend (Sonntag) angerufen und sie für heute Morgen sofort zum Labor bestellt, weil ihre Blutwerte ganz schlecht waren. Leber, Galle und noch irgendwas. Bei einer Oberbauchsonografie konnte allerdings nichts festgestellt werden. Nun wollen sie sie am Donnerstag weiter untersuchen. Und wissen nicht, was sie hat. Ich saß auf dem Boden, drehte die Musik laut und heulte. Ich habe zum lieben Gott gebetet, dass ich nicht trinken werde. Nicht heute rückfällig werden. Bitte nicht.
Ich habe solche Angst. WARUM? Warum ist es mir nur nicht vergönnt, ein einziges Mal von morgens bis abends zufrieden zu sein? Nur einen beschissenen Tag! Das Leben ist so gemein, so ungerecht. Ich muss doch so mit mir selber kämpfen, dem Alkohol entfliehen, sonst bin ich hinüber. Und nun das wieder! Ich verstehe es nicht. Weihnachten war doch noch alles ganz gut. Was ist passiert? Vielleicht ist es nichts Schlimmes und geht mit Medikamenten weg. Bestimmt. Oder? Oder nicht?

Ich bin am Ende. Ich brauche so dringend eine Schulter zum Anlehnen. Ich habe Thorsten angefleht zu kommen. Er kann nicht, sagt er. Ich bin allein. So unglücklich und verzweifelt.

****

Dienstag, 18. Januar 2000
Bei mir ist nichts in Ordnung.
Mein Blut ist sehr schlecht. Frau Dr. Kaiser hat heute wieder angerufen. Ich muss zu einer Onkologin in Zehlendorf. Vielleicht wird eine Knochenmarkpunktion gemacht. Ich bin völlig durch den Wind. Mir ist speiübel. Uli ist auch entnervt. Diese ständigen Verdachte, Untersuchungen, Ergebnisse …
Ich pack's bald nicht mehr. Ich glaube, Ela hat gar nicht begriffen, wie krank ich bin. Sie macht sich auch recht rar. Ich habe solche Angst.

****

Sonntag, 23. Januar 2000, 22.05 Uhr
Verzweiflung lässt sich noch steigern. Es ist soweit. Mama! Knochenmetastasen. Eventuell Verdacht auf Leukämie. Ich schildere die Sache jetzt sachlich und nüchtern.
Mittwoch kommt eine Knochenmarkbiopsie, um ganz sicher zu gehen. Danach in jedem Fall eine Bluttransfusion, weil nicht mehr genug Sauerstoff im Blut ist. Daher die Atemnot und die Erschöpfung. Habe am Freitag meine Blutgruppe testen lassen, um ihr mein Blut zu geben. Morgen kriege ich das Ergebnis. Sie hat allerdings eine seltene Blutgruppe. Wir werden sehen. Ich kann meine Trauer und mein Entsetzen

im Moment nicht schildern. Ich bin am Ende. Papa natürlich auch. Schlimmer als damals ist, dass der Tod nun so greifbar wird. Es wird ziemlich sicher auch wieder eine Chemo folgen. Wie kann man das alles durchhalten? Ich bin rückfällig geworden. Donnerstag. Und gestern. Und heute. Wie kann ich zu dieser Zeit das alles ohne Betäubung durchstehen? Ich weiß nicht weiter.
Ich suche im Moment im Internet nach Informationen und Erfahrungsaustausch mit Angehörigen von Krebspatienten und habe schon sehr nette Antworten bekommen.
Was kann ich tun? Ich habe solche grauenhafte Angst, wenn ich zusehen muss, wie schlecht es ihr geht. Wie kann ich Papa trösten? Ich kann mich jetzt nicht an den Gedanken gewöhnen, meine Mama zu verlieren. Aber wahrscheinlich muss ich es.

Dienstag, 25. Januar 2000, 21.50 Uhr
Ich werde fast verrückt vor Angst. Habe mit Lutz telefoniert. Und Susi und Thorsten. So ging der Abend vorbei. Ohne Wein!
Heute ging es Mama viel schlechter. Sie hat gesagt, wenn in den nächsten Tagen nichts passiert, geht sie freiwillig ins Krankenhaus! Das aus ihrem Mund zu hören macht mir grenzenlose Angst. Sie sagt, sie kann sich nicht mal mehr die Wimpern tuschen, ohne sich immerzu vor Erschöpfung auf den Wannenrand zu setzen. Es ist so schrecklich. Ich hab solche Angst und bin so wütend auf alle Ärzte. Warum tut man nichts? Wie soll sie morgen noch die Knochenmarkpunktion überstehen? Ich habe solche Sorgen. Mit neuem Blut könnte es ihr gleich besser gehen. Sie hat übrigens AB rh negativ, ziemlich selten. Ich habe heute mein Ergebnis

bekommen: A rh negativ. Angeblich passt das sowieso nicht, wie ich erfahren habe. Egal, dann eben fremdes Blut. Nur helfen soll man ihr! Ich kann nicht eine Minute am Tag an etwas anderes denken. Es macht mich so krank. Und ich darf nicht trinken! Ich möchte so gerne am Abend alles vergessen!

Vor ein paar Tagen habe ich Mama eine Geschichte vorgelesen, die ihr sehr gefallen hat. Sie heißt "Spuren im Sand":

Eines Nachts hatte ich einen Traum.

Ich ging am Meer entlang mit meinem Herrn. Vor dem dunklen Nachthimmel erstrahlten, Streiflichtern gleich, Bilder aus meinem Leben. In jeder Szene fielen mir zwei Fußspuren im Sand auf, meine eigene und die meines Herrn.

Als das letzte Bild an meinen Augen vorüber gezogen war, blickte ich zurück. Ich erschrak, als ich entdeckte, dass an vielen Stellen meines Lebensweges nur eine Fußspur zu sehen war. Und ich erkannte, dass diese gerade die bedrückendsten und schlimmsten Abschnitte meines Lebens waren.

Also fragte ich Gott: "Herr, als ich anfing, Dir nachzufolgen, da hast Du mir versprochen, auf allen Wegen bei mir zu sein. Aber jetzt muss ich feststellen, dass in den schwersten Zeiten meines Lebens nur eine Spur im Sand zu sehen

ist. Warum hast Du mich allein gelassen, als ich dich am dringendsten brauchte?"

Da antwortete er: "Mein liebes Kind, ich liebe Dich und werde Dich nie allein lassen, erst recht nicht in Nöten und Schwierigkeiten.
Dort, wo Du nur eine Fußspur siehst, da habe ich Dich getragen!"

****

Freitag, 28. Januar 2000
Die Knochenmarkpunktion habe ich gestern hinter mich gebracht. Tat ziemlich weh und heute auch noch. Morgen bekomme ich die ersten Blutübertragungen, und dann soll es mir besser gehen.
Ich bin so schwach, ich kann mich kaum im Stehen schminken. Uli macht alles, er ist so lieb und fürsorglich, aber auch so furchtbar traurig. Auch ich muss manchmal weinen, aber möglichst allein. Es tut mir so leid, dass ich meine Familie so unglücklich mache, und ich kann's nicht ändern. Ich will so gern mein neues Auto fahren und noch einmal nach Alcudia. Ich muss so oft an Ingrid Dussmann denken, die auch so schwach wurde, und bald danach war sie tot.
Ich bin ganz erstaunt, wie viel Menschen nach mir fragen, mir Blut und Knochenmark spenden wollen, wenn es ginge. Bloß Gudrun fragt nicht nach mir. Sie hat ein Herz aus Stein.

Mittwoch, 2. Februar 2000
Mir geht es nicht gut. Seit der Blutübertragung zwar besser, und ich komme auch langsam die Treppe hoch, fühle mich trotzdem elend. Hoffentlich fällt die endgültige Diagnose nicht zu hart aus. Ich möchte so gern noch leben. Ich möchte noch so gern bei meinen Lieben bleiben für eine lange Zeit.
Ilse hatte auch einen neuen Tumor, ist schon operiert. 30 Bestrahlungen hat sie bekommen, und sie fährt bald wieder zur Kur. Ich glaube, wenn ich es schaffe, fahre ich dieses Jahr auch zur Kur. In meinem ganzen Körper zieht und sticht es. Hoffentlich KEINE Metastasen.
Morgen kommen Inge und Gudrun zu mir zu einer endgültigen Aussprache. Mal sehen, wie es ausgeht. Aber dieses Mal lass ich mir nichts mehr gefallen.

Sonntag, 6. Februar 2000
Ich hatte einen Traum. Ich war gesund, dann wachte ich auf und …
Ja, es war nur ein Traum. Ich habe oft solche Schmerzen, ich kann das gar nicht beschreiben.
Inge und Gudrun waren da, und dieses Mal haben wir uns wirklich vertragen. Wir waren heute im Europa-Center Kaffee trinken, und es war sehr nett. Ja, und nun weiß ich, was ich habe.
Knochenmetastasen! Vom Mammakarzinom. Schlechte Blutgerinnung, alles, alles schlecht. Ich bekomme jetzt Tamoxifen. Das ist eine Krebstablette, die mir noch mehr Schmerzen macht. Ela hat mir einen schönen Spruch aufgeschrieben:

*Wenn ich die Wahl hätte zwischen dem Leiden
und dem Nichts,
ich entschiede mich für das Leiden.
(William Faulkner)*

Sehr schön, aber nur bis zu einer gewissen Grenze. Die nächsten Tage komme ich ins Krankenhaus zur Chemo. Ambulant will es keiner mehr machen. Ich bin so verzweifelt. Ich weiß nicht, wie viel ich noch tragen kann.

****

Sonntag, 6. Februar 2000, 20.25 Uhr
Grauen! Entsetzen!
Knochenmarkpunktion: Metastasen im Knochenmark, deshalb ganz große Probleme mit dem Blut und der Gerinnung. Wahnsinnig schlimm. Habe mit ihrer Ärztin telefoniert. Es sieht wirklich schlecht aus. Nächste Woche Krankenhaus. Sie trauen sich nicht, die Chemos ambulant zu machen. Alles ist ganz furchtbar. Die Ärztin hat gesagt, wenn man jetzt gar nichts mehr machen würde, wäre Mama in 2 Wochen tot ...
Nach der Bluttransfusion geht es ihr kräftemäßig etwas besser, aber sie hat schlimme Schmerzen. Jetzt Krebstablette, Tamoxifen. Morgens ist es 2 Stunden lang ganz schlimm; Schmerzen, Übelkeit, Schweißausbrüche. Tropfen (Tramadol) gegen die Schmerzen. Helfen ein bisschen.
Habe so große Angst. Bin am Ende. Tue, was ich kann, aber das ist nicht viel.

Thorsten ist gerade weg. Letzten Donnerstag gekommen.
Gut, nicht allein zu sein. Nun umso schlimmer.
Wie wird sie die Behandlungen vertragen? Was passiert?
Haare fallen wieder aus. Scheiße! War in der Kirche. Habe gebetet und eine Kerze in der Kirche angezündet. Weiß nicht weiter. So verzweifelt.
Mama darf noch nicht gehen!!!!!!!!!!!!

****

Dienstag, 8. Februar 2000
Ich habe immer noch Schmerzen. Habe noch nichts vom Krankenhaus gehört. Morgen muss etwas geschehen. Übel ist mir auch häufig. Das ist wohl das Tamoxifen. Uli ist so lieb und geduldig mit mir. Er putzt und macht und tut. Heute haben wir sogar endlich die Gardinen im Wohnzimmer gewaschen. Ich kann ihn doch nicht mit so schmutzigen Gardinen allein lassen.
Wenn Uli immer so gewesen wäre, hätte ich einen Traummann geheiratet. Nächste Woche haben wir 33. Hochzeitstag. Ganz schöne Leistung!

****

Mittwoch, 9. Februar 2000, 18.15 Uhr
Ich habe beim Schreiben das Gefühl, dass ich die Tage rückwärts zähle. Die Angst ist so übermächtig.
Wahrscheinlich klappt es morgen endlich mit einem Bett im Klinikum Steglitz. Wir haben zwar heute Mittag telefoniert, aber da hatten die sich immer noch nicht gemeldet. Diese Warterei! Montagabend war ich noch mal bei ihr. Es war

recht nett, wir haben sogar ein bisschen gelacht. Und gestern erzählte sie mir, dass dieser Montag einer der schlimmsten Tage war. Wie kann sie nur so tapfer sein? Ich halte das nicht aus. Ich drehe durch hier alleine. Wird sie es überstehen? Ich habe Angst, dass sie nicht mehr rauskommt.

Gerade hat sie angerufen. Sie sollen sich morgen auf Abruf bereithalten. Also wird es wohl losgehen. Oh Gott. Was wird werden? Ich habe solche Angst, sie besuchen zu gehen. Das ist so schlimm.
Habe Bauchschmerzen, Durchfall, bin nur noch müde und kaputt. Und fast immer ohne Wein. Fast.

Freitag, 11. Februar 2000, 21.15 Uhr
Heute um 14 Uhr "durften" sie endlich in die Klinik kommen. Aber: Weil es Freitag ist und schon so spät, darf sie morgen früh wieder raus fürs Wochenende. Immerhin. Was soll sie da auch am Wochenende rumliegen?
Am schlimmsten ist Papa. Vorhin rief er mich wieder heulend an, dass er unbedingt zum Arzt muss, weil er auch ganz krank ist. Die Leber oder so, er spürt förmlich schon die Geschwulst! Er hat überhaupt keine Hoffnung mehr mit Mama und wird ihr auch bald in den Tod folgen, sagt er. Ich halte das nicht aus!!!!!
Er nimmt keinerlei Hilfe an. Meine Vorschläge, zur Angehörigenberatung zu gehen, wo ich auch war, hält er für lächerlich. Er hat immer alles allein geschafft und braucht so was nicht, meint er. Was soll ich denn noch tun? Dann muss er sich eben selber helfen. Das Schlimme ist nur, dass ich mir ja doch irgendwie Sorgen um ihn mache. Das fehlt gerade noch, wenn beide krank sind. Ich kann bald nicht

mehr! Wer denkt denn an mich? Fragt mal einer, wie es mir geht? Es ist doch auch meine MUTTER, und nicht nur seine Frau. Morgen muss ich arbeiten, und danach gehe ich zu Mama nach Hause. Tante Rosi wird auch da sein. Gott sei Dank. Ich fühl mich so schwach. Muss ins Bett. Hoffentlich wird's morgen nicht so schlimm bei Mama.

Sonntag, 13. Februar 2000, 15.15 Uhr
Es WAR schlimm! Als ich kam, lag sie ganz erschöpft auf der Couch. Sie hatte schon zweimal gebrochen. Das kam wohl von den neuen Schmerztabletten mit Morphium. Ich habe es nur eine Stunde ausgehalten, dann bin ich geflüchtet. Ich hatte Angst, sie müsse sich in meiner Gegenwart übergeben. Ich schaff das nicht! Gott sei Dank war Tante Rosi da. Sie kümmert sich so lieb um sie. Heute ist sie auch da. Gestern haben wir abends noch mal telefoniert. Sie hatte noch öfter gebrochen. Seit gestern Nacht aber wohl nicht mehr. Wir haben heute um 12 telefoniert. Aber wer weiß, was jetzt wieder ist? Ich trau mich kaum anzurufen. Ich bin so feige!!
Im Krankenhaus war es wohl ganz furchtbar. Die Atmosphäre, Krach, Hektik, alles in allem. Schlafen konnte sie natürlich nicht. Und morgen früh muss sie wieder rein, mindestens für 10 Tage. Sie graust sich so davor. Wie kann ich ihr nur helfen?
Ich sehe aus wie ausgespuckt. Gestern war Lutz noch hier. Wir haben getrunken, und alles wurde ganz leicht. So einfach ist das.
Warum ist niemand da, der mich lieb hat? Zum Trösten, anlehnen und nicht Alleinsein. Dann wäre es sicher etwas leichter. Ich stecke in einem riesigen Albtraum! Weltunter-

gang. Was kann noch schlimmer sein im Leben? Wie wird nur die Zukunft aussehen? Vielleicht gehe ich heute noch mal in die Kirche. Was kann ich tun, außer beten?

Dienstag, 15. Februar 2000, 21.20 Uhr
Samstag/Sonntag war es noch schlimmer, als ich mitbekommen habe. Sie konnte kaum noch zum Klo kriechen, Schüttelfrost usw.
Oh Gott. Nun ist sie seit gestern früh wieder drin. Aber sie haben ihr geholfen. Nun hat sie andere Schmerzmittel, die helfen etwas besser, und sie kann sogar wieder etwas essen. Gestern hatte ich den ganzen Tag grauenhafte Magenschmerzen, weil ich ins Krankenhaus musste. Als ich sie dann sah, ging es mir schlagartig besser. Sie kamen mir im Gang entgegen, und Mama lief ganz gut. Heute war ich bis halb 8 da, den Rest mit ihr alleine im Zimmer. Es war gar nicht sooo schlimm. Nun haben die Ärzte endlich alle Untersuchungen und Unterlagen zusammen und können entscheiden, wie die Therapie aussehen wird. Keine Ahnung, wann die Chemo losgeht. Aber jetzt habe ich etwas Ruhe. Morgen gehe ich nicht hin. Ich bringe nur Lämmi zu Papa und abends kommt Susi noch kurz zu mir.
Donnerstag muss ich um 6.30 Uhr nach Düsseldorf fliegen. Hoffentlich lenkt mich die Arbeit ab.
Aber was wird nächste Woche?

****

Dienstag, 15. Februar 2000
Wieder ist ein Tag vorbei und ich kenne meine Therapie noch nicht, weil noch nicht alle Unterlagen da

waren. Aber jetzt sind sie da. Ich kann gar nicht sagen, wie froh ich bin, dass ich Uli habe, der fast den ganzen Tag bei mir verbringt. Ich weiß gar nicht, wie ich das jemals gutmachen kann. Vielleicht damit, dass ich noch eine Weile weiterlebe, für ihn. Ohne ihn wäre ich verloren, er kümmert sich um alles und versucht, mir die Zeit so angenehm wie möglich zu machen.

Mittwoch, 16. Februar 2000
Wieder ein Tag vorbei. Die Nacht wird für mich zur Bedrohung, weil ich trotz Schlaftablette kaum schlafe. Morgen, an unserem Hochzeitstag, werde ich erfahren, was ich für eine Chemo bekomme. Und bitte, lieber Gott, lass sie wirken! Lass sie helfen!
Heute hatte ich viel Besuch. Rosi, Inge, Uli. Der Nachmittag ging schnell um.

Donnerstag, 17. Februar 2000
Ich liege hier im Krankenhaus und finde alles schrecklich. Man hat heute verschiedene Untersuchungen gemacht und will wohl morgen sehen, was ich für eine Behandlung kriege. Ich war ja schon Freitag drin, durfte aber zum Wochenende raus. Man hatte mir Schmerztabletten mitgegeben, die haben mich bald umgebracht. Wäre ich an diesem Samstag gestorben, es wäre mir recht gewesen. Ich habe nur gebrochen, war so schwach, habe gezittert, die Nacht war auch schrecklich, aber dann habe ich die Tabletten abgesetzt, und am Sonntag ging es etwas besser. Nun be-

komme ich Schmerztropfen, die mir besser bekommen. Für Uli war dieses Wochenende auch furchtbar. Er hat so viel geweint, aber wir haben über vieles geredet, was mich bedrückt. Ich möchte, wenn es zu Ende geht, zu Hause sterben, und das hat er mir versprochen. Das Versprechen zu halten wird seine größte Leistung werden, eine Leistung aus Liebe.

Ela packt diese Zeit nicht gut. Ich merke, wie sie zittert, wie sie verzweifelt versucht, normal zu sein, normal mit mir umzugehen. Ich weiß, es ist für alle schwer, aber ich kann nichts ändern. Ich bin hilflos dem Schicksal ausgeliefert. Lieber Gott, hilf mir doch, hilf den Menschen, die mich lieben!

Tine hat gestern auch angerufen. Sie ist so lieb und besorgt.

Mein kleiner Chico ist auch verstört. Er merkt, hier ist alles anders. Die Welt, unsere kleine Welt, ist aus den Fugen geraten.

*Lache - und die Welt lacht mit Dir,
weine, und Du weinst allein.*

Freitag, 18. Februar 2000
Gestern durfte ich über Nacht nach Hause, weil wir Hochzeitstag hatten. Ich konnte wieder kaum schlafen. Heute soll ich andere Schlaftabletten bekommen.
Heute war eine Psychologin bei mir, und wir haben geredet. Das hat gut getan. Vielleicht geht es mit einer

Tablettentherapie, haben sie heute bei der Visite gesagt. Ob ich Glück habe?

Montag, 21. Februar 2000
Noch keine Therapie. Vielleicht morgen?
Mir ist immer schlecht, die Schmerzen sind am Morgen besonders schlimm, und irgendwie bin ich wieder schwächer geworden. Ich bin kaum die Treppe zu Hause rauf gekommen. Alles fällt mir wahnsinnig schwer. Und schlafen kann ich immer noch nicht, auch nicht mit neuen Schlaftabletten und Bachblüten. Es graust mich vor der Nacht, es ist jetzt erst 18.50 Uhr.

****

Dienstag, 22. Februar 2000, 22.05 Uhr
Düsseldorf war ok, es hat mich abgelenkt. Habe auch Thorsten dort getroffen.
Nachdem ich um 21.15 Uhr in Berlin gelandet bin, bin ich noch schnell zu Mama nach Hause gefahren. Sie durfte nämlich wieder nach Hause. Und sie war einigermaßen gut drauf. Gestern früh ist sie wieder ins Krankenhaus gegangen. Sie sind sich über die Therapie immer noch nicht ganz einig, drehen sie noch um und um. Sie haben drei Möglichkeiten und wollen sie nicht sofort mit Chemo voll pumpen. Das finde ich gut. Heute Nachmittag habe ich sie überrascht. Tante Rosi, Anita und Kai waren da, und ich bin auch schnell hingefahren ins Krankenhaus. Heute ging es ihr gar nicht so sehr schlecht. Obwohl das Blut wieder etwas schlech-

ter geworden ist. Morgen wissen wir vielleicht wieder ein Stückchen mehr.

****

Freitag, 25. Februar 2000
Ich habe die beiden letzten Nächte besser geschlafen. Heute habe ich eine neue Tablette bekommen. Die muss ich vier Wochen nehmen, um zu sehen, ob sie anschlägt. Morgen gibt's Aredia und dann kann ich am Wochenende nach Hause bis Montag. Ich denke, dass ich nächste Woche entlassen werde.
Uli macht mir Sorgen. Er fasst sich ständig an den Oberbauch und klagt über Schmerzen. Gott sei davor, dass er nicht auch noch krank wird. Das wäre mein Ende. Er ist doch mein ganzer Halt, meine Stütze, er tut doch alles für mich. Bitte, lieber Gott, erhalte ihm seine Gesundheit.

****

Sonntag, 27. Februar 2000, 19.30 Uhr
Seit Donnerstag kriegt Mama ihre Therapie in Tablettenform.
Aromasin, ein ganz neues Mittel in Deutschland. Nun soll man nach ca. vier Wochen sehen können, ob sich irgendwas verändert. Leider kriegt sie nun wieder neue Schmerzmittel, diesmal Fentanyl-Pflaster. Seitdem ist ihr wieder so übel. Ein einziger Scheiß-Teufelskreis. Verdammt. Ich kann nur beten, dass die Therapie anschlägt. Wenn nicht, was dann? Chemo geht zurzeit nicht, weil das Blut zu schlecht ist.

Gestern früh durfte sie wieder nach Hause und morgen früh muss sie wieder rein. Wir denken aber, dass sie ca. Mitte der Woche raus kann. Es ist alles furchtbar. Ich bin so machtlos.

Heute war ich mit Lutz Enten füttern im Stadtpark. Nun sitze ich mit einer Kanne Tee vor dem Fernseher. Habe gerade noch mal mit Mama telefoniert. Sie scheint für heute Abend soweit ok zu sein.

****

Dienstag, 29. Februar 2000
Mir ist immer noch so häufig übel, und ich habe keinen Appetit. Wenn das bloß mal vorbei geht. Diese Woche komme ich wohl aus dem Krankenhaus. Es graust mich, wenn ich daran denke, Haushalt und Essen zu machen, weil ich noch so schwach bin. Aber wichtig ist, dass die neue Tablette wirkt.

****

Sonntag, 5. März 2000, 19.35 Uhr
Mittwoch ist Mama entlassen worden. Nach der Bluttransfusion ging es ihr besser, und ihr war nicht mehr übel. Freitag bekam sie dann doppelt so hoch dosierte Pflaster, weil die Schmerzen wieder schlimmer wurden. Damit ging das Elend wieder los. Gestern wieder ständiges Erbrechen. Nicht ganz so schlimm wie vor 3 Wochen. Am Donnerstag war sie sogar bei Frau Heinrich zum Geburtstag. Ganz allein mit dem Auto! Heute allerdings war sie bei Tante Rosi, es ging ihr wieder besser. Zum Glück.

Dienstag habe ich lange mit Tante Rosi und mit Tine auf Hawaii telefoniert. Sie haben mir so viele Sachen erzählt, die ich überhaupt nicht wusste. Es hat mich wahnsinnig wütend gemacht, dass ich immer die Letzte bin, die was erfährt. Daraufhin habe ich Mama einen 4 Seiten langen Brief mit all meinen Gedanken und Gefühlen geschrieben. Den habe ich ihr heute gegeben. Nun warte ich auf irgendeine Reaktion. Manches darin wird ihr sicher nicht gefallen haben, wird sie vielleicht auch traurig machen. Ich bin sehr gespannt, ob wir nun endlich mal ehrlich und offen miteinander reden können.
Vielleicht muss sie ja so viel drüber nachdenken, dass sie sich heute gar nicht meldet ...

22.00 Uhr: Mama hat sich nicht gemeldet, und ich bin völlig verunsichert. Ist sie so traurig, dass sie nicht mit mir sprechen will? Denkt sie ausführlich darüber nach? Geht es ihr schlecht? Ich weiß nicht. Ich hatte was ganz anderes erwartet. Ich dachte, sie ruft sofort danach an. Hm.
Bin nüchtern und habe vier Schlaftabletten genommen. Die werden ja wohl hoffentlich bald wirken.

****

Montag, 6. März 2000
Ich bin seit fünf Tagen raus aus dem Krankenhaus. Jeden Tag habe ich große Schmerzen, aber so übel ist mir nicht mehr, obwohl ich heute wieder gebrochen habe. Ich möchte so gern meinen Haushalt wieder machen und ohne Schmerzen laufen.

Gestern hat mir Ela einen Brief geschrieben, der mich sehr traurig gemacht hat, aber auch sehr zum Denken gebracht hat. Ich denke, dass wir jetzt alles besser machen werden.

Freitag, 10. März 2000
Vorgestern habe ich furchtbare Schmerzen gehabt. Ich bin kaum die Treppe rauf gekommen. Bis zum Ende des Monats muss ich noch ausharren, eher kann man nichts machen, damit der Erfolg der Tablette nicht verfälscht wird. Nur meine Blutwerte haben sich sehr gebessert von der Tablette. Manchmal könnte ich nur weinen vor Schmerzen.
Uli macht mir auch solche Sorgen mit seinen Beschwerden. Was soll werden, wenn er ausfällt? Alles steht und fällt doch mit ihm. Wenn ich nur wüsste, was er hat.

****

__Montag, 13. März 2000, 19.30 Uhr__
Also, erstmal hat Mama mir auch einen Brief geschrieben. Sie hat sich nichts dabei gedacht, als sie sich nicht gemeldet hat. Sie hatte ja schließlich geschrieben ...
Der Brief hat mich sehr traurig gemacht, weil ich noch nie so was von ihr gehört habe. Ich werde ihn wie einen Schatz hüten, für später. Am Wochenende habe ich ihr wieder zurück geschrieben. Anscheinend können wir nur schriftlich wirklich kommunizieren ...

Heute Abend war ich dann bei ihr. Sie lief extrem schlecht, aber sonst ging es. Papa hat sich nun entschlossen, morgen zum Arzt zu gehen. Ich habe Angst. Wenn der nun auch was hat! Nicht auszudenken!
Donnerstag muss ich schon wieder hin, Papa hat Geburtstag. Mist.

****

Dienstag, 14. März 2000
Habe mein neues Auto, und langsam kam auch die Freude. Bin schon oft gefahren. Meine Blutwerte sind teils gut, teils gesunken. Die Ärzte sagen immer, das ist nicht schlimm. Wir waren bei Professor Keilhammer, und der hat gesagt, er wäre <u>begeistert</u>, wie die Tablette anschlägt. Ob das wirklich so ist? Eine Blutübertragung habe ich auch wieder bekommen, danach geht es besser mit der Luft. Ich nehme jetzt weniger Schmerztropfen, und es geht auch so. Aber diese Hitzewallungen sind der Wahnsinn. Ständig bin ich am ganzen Körper nass.
Uli hat Beschwerden mit einem Hoden und denkt schon wieder an Krebs. Außerdem hat er mir heute gesagt, er hätte wieder Blut im Auswurf gehabt. Ich kann bald nicht mehr. Er zieht mich völlig runter mit seinen Äußerungen, so dass ich mich über meinen eigenen Erfolg nicht richtig freuen kann. Er macht rührend den Haushalt, geht einkaufen und so weiter. Ich koche jetzt wieder und versuche, ein wenig im Haushalt zu puzzeln. Einkaufen war ich auch, gehe allein zum Arzt. Es geht langsam aufwärts. Wenn bloß Ulis (eingebildete) Krankheiten nicht wären!

****

Freitag, 17. März 2000, 17.05 Uhr
Gestern war Papas Geburtstag. Ich war schon um 5 da, denn er musste um kurz vor 6 zum Fußball. Mama war aufgeweckter und hat sogar Nudelsalat gegessen!! Heute waren sie beim Blutabnehmen, und die Werte sind wieder etwas besser geworden. SUPER! Nur die Schmerzen werden leider nicht besser.

Thorsten fällt mal wieder in sein altes Verhalten zurück. Gestern Nachmittag hat er sich zum ersten Mal seit Sonntag gemeldet. War ein blödes Gespräch. Ich kam mir wieder mal vor, als rede ich mit einer Mauer.

Papa war übrigens beim Arzt! Sie konnten nichts finden. Nun muss er noch zum Urologen, zur Vorsorge, weil er meint, er hätte was an der Prostata. Schmerzen hat er, sagt er. Ich hab die Schnauze voll von den ewigen Arzt- und Angstgeschichten. Ich kann's nicht mehr hören. Ich will mich nur noch betäuben!

Sonntag, 18. März 2000, 19.00 Uhr
Heute war Mama für eine halbe Stunde bei mir!!!! Wow! Sie hatte einen großartigen Tag. Die Schmerzen waren besser. Sie saß hier wie immer und hat sogar von meinen Süßigkeiten genascht. Vor kurzem wurde ihr noch bei dem Gedanken daran übel. Ich freue mich, das ist so toll!

19.20 Uhr: Gerade mit Mama telefoniert. Der Tag lief bestens. Sie hat Königsberger Klopse gegessen und war 15 Minuten spazieren. Wahnsinn! Ich glaube es kaum!

Dienstag, 21. März 2000, 18.50 Uhr, Susis Geburtstag
Gestern waren Mamas Schmerzen auch weiterhin ganz gut im Griff, aber sie hat wieder gebrochen. Einfach so. Einmal. Aber sie meinte hinterher, dass ihr nicht gerade schlecht sei. Das muss wohl von der Tablette kommen. Seltsam.

Sonntag, 26. März 2000, 14.50 Uhr
Mama ist immer noch stabil. Gestern war sie 2 Stunden bei Frau Heinrich. Heute will sie kurz mit Tante Rosi über den Flohmarkt bummeln.

Thorsten lässt mal wieder nichts von sich hören, und ich kann ihn nicht erreichen. Wir hatten wirklich schon bessere Zeiten.
Langsam wird es wärmer, und seit gestern ist Sommerzeit.

Sonntag, 2. April 2000, 20.25 Uhr
Vorhin hab ich mit Mama gesprochen. Papa kriegt morgen seine Untersuchungsergebnisse und es herrscht Land-Unter-Stimmung. Aber Mamas Zustand ist immer noch stabil. Gott sei Dank.

Dienstag, 4. April 2000, 19.35 Uhr
Vorhin war ich wieder bei Mama. Sie hat heute ihr neues Auto bekommen, einen Peugeot 206, sehr niedlich. Ihr ging es heute ganz gut. Morgen kriegt sie aber wieder eine Bluttransfusion. Diesmal sind die Blutwerte stehen geblieben. Das ist nicht so gut. Morgen hat sie wieder einen Krankenhaus-Termin.
Und Papa hat natürlich KEINEN Prostatakrebs!
Darauf trinke ich. Prost!

Freitag, 28. April 2000, 0.30 Uhr
Papa macht mich wahnsinnig. Jetzt meint er, er hätte Hodenkrebs. Wenn's die Prostata nicht war, nimmt er jetzt eben was anderes. Ich werd noch verrückt. Kaum geht's Mama besser, muss er natürlich die Aufmerksamkeit wieder auf sich selbst lenken.
Kann mal jemand ein bisschen Aufmerksamkeit an mich verschwenden?
Hab schon wieder 2 Flaschen intus, bin antriebslos, genervt, müde, einsam.

Samstag, 29. April 2000, 16.25 Uhr
War wie immer bei Mama. Ich krieg die Krise. Papa nervt so dermaßen, dass ich es nicht aushalten kann. Ich kann's nicht mehr hören. Soll er doch endlich zum Arzt gehen, dann weiß er Bescheid! Aber nein, nur solange man in der Ungewissheit lebt, kann man es seinen Mitmenschen ja schwer machen …

Zum Glück verstehe ich mich mit Thorsten momentan gut. Seit Mittwoch haben wir jeden Tag telefoniert. Leider sehen wir uns jetzt erst wieder Himmelfahrt, am 1. Juni. Ich vermisse ihn ganz schrecklich! Bin so missmutig und traurig heute. Will endlich abnehmen, aber es funktioniert nicht. Ich muss aufhören zu trinken; ich hasse mich dafür. Ich bin so ein Versager.

Sonntag, 30. April 2000, 18.40 Uhr
So wie der gestrige Tag begann, endete der Abend in einem Wein-Fiasko. Heute geht's mir richtig dreckig. Selber schuld! Der ganze Tag ist im Arsch. Super! Heute gibt's nichts zu trinken. Aber wie soll ich dann schlafen? Der Abend ist noch so unendlich lang.
Gestern war ich so traurig wie lange nicht mehr. Hab viel geheult. Irgendwann hab ich dann alte Fotoalben durchgeblättert. So viele Erinnerungen. Habe bis 2 Uhr morgens versucht Thorsten zu erreichen. Erfolglos.
An solchen Abenden möchte ich mich umbringen, weil ich keinen Sinn mehr sehe. Nun sitze ich also wieder hier auf meiner Couch, und das ist es. Was soll ich sonst tun? Lutz hat vorhin angerufen, aber er hatte wieder Kopfschmerzen und wollte nicht lange reden. Schade.

****

Dienstag, 2. Mai 2000
Es geht mir ganz gut! Ich habe neulich alle Fenster geputzt. War ich stolz! Ich mache wieder den Haushalt (allerdings ohne Staubsaugen). Heute war ich

beim Blutabnehmen. Die Werte sind etwas gesunken, aber die Ärztin ist zufrieden. In zwei Wochen bin ich bei Professor Keilhammer. Mal sehen, ob die Knochenmetastasen geschrumpft sind.
Es könnte so schön sein, wenn mir Uli mit seinem Hoden nicht solche Sorgen machen würde. Er geht noch nicht zum Arzt. Sonst könnte ich so glücklich sein, dass ich das alles noch erleben darf. Den Frühling, die Sonne, fast ohne Schmerzen zu laufen. Ostern waren wir am Schlachtensee. All das, dachte ich, erlebe ich nicht mehr. Chico geht es auch ein wenig besser.

Sonntag, 14. Mai 2000
Heute ist Muttertag. Uli ist beim Fußball, und ich war mit Ela essen. Jetzt bin ich auf dem Balkon mit Chico. Ich habe eine fette Bronchitis. Sonst geht es mir nicht schlecht. Mein armer Chico aber hinkt. Wir müssen ihn massieren, damit sein Bein nicht erschlafft, es ist nicht zu heilen, eine Nervenlähmung.
Rosi ist bei Ralph bis Dienstag. Das Wetter ist anhaltend schön, wir waren gestern wieder Kahn fahren auf dem Schlachtensee. Das ist so schön und ruhig. Dass ich das noch alles erleben darf!
Uli hört beim BSV 94 auf. Hoffentlich wird ihm nicht langweilig. Er hat zu kaum etwas Lust. Seine deprimierte Stimmung macht auch mich traurig.

****

Sonntag, 14. Mai 2000, 20.25 Uhr
Heute war ich um eins bei Mama. Dann sind wir ins Korso-Café gefahren. Danach haben wir geguckt, wie voll der Minigolfplatz ist, weil Mama so gerne spielen wollte. War aber irre voll. Also sind wir zu ihr gefahren und haben noch gequatscht bis ca. halb sechs. Dann hat's mir aber auch gereicht.
Am Mittwoch kommt Lutz ins Krankenhaus wegen seinem Blutschwamm im Kopf. Soll ja eine ganz harmlose Sache sein. Ich hoffe, dass alles gut geht. Werde ihn wohl Donnerstag auch noch besuchen gehen, oder Freitag.

****

Mittwoch, 17. Mai 2000
Wir waren heute bei Professor Keilhammer. Meine Blutwerte sind wirklich toll! Demnächst werden die Knochenmetastasen untersucht. Das Aromasin muss ich immer nehmen, weil alles NIE weggehen wird. Es ist immer da, aber hoffentlich kann ich noch lange damit leben. Ich freue mich immer nur verhalten, weil ich immer Angst vor einem Rückschlag habe. Einmal habe ich dem Tod ins Auge geschaut, und das kann ich nicht vergessen.

****

Freitag, 19. Mai 2000, 19.25 Uhr
Etwas Furchtbares ist passiert!!!!
Lutz wurde gestern operiert, und erst sah alles ganz gut aus. Er hat seine Eltern von der Intensivstation angerufen, dass er o.k. ist. Kurz danach muss es passiert sein.
Er konnte plötzlich nicht mehr reden, seinen Arm nicht bewegen und fiel in Ohnmacht. Gehirnblutung! Sofort Notoperation. Sie haben ihm den Schädel aufgemacht und ihn vier Stunden operiert. Es ist so furchtbar.
Dann haben sie ihn in ein künstliches Koma versetzt. Ich habe zwei Mal mit seiner Mutter gesprochen; sein Zustand ist noch unverändert. Er wird künstlich beatmet, hängt an tausend Schläuchen und Monitoren. Niemand kann sagen, was wird. Der Arzt sagte nur, dass es ein sehr, sehr langer Heilungsprozess werden wird. Noch weiß man nicht, welcher Schaden entstanden ist. Wird er jemals wieder so sein wie vorher? Ich bin vollkommen erschüttert und betroffen. Das nimmt mich total mit. Ich bin dem lieben Gott so dankbar, dass ich gesund bin, hier auf der Couch sitzen kann und die Sonne scheint. Schon wieder wird mir deutlich, wie schnell alles vorbei sein kann.

****

Samstag, 20. Mai 2000
Elas Kumpel Lutz ist am Donnerstag am Kopf operiert worden. Sollte nichts Großes sein, aber jetzt liegt er im Koma, Gehirnbluten! Das tut mir so leid, auch für Ela. Nun hat sie gar keinen mehr, mit dem sie etwas unternehmen kann. Außerdem hat sie furchtbare Angst, ins Krankenhaus zu gehen. Hoffentlich geht alles gut.

Ich weiß nicht, das Leben besteht nur aus Kummer, Krankheit, Sorgen. Überall hört man nur Schlechtes. Als wir so alt waren wie Ela, hatten wir keine Sorgen. Alle waren gesund ...

****

Sonntag, 21. Mai 2000, 19.05 Uhr
Jetzt wird mir erst richtig bewusst, wie allein ich ohne Lutz bin. Es gibt nicht viel Neues von ihm. Gestern haben sie ihn aus dem Tiefschlaf in eine Art Dämmerzustand gebracht. Man wird erst mehr wissen, wenn er wirklich wach ist. Es geht mir den ganzen Tag nicht aus dem Kopf.
Heute bin ich mit Mama und Tante Rosi zum Flohmarkt gefahren. Dann haben wir zu Hause noch Kaffee getrunken, aber ich hatte nicht viel Lust zum Reden.
Ich denke immerzu an den armen Lutz.

Dienstag, 23. Mai 2000, 18.25 Uhr
Sonntagabend habe ich so viel getrunken, dass mir schon klar war, dass ich am Montag nicht arbeiten kann. So habe ich gestern einen Urlaubstag genommen. Heute Nacht habe ich mal wieder kaum geschlafen, weil ich gestern dementsprechend wenig getrunken habe. Ich bin völlig kaputt.
Lutz ist theoretisch körperlich wach, aber er macht die Augen nicht auf und spricht nicht. Er fuchtelt mit dem linken Arm herum, aber rechts tut sich nichts. Ich bin zu feige, um hinzugehen. Vielleicht würde es ihm helfen, aber ich bin wie erstarrt. Ich kann nicht in dieses Krankenhaus gehen. Ich habe das Gefühl, dass ich das alles nicht mehr aushalten kann. Ich fühle mich so tot von innen. Mir ist alles egal.

Arbeit, Leben, alles wurscht. So viel Unglück! Wie soll ich aufhören zu trinken, mit all dem Leid um mich herum?

Sonntag, 28. Mai 2000, 20.35 Uhr
Ich war im Krankenhaus!
Ich finde jetzt kaum Worte, darüber zu berichten. Ich habe noch nie etwas Schlimmeres im Leben gesehen. Und er wusste ganz genau, dass ich da bin und was ich sagte. Er hat mich ganz fest mit dem einen offenen Auge fixiert und auf alles reagiert, was ich sagte. Er hat so doll meine Hand gedrückt. Es war zutiefst erschütternd. Ich hab so sehr gezittert, dass ich völlig außer Kontrolle war. Ich habe seine Hand gestreichelt und etwas mit ihm geredet. Ich hatte den Eindruck, dass er mir so gern etwas sagen wollte, nur konnte er nicht. Sie haben ihm die Haare wegrasiert, und seine rechte Seite ist total gelähmt. Er hat ein schiefes Gesicht, Spucke lief ihm aus dem Mund, das eine Auge war komplett zugeschwollen, überall Schläuche an und in ihm, und überall piepte es von den Monitoren und stöhnte es aus den anderen Betten dieser Schlaganfall-Station. Wie gruselig!

****

Mittwoch, 31. Mai 2000
Übermorgen geht Uli zum Urologen. Er hat ja solche Angst. Mir ist auch nicht geheuer, aber ehe ich nichts weiß, kann ich nicht jammern. Bitte, lieber Gott, lass alles harmlos sein, es ist langsam zuviel, auch zuviel für Ela. Sie ist auch durch Lutz so durcheinander, er ist rechts gelähmt und kann nicht sprechen. Ela hat

solche Angst, wenn sie ins Krankenhaus zu ihm geht. Aber er hat sie beim letzten Mal erkannt.
Mein kleiner Chico hinkt, und sein Beinchen wird schon ganz dünn. Warum muss er nun auch noch leiden? Was waren wir vor drei Jahren noch glücklich und haben es gar nicht gewusst.

Freitag, 2. Juni 2000
Es ist 8.15 Uhr und Uli ist zum Urologen gegangen.
Lieber Gott, lass das alles harmlos sein. Mir ist ganz schlecht, viel schlimmer als damals, als ich mein Krebsurteil gehört habe.
Ich habe kaum geschlafen, hatte Schüttelfrost und Bauchschmerzen.

Montag, 5. Juni 2000
Gott sei Dank hat der Arzt nichts gefunden! Ich habe mich ganz verrückt gemacht. Ich habe mir vorgenommen, Uli nicht mehr so ernst zu nehmen, sonst gehe ich dabei drauf. Ich habe genug Ängste und Sorgen. Jeden Tag, jede Stunde …
Auch Lutz geht es besser, aber er kann nicht sprechen und den rechten Arm nicht bewegen. Ich hoffe sehr, dass er wieder ganz gesund wird, egal, wie lange es dauert. Ich habe mir vorgenommen, eine Kerze anzuzünden in der Kirche und 50,- DM zu spenden.
Wenn ich meinen Geburtstag feiern darf, will ich keine Geschenke, sondern das Geld der Krebshilfe spenden.

Donnerstag, 15. Juni 2000
Heute waren wir bei Professor Keilhammer. Gott sei Dank sind keine neuen Knochenmetastasen aufgetreten. Ob und wie sie sich verändert haben, kann man erst Ende des Jahres sehen. Solange dauert die Knochenerneuerung. Auch die Blutwerte sind ok. Ich kann wieder etwas aufatmen. Nun werden wir sehen, was Uli am Montag vom Orthopäden erfährt. Dann kann ich Geburtstag feiern. Ich danke Dir, lieber Gott!

Freitag, 16. Juni 2000
Frau Heinrich ist schon wieder im Krankenhaus, durchgebrochenes Magengeschwür. Aber es wird wieder.
Mein Chico hat schon ein ganz dünnes Beinchen bekommen. Wenn er bloß noch eine Weile lebt! Er schläft so viel.
Ich könnte nun schon etwas lockerer sein, aber sobald irgendetwas anders ist im Körper, denke ich auch nur an Metastasen. Ich kann das Grauen der schlimmen Tage und Nächte Anfang des Jahres nicht vergessen, als ich dachte, ich sterbe.

****

Sonntag 18. Juni 2000, 20.25 Uhr
Lutz ist jetzt schon eine Weile in der Reha-Klinik in Grünheide. Er hat wirklich gute Fortschritte gemacht. Er sitzt im Rollstuhl, kann JA und NEIN sagen. Mit der

linken Hand versucht er zu schreiben. Vielleicht wird ja doch alles wieder gut. Ich war heute mit einem Kollegen bei ihm.
Danach bin ich noch mit Mama ins Korso-Café gegangen. Es geht ihr ganz gut, und ich bin sehr froh, dass ich mich im Moment nur um einen akut Kranken kümmern muss ...

Mittwoch, 21. Juni 2000, 19.05 Uhr
Ich hab's gewusst! Thorsten kommt nicht zu meinem Geburtstag, weil er keinen Urlaub kriegt. Ich hab Tränen in den Augen, und es tut weh. Mein Geburtstag bedeutet mir doch so viel.
Gestern hat er sich nicht mal gemeldet. Eben habe ich ihn endlich erreicht. Er sagt, er hätte die Nacht durchgearbeitet. Was soll ich nun tun? Ich gehe zwar abends mit Susi essen, aber wie verbringe ich den ganzen TAG meines Geburtstages? Ich bin todunglücklich.
Heute ist mein dritter weinfreier Tag, aber dieser Rückschlag macht es mir schwer. Und dann noch diese schlimme Hitze! Wozu habe ich Urlaub genommen? Doch nur wegen Thorsten. Wir sprechen doch schon monatelang darüber! Ich bin soooo enttäuscht.
Heute Nachmittag war ich bei Lutz. Habe Bouletten für ihn gemacht, und er hat sich gefreut. Er kann schon ganz langsam mit so einem Wägelchen laufen, einem so genannten Rollator! Sprechen geht noch nicht, aber irgendwie verstehen wir uns schon mit Händen und Füßen.

Dienstag, 27. Juni 2000, 21.30 Uhr
Noch 2 ½ Stunden. Dann bin ich 33! Es ist komisch. Der Vorabend meines Geburtstags, und ich sitze hier allein rum. Hatte ich noch nie. Und wenn ich aufwache, ist auch niemand da…
Um 10 gehe ich zu Susi zum Frühstück. Und um 19.30 Uhr gehen wir zum Italiener. Habe mir gerade ausgemalt, wie schön es wäre, wenn es morgen an der Tür klingelt und ein Mann mit einem Fleurop-Blumenstrauß von Thorsten vor der Tür stehen würde. Es wäre so einfach. Aber darauf würde er nie kommen. Ich hoffe so auf irgendeine kleine Überraschung, aber es wird keine geben …
Seit Donnerstag hat er sich nicht mehr gemeldet.

0:35 Uhr: Herzlichen Glückwunsch! Stehe vor dem Spiegel, proste mir selber zu und frage mich, wieso Thorsten mir nicht wenigstens um Mitternacht gratuliert hat. Ich erwarte einfach immer zu viel von den Menschen. Es ist meine eigene Schuld.
Sollte schlafen gehen und darauf warten, dass sich am Tag jemand meldet.

Mittwoch, immer noch 28. Juni 2000, 16.35 Uhr
Etwas trostlos. Frühstück war schön. Als Überraschung saß Mama schon bei Susi im Wohnzimmer! Das war recht nett zu dritt. Leider konnte ich kaum etwas essen. Ich war noch ziemlich benommen vom letzten Abend …
Um 12 sind wir dann gegangen (bin noch mit zu Mama gegangen). Seit halb 3 bin ich jetzt zu Hause. Es ist still und leer und trostlos. Traurig.
Hey, das ist mein Geburtstag!!

Thorsten hat immerhin schon um 14 Uhr angerufen. War aber ein kurzes Gespräch, und er will (angeblich) abends noch mal anrufen.

****

Donnerstag, 29. Juni 2000
Gestern hatte Ela Geburtstag. Thorsten konnte nicht kommen, da war sie mit Susi nur essen. Aber Susi hatte ihr schon ein Frühstück gemacht und mich auch dazu eingeladen.
Seit einigen Tagen bin ich ohne Schmerzpflaster, und es geht auch. Ich habe zwar ständig Rückenschmerzen, aber es ist auszuhalten. Ich will am 9. Juli auf den Flohmarkt gehen, einen halben Stand mit Inge nehmen. Ich glaube, es geht, und Uli will mir helfen. Dr. Kaiser hat nämlich gesagt, ich soll etwas tun, was mir Spaß macht, und auf dem Flohmarkt vergesse ich alles.
Mein Geburtstag nimmt Gestalt an. Es wird bestimmt schön, wir werden 18 Personen sein, wenn alle kommen.

****

Mittwoch, 5. Juli 2000, 14.30 Uhr
Bin zu Hause!
Wir haben gestern den Geburtstag einer Kollegin auf dem Weinfest am Rüdesheimer Platz gefeiert. Bin völlig abgestürzt. Mein Kollege Heiko hat mich dann nach Hause gefahren und kam noch mit hoch. Wir haben noch alle Vor-

räte geköpft, die ich noch hatte; sogar eine uralte, vergammelte Flasche Sherry, bis ich ins Bett taumelte. Er muss dann wohl noch irgendwie nach Hause gefahren sein; kann mich an nichts mehr erinnern ...
Heute Morgen war ich nicht in der Lage, Auto zu fahren geschweige denn zu arbeiten. Ich kämpfe immer noch mit mir und meinem Körper. Schrecklich.

****

Donnerstag, 13. Juli 2000
War heute im Krankenhaus. Gute Werte, sagt der Professor Keilhammer. Langsam freue ich mich. Seit ich das Schmerzpflaster los bin, habe ich auch wieder Elan und Unternehmungsgeist. War letzten Sonntag auf dem Flohmarkt verkaufen und gehe am Sonntag wieder. Habe auch gut verdient (300,- DM). Bald habe ich Geburtstag. Freue mich schon.

Ulis Cousin Hansi ist gestorben. Uli und seine Cousine Dolly lösen alles auf, macht viel Arbeit. Aber ein bisschen Geld ist wohl zu erben ...
War heute bei Frau Heinrich. Es geht ihr soweit gut. Ob sie mich schon enterbt hat, weiß ich nicht, ist mir auch egal. Wichtig ist, dass ich gesund werde, so gut es geht.
Vor ein paar Tagen ist Frau Spill gestorben. Das ist seeeehr traurig.

Donnerstag, 27. Juli 2000

Ich habe gestern meinen schönsten Geburtstag gefeiert!

Uli, Ela und auch die anderen haben sich so viel Mühe gegeben. Es war toll! Thorte (vom Rock'n'Roll-Club) hat getanzt, Gedichte wurden vorgetragen, Uli hat eine wunderschöne Rede gehalten, und ich war immerzu zu Tränen gerührt. Das alles für mich! Dass ich das noch erleben durfte. Eine Woche Alcudia mit Rosi hat Uli mir auch noch geschenkt.

Und Rock'n'Roll habe ich getanzt! Ich, die vor fünf Monaten kaum laufen konnte! Lieber Gott, ich danke Dir für alles.

660,- DM sind zusammen gekommen, die habe ich heute der Krebsforschung gestiftet. Wenn ich diese Krankheit nicht hätte, wäre ich mehr als wunschlos glücklich. Mein geliebter Mann, ich danke auch Dir von ganzem Herzen, und Dir, meiner geliebten Tochter.

****

Donnerstag, 27. Juli 2000, 17.25 Uhr
Mamas Geburtstag gestern war klasse!
Eine echt gelungene Feier. Sie war total überrascht, als auch noch Thorte & Co. tanzten. Papa hat auch noch gesungen. Oft sind ihr die Tränen gekommen. Aber es war wirklich toll. Um 12 Uhr bin ich mit dem Taxi nach Hause gefahren, nachdem ich mit Gisela an der Seite einen weinseligen Abend verlebt hatte ...

Bin jetzt meist 2 x die Woche bei Lutz in der Reha. Er kann schon ein paar Worte sprechen, aber oftmals sehr zusammenhanglos.
Morgen kommt Thorsten. Am Samstag sind wir mit Gisela im Hotel Esplanade verabredet; sie ist ja noch wegen Mama in Berlin. Hab keine große Lust dazu, aber sie will unbedingt mal in Harry's New York Bar ...

****

Donnerstag, 17. August 2000
Unser Urlaub nähert sich sehr schnell. Ich hoffe, es geht mir bis dahin gut. Ich freue mich schon sehr. Aber ich habe das ungute Gefühl, dass ich in den Hüften neue Metastasen habe. Es sticht dort. Aber bis nach dem Urlaub will ich nichts davon wissen und frage deshalb auch keinen Arzt. Meine rechte Hand ist häufig taub. Was ist das nun wieder? Ob das von der Halswirbelsäule kommt?

Donnerstag, 24. August 2000
Ich war nach fünf Wochen wieder bei der Therapeutin. Es macht mich dort sehr traurig, wenn ich über alles sprechen muss, und meistens kommen mir die Tränen. Ich gebe mir ja alle Mühe, so zu tun, als wenn nichts wäre, aber es ist so schwer ...

Wenn Uli dann noch seine Depressionen kriegt, so wie nach der Beerdigung von Hansi, wachsen mir meine Schuldgefühle über den Kopf. Ich WILL nicht

mehr traurig sein, ich WILL nicht weinen, ich WILL meinen Alltag leben wie jeder andere auch und so tun, als ob nichts gewesen ist. Ich will meinen Mann, meine Tochter und meine Schwester glücklich sehen, so ein bisschen Glück …
Wir sind ja gar nicht übermäßig anspruchsvoll, lieber Gott, nur so ein bisschen …

Wir fahren bald nach Mallorca. Uli hat Angst, dass wir mit dem Flugzeug abstürzen. Wir werden nicht abstürzen, und wenn doch, dann sollte es halt so sein. Wer weiß, was mir da erspart bleibt? Ich freue mich jedenfalls auf die Woche, und ich freue mich, dass ich mich wieder freuen kann. Meine Blutwerte waren am Dienstag wieder besser. Toll!!!!!

****

Samstag, 2. September 2000, 18.15 Uhr
Mama ist gerade auf Mallorca gelandet …

Lutz ist entlassen worden, und kommt einigermaßen gut zurecht zu Hause. Er kann sich mittlerweile mit dem Notwendigsten verständigen, nur der Arm will ihm nicht gehorchen und das Bein ist nicht ganz beieinander. Er humpelt noch.
Dennoch ist er sehr verändert. Man erkennt ihn kaum wieder. Ständig lacht er so seltsam vor sich hin, auch wenn überhaupt nichts lustig ist. Macht komische Geräusche, reißt die Augen auf und so. Es ist schwierig, damit klar zu kommen.

Bin momentan sehr liebebedürftig, aber Thorsten hat sich die ganze Woche nicht gemeldet. Auf meine SMS hat er auch nicht reagiert.
Immerhin gehe ich heute Abend zu Susi. Frauenabend: Chili kochen und Videos reinziehen. Wird bestimmt nett! Hauptsache, sie hat was zu Trinken da ...

Sonntag, 3. September 2000, 12.30 Uhr
War wirklich schön bei Susi. Bis auf die Tatsache, dass Papa mich total wahnsinnig gemacht hat, weil Mama noch nicht aus dem Hotel angerufen hatte. Er hat mich innerhalb von 2 Stunden acht Mal bei Susi angerufen und ständig gefragt, wie er die Nummer des Hotels rauskriegt, warum da niemand ran geht, was das für ein Scheiß-Hotel ist etc. Irgendwann hat er es geschafft, dass ich mir auch Sorgen machte, aber gegen halb 10 hat er dann endlich mit ihr gesprochen. Sie hat offenbar keine Verbindung nach Deutschland bekommen. Meine Güte, was für ein Drama! Nächstes Mal sollen sie mich aus ihrem Telefon-Terror bitteschön raushalten!

Wenigstens liegt sie jetzt schön am Strand und vergisst hoffentlich alles um sie herum! Wie ich mich für sie freue!

Samstag, 9. September 2000, 20.00 Uhr
Jetzt ist Tante Gisela auch noch im Krankenhaus. Das Herz! Sie muss wohl eine neue Herzklappe bekommen. Stellt sich alles erst nach einer Untersuchung am Montag heraus. Papa ist deprimiert. Außerdem ist noch ein Bekann-

ter von ihm gestorben. Und Mama kommt erst heute Abend zurück. Der arme, arme Mann ...
Ja und? Mir geht's doch auch nicht besser ....
Wenigstens geht's Mama gut. Sie hatte eine tolle Woche und hat alles vergessen. Ist geschwommen wie ein Fisch, stundenlang am Strand gelaufen, Ausflüge gemacht etc.
Das macht mich glücklich! Sie klang sooo froh am Telefon. Schön!

****

Mittwoch, 13. September 2000
Wir sind aus Mallorca zurück, und es war toll. Es ging mir gut, ich konnte alles mitmachen, ohne kaputt zu sein. Ich bin viel geschwommen, das Meer war herrlich warm. Das Essen war toll, einfach gut getroffen haben wir es.
Dafür liegt Gisela mit ihrer Herzklappe im Krankenhaus. Und heute habe ich Rosi mit ihrem Auge in die Klinik gebracht. Hoffentlich bringt die OP etwas.
Meine Blutwerte sind konstant und besser. Wenn die **Knochenmetastasen** auch um soviel besser sind, bin ich aber froh. Ich habe im Urlaub fast mein ganzes Unglück vergessen und habe all das Schöne von ganzem Herzen genossen. Welch Wunder, dass ich alles noch erleben darf.

Montag, 25. September 2000
Wir sind zurück von Sibylles Geburtstag in Hamburg. War ganz nett, aber meiner war lustiger.

Ich renne schon wieder zu verschiedenen Untersuchungen, weil meine Hände immer einschlafen. Heute tut mir auch meine operierte Achselhöhle sehr weh. Noch sind die Untersuchungen nicht abgeschlossen. Mal sehen, was das wieder ist!

Samstag, 30. September 2000
War gestern zu einer neurologischen Untersuchung. Wahrscheinlich sind an den Handgelenken meine Nerven geschädigt. Deshalb schlafen die Hände ein. Kann nur operiert werden. Schöne Scheiße! Aber schlimmer ist, dass Chicos zweites Bein anfängt mit genau denselben Symptomen. Hoffentlich irren wir uns. Schutzengel, wo seid ihr?

****

Dienstag, 3. Oktober 2000, 13.30 Uhr
Feiertag! Supertolles Wetter. Ich bin allein.
Gestern wieder mal viel zu viel getrunken. Mama und Papa wollten mich zum Essen mitnehmen, aber ich konnte nicht. Katerstimmung. Was machen bloß andere Leute bei dem Wetter?
Ich muss noch mal raus. Nachschub holen. Dann geht's meinem Kopf und meinem Magen sicher auch bald wieder besser ...

Sonntag, 8. Oktober 2000, 15.20 Uhr

Was für ein Wochenende! Riesenfrust. Gestern war ich den ganzen Tag allein, nur Mama war für 1 ½ Stunden hier. Heute habe ich mich aufgerafft und bin zu ihr zum Flohmarkt gefahren. Dort war es noch schlimmer, als ich die vielen fröhlichen Menschen sah. Hätte fast in aller Öffentlichkeit geheult.

Gestern habe ich gar nicht so viel getrunken, aber irgendwie ist mein Kopf heute ganz komisch. Wie benebelt, fast schwindlig. Ich habe beim Autofahren gar keine richtigen Reaktionen. Dann hab ich mich aber doch noch ins Solarium geschleppt, um mir wenigstens ein bisschen was Gutes zu tun. Aber unter der Liege wurde mir ganz schwindlig, und ich hatte Angst, ohnmächtig zu werden. Was für ein Scheiss-Gefühl.

Thorsten hat sich auf meinen Einsamkeits-Hilferuf auch noch nicht gemeldet. Schweinehund! Ich denke so oft daran, nicht mehr leben zu wollen. Einfach Schluss machen, was hab ich zu verlieren? Nur wegen Mama und Papa muss ich weiterleben. Sie würden wohl daran zugrunde gehen ...

Ich habe Angst. Vor dem Leben, vor der Zukunft. Die Zeit läuft mir davon. Bald bin ich 34, und wie geht es weiter? **Wenn ich abends zu Hause umfalle, wer würde es merken?** *Niemand beschäftigt sich wirklich mit mir. Mama erzählt immer nur, wie sehr sie es hasst, wenn andere Leute immer nur jammern. Ich frage mich, ob sie damit auch mich meint? Aber ich habe ihr ja noch nie was erzählt. Sie hat viel größere Sorgen.*

Was soll ich jetzt machen? Lämmi schläft auf der Couch. Ich sollte die Wäsche endlich abnehmen oder das Bad putzen. Ja, ja. Wofür? Ich könnte lesen. Oder mich an den

Computer setzen. Oder einfach nur heulen. Ich könnte Musik hören. Und mitsingen. Ich könnte mir die Nägel lackieren. Oder weiter nachdenken.
Mann, ich brauch was zu Trinken!!!!

****

Donnerstag, 19. Oktober 2000
Also, meine Hand ist tatsächlich so geschädigt, dass ich wahrscheinlich operiert werden muss. Es ist das Karpaltunnel-Syndrom. Vier Wochen wollen sie mit Medikamenten und einer Schiene therapieren. Aber durch die vielen Untersuchungen wurde festgestellt, dass sich meine Knochen regeneriert haben. Nicht ganz, nur zum Teil, aber das ist schon Wahnsinn. Am 31. Oktober will mich Professor Keilhammer seinen Studenten vorstellen, weil dieses neue Aromasin bei mir so schnell gewirkt hat. Ich bin im tiefsten Herzen glücklich, habe aber immer Angst, dass wieder etwas kommt. Uli ist auch ganz erleichtert, vielleicht können wir noch einige Jahre zusammen leben. Er begleitet mich überall hin. Ich weiß nicht, wie ich das alles überleben würde ohne ihn. Ich darf gar nicht daran denken.
Mal sehen, wie es mit meiner Hand weitergeht.

****

Sonntag, 29. Oktober 2000, 19.35 Uhr

Mama war letztens beim Kernspin, und man hat jetzt schon feststellen können, dass ihre Knochen sich erneuern und die Metastasen zurückgehen! Ist das nicht ein Wunder? Es gibt sie also doch ...
Ihr geht es gut, Tante Gisela geht es auch ganz gut. Mir wohl eigentlich auch, oder?

****

Montag, 30. Oktober 2000
Morgen gehe ich ins Krankenhaus, Professor Keilhammer will mich seinen Studenten vorstellen.
Anschließend bekomme ich die zweite Spritze in die Handgelenke. Ich glaube, es ist ein bisschen besser geworden. Ich hoffe, dass ich die Operation bis zum neuen Jahr rausschieben kann, wenn es so sein muss. Ich fühle mich sonst gut.
Gisela geht es auch langsam besser. Es war ja auch eine schwere Operation.
Chicos zweites Bein ist wohl nicht geschädigt. Er hatte nur ein Ekzem am Handballen. Das ist weg. Ein Glück.

Donnerstag, 2. November 2000
Ich war vorgestern im Klinikum. Da hat mich Professor Keilhammer seinen Studenten vorgestellt. Ich musste meine Krankheitsgeschichte erzählen, und der Professor hat auch erzählt. War sehr interessant. Da habe ich erfahren, wie schwer krank ich wirklich war, als ich damals ins Krankenhaus kam. Das habe ich

nicht so geglaubt. Aber Uli und Rosi wussten es. Ela wohl nicht, sonst wäre sie wohl öfter ins Krankenhaus gekommen …
Nachdem ich das alles weiß, empfinde ich meinen Wandel zur Genesung erst recht als Wunder. Es geht mir richtig gut. Ich habe heute in der Küche "Großreine" gemacht, habe Gardinen gewaschen und aufgehängt, und bin gar nicht kaputt. Mit meinen Händen kann ich bis zum neuen Jahr warten. Aber es ist etwas besser. Ich habe jetzt die zweite Spritze bekommen, am nächsten Mittwoch die dritte.
Heute scheint die Sonne. Für November schönes Wetter, und ich lebe jeden Tag so intensiv, wie es geht. Ich lebe, mein Gott, ich lebe!!! Und nicht schlecht. Gebe Gott, dass es so bleibt.

****

Sonntag, 12. November 2000, 13.35 Uhr
Es ist so anstrengend mit Lutz. Ich kann bald nicht mehr. Er ist sehr schnell beleidigt, versteht alles falsch. Ich spiele ja immer den Allein-Unterhalter, weil ja nichts von ihm zurückkommt. Er kann immer noch nicht richtig sprechen, faselt nur komisches Zeug und grinst wie ein Doofer. Gestern war es wieder besonders schlimm. Ich habe überhaupt keinen Nerv mehr, mich um ihn zu kümmern. Man kriegt ja auch kein Feedback. Ich möchte mich gerne mal wieder richtig unterhalten. Das ist sehr ungerecht von mir …
Heute um 17.00 Uhr gehe ich mit Mama ins Korso-Café. Gestern nach dem Treffen mit Lutz bin ich auch noch ins Korso gefahren, hab einen Cappuccino getrunken und mich von Lutz erholt.

Mit Thorsten ist mal wieder gar nichts los, er ist angeblich jedes Wochenende am Arbeiten und kann mir keine neuen Termine nennen, wann er kommt. Ich ahne schon, dass wir uns vor Weihnachten nicht mehr sehen werden.
Wollte heute eigentlich ins Solarium, aber wie meistens bin ich mal wieder nicht fit genug.

NOVEMBER
Grau und nass
Verhüllt und verhangen
Trübe und blass
Von Traurigkeit gefangen

Bitterkalte Dunkelheit
Sonne ohne Kraft
Neblige Benommenheit
Und düster-schwere Last

Winter ist in meiner Seele
Füllt mein heißes Herz mit Schnee
Wenn ich Novembertage zähle
Und tapfer durch die Kälte geh.

****

Freitag, 24. November 2000
Meine Hand ist durch die Behandlung besser geworden. Wenn es so bliebe, lasse ich mich nicht operie-

ren. Am 6. Dezember muss ich wieder zum Neurochirurgen und zu Professor Keilhammer.
Es würde mir nicht schlecht gehen, wenn ich nicht diese Ängste hätte. Die Angst, dass ich wieder etwas Neues bekomme. Ich kann diese schrecklichen Monate, diese durchwachten Nächte, in denen ich über den besten Selbstmord nachdachte, nicht vergessen. Und davor habe ich auch Angst. Die Psychologin kann mir da auch nicht helfen. Das merke ich schon.

Gisela geht es schon recht gut. Sie ist zufrieden, und es kann nur besser werden. Ja, wenn ich nur so eine Krankheit hätte!!!
Um Ela mache ich mir Sorgen. Sie ist so gefrustet, immer missgelaunt und schnell aggressiv. Da zeigt sich ihre Unzufriedenheit mit ihrem Leben. Thorsten kommt ja auch nicht oft. Und Lutz ist noch lange nicht so weit, dass sie mit ihm wieder mehr machen könnte.

****

***Samstag, 2. Dezember 2000, 16.00 Uhr**
Verdammt, was geht es mir heute schlecht!!!
War gestern mit Heiko essen. Danach waren wir noch im Korso ein paar Gläser Wein trinken. Dann sind wir mal wieder nach Hause gefahren. Es tut einfach gut, mit jemandem zu reden. Aber ich bin mal wieder völlig abgestürzt. Wir haben bis morgens um halb 6 gesoffen!! Und in dieser Zeit habe ich ihm von meinem Wein-Problem erzählt. Er war ziemlich erschrocken und sehr ernst. Ich habe mich zum ersten Mal wirklich ernst genommen gefühlt. Er sagte, dass*

WIR das zusammen schaffen. Er wird mir dabei helfen. WIR werden etwas dagegen tun. Endlich hört jemand meine Hilfeschreie. Ich habe geweint. Er hat mich getröstet. Es war gut.
Aber heute geht's mir elendig schlecht. Mein Kopf will nicht klar werden. Oh, ich hasse es und bin verzweifelt.

****

Donnerstag, 7. Dezember 2000
Gestern war ich bei Professor Keilhammer. Seit gestern sind alle Blutwerte normal! Er hat es uns genau erklärt. Ich muss erst im März wieder zu ihm.
Meine Hände sind leider nicht besser, links ist es sogar schlechter. Ende Januar 2001 soll ich wiederkommen. Also, schlecht geht es mir nicht.
Dafür fängt Uli mit seinen eingebildeten Krankheiten wieder an. Geht aber nicht zum Arzt. Niemand hat bis jetzt etwas gefunden, Gott sei Dank. Aber das kann ich nicht leiden, vor allem seine depressive Stimmung.
Dafür hat Teddy, Gisela Exmann, Hodenkrebs. Es geht ihm nicht gut. Alles, alles belastet mich furchtbar. Rosi muss im neuen Jahr ins Krankenhaus, Galle rausnehmen. Na, das ist noch das kleinere Übel.

Ela hat neulich zu mir gesagt: "Wenn ich wüsste, ich muss die nächsten 10 Jahre so weiterleben, würde ich nicht mehr vor die Tür gehen." Sie will zu einer Wahrsagerin gehen, in der Hoffnung, sie sagt ihr ein besseres Leben voraus. Das alles trägt dazu bei, dass ich mich über meine eigenen Erfolge nicht richtig

freuen kann. Und das ist eigentlich ganz traurig, wenn man bedenkt, wie krank ich war.
Bald ist Weihnachten, dann treffen sich alle bei Rosi. Darauf freue ich mich schon.

****

Samstag, 9. Dezember 2000, 17.00 Uhr
Am Montag hat Heiko für mich einen Beratungstermin im Krankenhaus Waldfriede gemacht. Dort soll ich am Mittwoch hingehen. Er kommt mit, damit ich mich nicht drücke ... Weiß gar nicht, was ich da soll. Werden die mich verstehen? Was muss ich dann machen? Die sagen bestimmt, ich darf nie wieder was trinken ...

Mama geht es gut. Sie hat hervorragende Blutwerte, völlig normal. So können wir hoffentlich entspannt Weihnachten feiern.

Samstag, 23. Dezember 2000, 18.40 Uhr
Die Beratung im Waldfriede hat das gebracht, was ich eigentlich wusste. Natürlich bin ich abhängig.
Ich bin ein Alki! Ist das zu fassen? Ich, die nie Alkohol getrunken hat? Die bei Jens immer ausgeflippt ist, wenn er getrunken hatte? Die Angst hat vor besoffenen, taumelnden Menschen, die nur Blödsinn quatschen und mir am besten noch vor die Füße kotzen. Ist das zu fassen? Scheiße, muss ich jetzt in die Gosse?
Ich habe versprochen, am 10. Januar zu einer Gruppenstunde zu gehen. Ob das was hilft? Es tut gut, mit Heiko

darüber reden zu können. Er hat draußen auf der Bank gewartet, während ich drinnen war. Lieb!!

Thorsten kommt erst am 29., und Lutz ist bockig, weil ich mir nicht mehr so viel Zeit für ihn nehme wie bisher. Er meldet sich nicht mehr bzw. schreibt ab und zu eine SMS, dass er enttäuscht von mir ist. Auch das noch!

Die Weihnachtsstimmung zu Hause ist wie immer. Papa ist aggressiv, nachdenklich, schimpft, jammert, trauert. Aber es war ja schon immer so. Nur ER ist wichtig. Hab unheimlich Lust auf morgen! Wäre lieber ganz allein.

Im nächsten Jahr wird alles besser! Ich will den Alkohol in den Griff kriegen, wieder Sport machen, Freude am Leben entwickeln!
Wenn nur nichts mit Mama dazwischenkommt!

Montag, 25. Dezember 2000

Heilig Abend – Fest der Liebe
Freude, Harmonie und Friede
Lichterglanz und Heiterkeit
Zusammensein, Geborgenheit

Feiertage – fettes Essen
Der letzte Streit schon längst vergessen
Große Kinderaugen lachen
Dinge, die uns glücklich machen

Heilig Abend – depressiv
Gerade dann fällt man so tief
Kerzen flackern – ganz allein
Einsamkeit im Lichterschein

Feiertage – lang und leer
Tapfersein, das fällt jetzt schwer
Öffne die Flasche Nummer zwei
Und 1-2-3, schon ist man frei …

****

Mittwoch, 27. Dezember 2000
Weihnachten ist vorbei. Heilig Abend war still, aber schön.
Gestern dafür war bei Rosi umso mehr los. Alle Kinder waren da, und es war voll. Heilig Abend gab es Schnee, er liegt noch, und es sieht schön aus. Wie schön, dass ich das alles noch erleben durfte.
Ich habe von Uli einen neuen Fotoapparat bekommen, 1.000,- DM und eine Reise. Wenn ich nicht diese verfluchte Krankheit hätte, ginge es mir super. Seit heute habe ich in der Seite links einen neuen stechenden Schmerz. Hoffentlich geht er bald weg.

****

Mittwoch, 27. Dezember 2000, 11.30 Uhr
Vorbei! Heilig Abend ging so. Papa hat sich einigermaßen zusammengerissen, und so wurde es ganz nett.
Gestern waren wir alle bei Tante Rosi. Aber die Tage sind sehr lang und leer. Habe Lutz versprochen, ihn heute zu

treffen. Das ist leider keine schöne Abwechslung, sondern sehr belastend für mich.
Übermorgen kommt Thorsten. Hoffentlich ist es nett. Ob er mich jemals von allein in den Arm nimmt, mich lieb hat? Er wird vor seinem Notebook sitzen oder Action-Filme gucken und auf der Couch schlafen ...

Kapitel 5 – 2001
"Ich habe nichts gemerkt, nichts, gar nichts …"

****

Donnerstag, 4. Januar 2001, Thorstens Geburtstag, 16.50 Uhr

Ich hatte schöne Tage mit Thorsten. Heute Morgen ist er nach Hause gefahren. Wir haben richtig viel unternommen.

Neujahr waren wir mit Mama und Papa beim Italiener. Somit konnte ich am Silvesterabend nur wenig trinken, denn sonst hätte ich mittags nicht Essen gehen können. Ich hab auch fast gar nicht gezittert beim Essen!!

Ansonsten war Thorsten richtig lieb, entspannt und kaum müde. Hat mich in den Arm genommen, hat sogar im Bett geschlafen und nicht auf der Couch, hat das Notebook nicht angemacht und nicht über die Filme gemeckert, die ich sehen wollte. Herrlich!

Und nun bin ich allein …

Habe gerade eine Flasche aufgemacht, aber nächsten Mittwoch gehe ich zu dieser Gesprächsrunde im Krankenhaus Waldfriede. Vielleicht bringt es ja was.

Thorsten fehlt mir. Und ich hab Schmerzen im Bauch oder Magen oder Galle oder sonst was.

****

Montag, 8. Januar 2001

Wir haben soeben durch Gisela erfahren, dass Ela Alkoholikerin ist.

Ich glaube, ich werde verrückt. Ich kann bald nicht mehr. Ich habe nichts gemerkt, nichts, gar nichts …

Es ist zwar kein Krebs und kein Aids, aber es ist eine Krankheit, die ihr auch ein Leben lang erhalten bleibt. Ständig diese Angst um mein Leben, jetzt ständig diese Angst um Ela. Ich kann sie doch nicht immer beobachten, auch wenn sie trocken ist. Ich dachte erst, sie wäre schwanger, das wäre für sie schon schlimm genug gewesen.
Ich hoffe nicht, dass sie sich wegen meiner Krankheit in den Alkohol geflüchtet hat. Wie sollte ich damit fertig werden? Aber so wichtig bin ich wahrscheinlich auch nicht. Da war ihre Scheidung, die Enttäuschung mit Thorsten, meine Krankheit …
Ich habe mir oft Gedanken gemacht, aber darauf wäre ich nie gekommen. Wenn ich jetzt sterben muss, wird es noch schwerer für mich. Also, lieber Gott, lass mich leben, damit ich für mein Kind da sein kann!

****

Donnerstag, 11. Januar 2001, 20.50 Uhr
Detonation! Die Bombe ist geplatzt!
Montagmorgen ereilte mich nach einem üblen Wochenende beim Frühstück in der Firma wieder eine meiner beliebten Panikattacken.
Ich konnte nicht mehr und bin zum Arzt gefahren. Ich wusste plötzlich, dass was passieren muss. Frau Dr. Hengst informierte mich über die Möglichkeiten eines stationären Entzugs, weil sie mir jetzt keinen ambulanten Entzug allein mehr zutraut. Nun war irgendwie klar, dass das Versteckspiel ein Ende haben muss. Wir haben lange überlegt, aber es blieb nur eins: Die Offenbarung. Um 18.00 Uhr

hab ich Gisela angerufen und alles erzählt. Sie hat wunderbar reagiert. Und dann hat sie versucht, Papa anzurufen. Der war aber leider nicht da, und ein endloses Warten ging los. Um 22.30 Uhr hat sie ihn endlich erreicht. Danach rief er mich sofort an und er fragte nur, ob er zu mir kommen könne. Ich sagte ja. Er hat noch kurz mit Mama gesprochen, dann war er hier. Ich hatte schon mehr als eine Flasche getrunken. Es war sehr gut. Keine Vorwürfe, nur Zuhören und Reden. Ich war total ehrlich und offen und habe alles erzählt. Wir haben bis 3.00 Uhr morgens hier gesessen. Schlafen konnte ich dann allerdings nicht mehr, und der Dienstag war entsprechend übel. Um 12.30 Uhr kamen Mama und Papa zusammen her. Mamas Reaktion war sehr seltsam. Sie tat erst, als wäre nichts los. Sie war zu hilflos und verängstigt, um etwas tun zu können. Papa hat mit mir geredet, und Mama hat sich in der Küche an meinen Abwasch gemacht; wahrscheinlich um wenigstens irgendetwas zu tun.

Mittlerweile hat es sich etwas geändert. Papa hat mich dann abends noch zum Arzt begleitet. Meine Leberwerte waren wieder höher als im Dezember. Ich bin jetzt krankgeschrieben, um erstmal zu mir zu kommen.
Morgens habe ich bei den Krankenhäusern angerufen, um mich um ein Bett zu bemühen. Nach Spandau hätte ich gleich kommen können, aber die Kostenübernahme von der Versicherung war ja noch nicht geklärt. Das ist der nächste Hammer. Heute Morgen hab ich die Krankenversicherung informiert, und sie sperren sich natürlich. Sie werfen mir vor, ich hätte falsche Angaben bei Vertragsabschluß gemacht, und so eine Krankheit käme ja nicht von heute auf morgen. Ich habe den halben Tag telefoniert und nach Möglichkeiten

gesucht. Nun haben wir also noch ein Problem. Wer soll das bezahlen? Die Krankenversicherung will jetzt einen Bericht von meiner Hausärztin Frau Dr. Hengst, ob dies abzusehen war. Alles kommt jetzt darauf an. So eine Scheiße! Ich hatte mich seelisch schon aufs Krankenhaus eingestellt.
Heute war ich bei einer Beratung im Jüdischen Krankenhaus im Wedding. Sie würden mich aufnehmen, aber ich muss ja erst die Kosten klären.
Ich habe auch mit Andreas, meinem Chef, gesprochen. Das war gut so. Er hat Verständnis gehabt, und alles ist in Ordnung. Er findet es sehr gut, dass ich von allein den Mut hatte, mich zu offenbaren und etwas zu unternehmen. Es muss ein riesiger Schock für Mama und Papa gewesen sein. Ich bete zu Gott, dass Mama dadurch keinen Rückfall bekommt, aus Kummer oder so.

Papa kümmert sich unglaublich viel um mich. Heute waren wir beide zusammen im Korso. Ich habe ihm klar gemacht, dass er nicht verlangen kann, dass ich plötzlich von alleine aufhöre. Wir haben uns darauf geeinigt, dass ich versuche, beim absoluten Minimum zu bleiben, was ich die letzten beiden Abende auch getan habe. Heute kämpfe ich natürlich auch, und noch ist die Flasche nicht offen. So spät wie möglich, vielleicht nur zum Einschlafen. Er verlangt von mir, dass wir gegenseitig Vertrauen haben und ich ehrlich bin. Ich hoffe, ich werde es schaffen. Ich nehme mir jedenfalls stark vor, mich auch nicht selber zu betrügen. Nicht mehr.

****

Donnerstag, 11. Januar 2001
Es ist ja noch schlimmer, als ich dachte. Sie braucht wirklich einen Entzug, und jetzt will die Krankenversicherung nicht bezahlen, weil sie die Versicherung gerade gewechselt hat und ihre Krankheit verschwiegen hat. Hoffentlich gibt es eine Lösung.
Gott sei Dank steht ihr Uli zur Seite, ein Mann kann das alles besser.
Er kümmert sich rührend um sie. Hoffentlich enttäuscht sie ihn nicht, es ist ausschlaggebend, wie es ausgeht, auf Dauer ausgeht ...

Donnerstag, 18. Januar 2001
Nun leben wir schon tagelang mit der Gewissheit, unsere Tochter ist eine Trinkerin. Ob man sich daran gewöhnt, so wie man sich an meinen Krebs gewöhnt hat? Ich muss einfach fest daran glauben, dass sie es schafft, sonst brauche ich nicht mehr zu kämpfen. Ela hat ja den besten Willen.

Nächste Woche habe ich wieder alle Untersuchungen vor mir. Hoffentlich geht es gut. Frau Dr. Keitel hat letztens zu mir gesagt, dass sie mir nicht mehr lange gegeben hat, als ich vor einem Jahr zu ihr kam. Und dieses neue Leben, dieses neue bisschen Glück will ich mir nicht zerstören lassen. Ich – will – nicht!!!!
Ich merke doch, wie mir die Gedanken an Ela schaden, wenn sie anruft, vor allem abends, rast mein Herz, habe Bauchschmerzen, Magenschmerzen, kann nicht schlafen ... Wie schafft man sich ein dickes Fell an? Darauf hat niemand eine Antwort. Vor allem ist

die Sache mit der Versicherung nicht geklärt. Das Gemüt von Gisela müsste ich haben. Die nimmt alles nicht so schwer.

****

Dienstag, 23. Januar 2001, 17.00 Uhr
Ich habe seit acht Tagen keinen Tropfen getrunken! Einfach so. War gar nicht beabsichtigt, aber ich war abgelenkt. Verstehe ich selber nicht, bin aber sehr stolz auf mich.
Der Bericht von Frau Dr. Hengst ist eine Katastrophe. Damit kommen wir niemals durch. Habe am Donnerstag noch mal einen Termin bei ihr zur Klärung. Entweder sie schreibt einen neuen Bericht oder ich muss einen Anwalt einschalten. Was für ein Theater! Mittlerweile sehe ich fast keinen Sinn mehr darin, ins Krankenhaus zu gehen. Was soll ich da? Ich habe doch jetzt auch so lange nicht getrunken, und es geht mir einigermaßen gut dabei. Man muss mich weder beaufsichtigen noch ruhig stellen. Sieht so eine Alkoholikerin aus? Nein, das kann nicht sein.
Papa kümmert sich weiterhin wie verrückt um mich, aber meistens geht er mir tierisch auf die Nerven. Sonntag waren wir beide im Wiener Café frühstücken; das war allerdings richtig nett.

Thorsten hat seine erste (gespielte?) Sorge wieder eingestellt. Gestern hat er nach sechs Tagen mal wieder angerufen. Er hatte vorher keine Zeit, sagt er …

Morgen besuche ich diese Abhängigengruppe im Waldfriede. Es ist die dritte Gruppe, die ich ausprobiere. Die ersten beiden waren eine echte Katastrophe. Die haben doch alle

was am Kopf, echt! Da gehöre ich nicht hin. Ich bin nicht so wie die!
Vielleicht schaffe ich es doch alleine. Vielleicht war das Versteckspiel die ganze Zeit am Schlimmsten. Seit alles raus ist, ist es einfacher. Ich kann sogar schlafen. Und vor allem fühle ich mich morgens gut. Das ist schön. Und meine Zähne sind auch schon etwas weißer geworden.
Leider esse ich jetzt umso mehr und nehme zu. Trotzdem bin ich bester Hoffnung und ganz guter Dinge.

****

Dienstag, 23. Januar 2001
War heute beim Knochenszintigramm. Leider sind meine Knochenmetastasen immer noch in voller Blüte. Ob jetzt etwas anderes gemacht wird? Es wäre zu schön gewesen, wenn sie weniger geworden wären.

Ela hat seit acht Tagen nicht mehr getrunken. Vielleicht schafft sie es allein. Ich hoffe es so sehr, so sehr …

Lunge, Leber und Mammo waren gestern in Ordnung. In das Institut in Zehlendorf gehe ich allerdings nicht mehr. Sie sollen ganz alte Geräte haben; mein letztes Knochenszintigramm war unbrauchbar, hat der Arzt heute gesagt.

Donnerstag, 25. Januar 2001
Gestern bin ich beim Neurologen gewesen. In zehn Wochen soll ich wiederkommen, die Hände sehen

ganz gut aus. Wenn es so bleibt, brauche ich keine Operation. Uli hat Professor Keilhammer gefragt, was das Knochenszintigramm zu bedeuten hat. Wir sollen Anfang Februar zu ihm kommen.
Seit gestern ist mir schlecht im Magen, mir war schwindlig, wenn ich mich gebückt habe. Heute ist mir noch nicht viel besser. Irgendwas ist wohl wieder mit dem Magen.
****

Freitag, 9. Februar 2001, 17.05 Uhr
Nächsten Montag ist es vier Wochen her, dass ich das letzte Mal getrunken habe! Bin sehr stolz auf mich, und es geht mir gut. Außerdem nehme ich seit einer Woche ab. Gehe drei Mal in der Woche zum Sport und esse gesund. 2 kg habe ich schon geschafft. Papa hat sich letzte Woche mit mir im Fitness-Studio angemeldet. Ist schön, wenn man nicht alleine gehen muss und einen Antrieb hat.

****

Donnerstag, 15. Februar 2001
Waren heute im Krankenhaus. Mein Knochenszintigramm hat sich tatsächlich verändert, zum Positiven. Es wird noch ein langer Weg, aber der Weg geht nach oben. Mein Magen ist auch wieder besser. Dr. Kaiser hat gesagt, das war wohl eine Gastritis.
Ela geht auch den Weg nach oben. Sie hat nicht mehr getrunken, und ich glaube ihr. Sie ist wieder offener,

hat viel vor. Mit der Krankenversicherung wird wohl auch alles gut ausgehen. Das hat mich furchtbar belastet. Uli ist ganz lieb zu Ela, und ich hoffe, dass sie endlich glaubt, dass ihr Vater sie sehr liebt. Sie gehen sogar beide ins Fitnessstudio.
Am 30. März 2001 habe ich zum Klassentreffen eingeladen. Hoffentlich kommen sie auch alle.
Übermorgen ist unser 34. Hochzeitstag. Wenn ich noch an den letzten im Krankenhaus denke! Was geht es mir gut, trotz der ständigen Rückenschmerzen, und mein Fuß tut leider auch weh!

Sonntag, 18. Februar 2001
Gestern war unser Hochzeitstag. Wir waren mit Ela essen. War schön. Sie macht einen ganz anderen, positiven Eindruck.
Oh Gott, ich glaube, Frau Eggers stirbt bald. Sie kann am Telefon kaum noch sprechen. Sie liegt wieder im Krankenhaus. Es tut mir so leid, aber sie ist 21 Jahre älter als ich. Die möchte ich erstmal erleben. Es tut mir leid, aber ICH lebe noch, und ich will leben, ich will leben …

****

Sonntag, 25. Februar 2001, 21.00 Uhr
Habe kaum Zeit zum Schreiben, immer volles Programm! Morgen bin ich sechs Wochen trocken. Es geht mir gut, und es ist nicht so schwer, wie ich dachte. Gehe drei bis vier Mal pro Woche zum Sport, in die Sauna, zur Gruppe im Waldfriede usw.

Was habe ich mir angetan? Sonst war ich am Wochenende nachmittags um fünf noch nicht mal in der Lage, Auto zu fahren, weil ich noch nicht richtig nüchtern war. Jetzt bin ich schon um halb 12 beim Sport, dann im Solarium, dann bei Mama, putzen, sonntags Lutz treffen usw.
Richtiger Freizeitstress, ha ha ... Abends bin ich richtig froh, auf meiner Couch zu liegen, mich zu verwöhnen und zu pflegen, was Kalorienarmes zu kochen oder fern zu sehen und zu lesen. Ich schlafe gut und genieße meinen klaren Kopf.
Kann nicht glauben, dass das alles erst sechs Wochen her ist.

****

Montag, 26. Februar 2001
Am 24. Februar ist Frau Eggers gestorben.
Ich habe ja jeden Tag damit gerechnet. Es tut mir sehr weh, aber sie hat 21 Jahre länger gelebt als ich, die will ich erst noch leben. Sie hatte keine Schmerzen. Gott sei Dank. Vielleicht sieht sie mich jetzt von oben – Leb wohl, Felicitas!!!

Dienstag, 6. März 2001
Am 26. Februar ist Teddy, Giselas Exmann, gestorben. Auch da habe ich ein schlechtes Gefühl gehabt. Es ist alles so traurig.
Ich habe Schmerzen in den Füßen, besonders links. Dr. Mönch hat gesagt, der Knochenspalt im großen Zeh schließt sich und drückt auf die Nerven. Ich kann ohne Schmerzen nicht mehr laufen. Einlagen sollen Besserung bringen, aber alle Schuhe passen nicht. Es

tut auch im Ruhezustand weh. Mist! Immer etwas Neues! Wo ich doch so gern spazieren gehe!

****

Sonntag, 18. März 2001, 19.15 Uhr
Habe wenig Zeit zum Schreiben ...
Das letzte Wochenende mit Thorsten war ganz ok. Samstag waren wir mit Mama und Papa im Sala Thai am Kaiserdamm. Das Ambiente hat ihnen gut gefallen.
Habe meine neuen Blutwerte bekommen. Der Gamma-GT ist schon ganz gut gesunken!
Mittlerweile habe ich 5,7 kg abgenommen und gehe in jeder freien Minute zum Sport. Es macht Spaß.

Freitag ist Papa 60 geworden! Wir waren im Messalina mit Tante Rosi. Es war eigentlich ganz nett, aber warum musste meine Tante nun unbedingt Rotwein bestellen? Ich hätte aufstehen und gehen sollen. Kein anderer hat Alkohol getrunken – wahrscheinlich mir zuliebe.
Glauben die, ich bin jetzt völlig immun oder was? Es fällt mir schon sehr schwer ...

Heute war "Tag der Begegnung" im Waldfriede. Mama und Papa sind mitgekommen. Es gab auch eine Angehörigengruppe, so dass sie sich mal informieren konnten. Die Leute dort haben ihnen gut gefallen. Die sind wirklich alle total lieb und fürsorglich. Fühle mich sehr wohl.

****

Sonntag, 18. März 2001
Wir waren heute mit Ela im Krankenhaus Waldfriede zur Gruppe. Heute war offener Tag, jeder konnte kommen. Ich glaube, sie ist dort gut aufgehoben und fühlt sich wohl. Hoffentlich bleibt sie stark.
Gestern waren wir im Palais am Funkturm zum Oldie-Abend. War ein großer Reinfall. Wir sind nach 2 Stunden wieder gegangen.
Vorgestern war Ulis 60. Geburtstag. Wir waren mit Ela, Rosi, Fred und Simone essen. War sehr nett. Uli wollte ja um seinen Geburtstag kein Aufheben machen.
So gehen die Tage dahin, sie fliegen mir nur so.

Sonntag, 1. April 2001
Vorgestern haben wir Klassentreffen gehabt. War super! Wir waren 23 Leute, viele haben mir etwas mitgebracht. Ich glaube, sie haben sich alle gut verstanden, und in drei Jahren wollen wir uns wieder treffen. Es geht mir soweit gut, bloß meine Füße tun so weh, und meine Narbe auch. Damit muss ich leben. Nun wird es Frühling, und alles wird schöner. Man kann wieder raus.
Ela ist auch soweit in Ordnung, ich hoffe, dass sie uns nichts vormacht.

Freitag, 13. April 2001
Heute ist Karfreitag. Rosi ist mit Ralph zu ihm gefahren und bleibt für eine Woche. Uli ist beim Fußball.

Ich mach es mir gemütlich, denn es ist sehr kalt. Soll Ostern so bleiben.
Uli fängt im Juli wieder beim SVV an. Da hat er wenigstens etwas zu tun. Am 30. August fahre ich mit Rosi nach Mallorca. Ich freue mich schon sehr. Es ist immer so schön. Dieses Mal haben wir beide jeder ein Einzelzimmer. Es geht mir so ganz gut.
Ulis Hals wird auch wieder besser. Gott sei Dank. Unser ganzes Wohlergehen hängt von seiner Gesundheit ab.

****

Ostersonntag, 15. April 2001, 21.10 Uhr
Thorsten ist im Schlafzimmer und guckt "Armageddon". Wir werden uns wohl nie auf einen Film einigen können.
Heute hat Lämmi Geburtstag. Er ist 14 geworden.
Ich habe heute 3-monatiges-Ohne-Wein-Jubiläum. Und ich habe jetzt 7,8 kg abgenommen. Wenn das keine Gründe zum Feiern sind! Trotzdem ist mir absolut nicht danach zumute.
Heute Mittag waren wir mit Mama und Papa im Messalina bis 16.30 Uhr. War ganz nett. Ansonsten öden wir so vor uns hin. Das Wetter ist fürchterlich – Regen und Kälte bei 4°C. Ich langweile mich.

****

Mittwoch, 9. Mai 2001
Habe schon lange nicht mehr geschrieben. Ist meist ein gutes Zeichen. Aber trotzdem tun mir meine Hände und Füße so weh. Meine rechte Hand wird immer steifer. Was soll bloß werden? Außerdem fühle ich mich seit ein paar Tagen so benommen, ganz seltsam. Ich kann es nicht beschreiben, aber ich habe schon wieder Angst, dass irgendwas ist.
Nächste Woche bin ich bei Professor Keilhammer. Dann kommen wieder die Untersuchungen. Hoffentlich hat sich etwas positiv verändert. Jetzt, wo Uli wieder Fußball macht, um Geld zu verdienen. Die Rente ist doch nicht so hoch ausgefallen, wie er dachte, und um unseren jetzigen Lebensstandard zu halten, brauchen wir ganz schön Geld. Lieber Gott, lass mich nicht wieder krank werden und allen alles kaputt machen!
Ela hält sich auch so tapfer. Sie hat nicht mehr getrunken, treibt ständig Sport, hat abgenommen und sieht richtig gut aus. Sie träumt von einem neuen Auto. Bitte, lass uns weiter träumen, lieber Gott!

****

Sonntag, 13. Mai 2001, Muttertag, 20.10 Uhr
Thorsten war hier; ist um 19.00 Uhr wieder gefahren. Oh Wunder: Es war ein herrliches Wochenende! War absolutes Traumwetter, 25°C, knallblauer Himmel. Wir haben eine Probefahrt im MX-5 (Mazda) gemacht, weil ich mir endlich meinen Traum vom Cabrio erfüllen will. Sonne im Gesicht, Chaos-Frisur und 140 PS! Wir waren Eis essen, spazieren,

haben auf dem Balkon gesessen, zusammen ferngesehen, haben uns gesonnt und gefaulenzt.

Pfingstmontag, 4. Juni 2001, 19.05 Uhr
Mach mir wieder Sorgen um Mama. Am Donnerstag war ihr plötzlich schwindlig, und sie hat sich übergeben. Abends wurde der Schwindel etwas besser. Sie waren gleich beim Arzt. Noch kann man nichts sagen. Morgen muss sie zu einer Kopfuntersuchung, und wenn da irgendwas gefunden wird, muss ein Kernspin gemacht werden. Ich hab Angst. Alles lief so gut im letzten Jahr. Viel zu gut. Lieber Gott, bitte mach, dass alles in Ordnung ist. Vielleicht war das ja nur etwas, was andere Leute auch mal so kriegen können.

****

Dienstag, 5. Juni 2001
War heute bei einer Neurologin, weil mir vor einer Woche schwindlig war und ich gebrochen habe. Habe immer Angst! Am 22. Juni muss ich zur MRT des Kopfes, davor zur MRT des Körpers. Hoffentlich geht alles gut aus.
Leider ist aus dem Job beim Fußball nichts geworden. Der Vorstand wollte nicht soviel Geld investieren - Uli ist sehr sauer.
Schade, schade ...

****

Donnerstag, 14. Juni 2001, 21.25 Uhr

Papa hat einen Nierenstein bzw. Harnsteine, und man versucht nun, sie medikamentös aufzulösen. Er hat Panik, dass er noch mal wie damals ins Krankenhaus muss und sie das Ding mit der Schlinge ziehen. Seine Blutwerte sind aber ok, zum Glück. Warten wir also mal die nächsten 3 Wochen ab.

Zweite schlechte Nachricht: Am Samstag hat Susi ihren Vater ins Klinikum gebracht. Lungenkrebs! Sie ist natürlich total am Ende. Und mir kommt alles so verdammt bekannt vor ... Ich kann sie kaum trösten. Ich weiß genau, wie sie sich fühlt! Wenn nicht ich, wer dann??
ICH KANN DAS WORT **KREBS** NICHT MEHR HÖREN!!

Lämmi macht mir auch Sorgen. Er bricht dauernd und frisst ganz schlecht. Ich denke, ich muss mit ihm zum Arzt.

Donnerstag, 21. Juni 2001, 21.00 Uhr
Scheiße, Lämmi ist ganz schwer leberkrank! Wir waren Montag beim Arzt, und sie haben ihn 3 Stunden gequält. Muss entscheiden, was wir mit ihm machen. Er verhält sich jetzt relativ normal, muss jetzt eine strenge Leberdiät machen und kriegt Medikamente. Hoffentlich hält mein Kleiner durch!

****

Donnerstag, 28. Juni 2001

Also, im Kopf habe ich nichts. Die Metastasen im Körper haben sich nicht vermehrt, wahrscheinlich regenerieren sie sich eher ein wenig. Mehr kann ich nicht verlangen. Bin ich froh! Dafür tun mir Hände und Füße weh. Am 5. Juli bin ich bei einem Rheumatologen deswegen bestellt.

Uli hat zwei Nierensteine. Hoffentlich lösen sie sich von allein auf. Hoffentlich muss er nichts ins Krankenhaus.
Und Ela hat heute Geburtstag.

Donnerstag, 12. Juli 2001
Ulis Nierensteine haben sich aufgelöst. Gott sei Dank! Dafür klagt er jetzt ständig über seine Mandeln. Seine Leukos sind erhöht, und er hat schon wieder Angst und macht mich und Ela verrückt. Er ist und bleibt ein Hypochonder.

Gestern hat Professor Keilhammer bestätigt, dass meine Knochen sich regenerieren. Es sieht gut aus, ich **wusste bloß nicht, dass ich auch in der Schädeldecke Metastasen habe, die sollen aber nichts bedeuten …** Nun gut. Dafür tun meine Hände und der Fuß weh. Die Hände werden immer schlimmer, die Rheumatologin hat nur Blut abgenommen und die Hände geröntgt. Am 30. Juli soll ich wiederkommen.
Immer habe ich Krankheiten, die unheilbar sind. Scheiß!

Lämmi ist schwer leberkrank. Hoffentlich lebt er noch einige Zeit und quält sich nicht. Auch unser Chico hat das zweite kranke Pfötchen. Wir müssen wieder zum Arzt. Er sieht oft so traurig aus und ist so unsicher beim Laufen.
Aber es gibt auch etwas Gutes! Am 15. Juli ist Ela ein halbes Jahr trocken. Tolle Leistung.
Sonntag hat Rosi "Goldene Konfirmation". Da gehen wir hin. Alle ihre Kinder sind im Moment da.

****

Sonntag, 22. Juli 2001, 21.00 Uhr
Ich werde immer fitter. Das Laufen macht mir Spaß, und ich will am 4. August einen Volkslauf auf dem Ku'damm mitmachen. Jetzt laufe ich immer am Schlachtensee (5,5 km) und schaffe auch schon die Krumme Lanke (1,4 km) dazu. Habe jetzt 12,2 kg abgenommen und mache weiter.
Bin weiterhin aktiv, verbringe viel Zeit mit Sport. Auch Susi sehe ich wieder öfter. Freitag waren wir zusammen in der Sauna, das war herrlich. Endlich mal wieder Zeit für Frauengespräche.

Mama ist heute am Schlachtensee mit dem Fahrrad neben mir hergefahren! 8 km! Ich bin stolz auf mich und das, was ich im letzten halben Jahr geschafft habe.

Am Freitag war ich bei Gabriele Hoffmann, der bekannten Berliner Wahrsagerin! Es war beeindruckend, beängstigend und spannend. Als sie das erste Mal in ihren Trance-Zustand fiel, habe ich mich zu Tode erschrocken. Habe alles

mitgeschrieben. Nur soviel hier in Kürze: Ich erwarte einen Geldsegen zwischen November 01 und Februar 02, eine berufliche Verbesserung im Frühsommer 02, ich befinde mich in einer Umbruchsphase, ich werde 88-94 Jahre alt (geistig klar und auf keine fremde Hilfe angewiesen), ich bin noch 16 Jahre berufstätig, erhalte 2 Renten im Alter, in 5 Jahren ziehe ich aus meiner Wohnung aus, mein jetziger Partner ist nicht der Richtige und es dauert noch 8 Monate, dann reißt es ab. Zwischen Mitte 2003 und Frühjahr 2004 kommt ein Mann, der passt. Im 4. Jahr unserer Beziehung heiraten wir, und diese Ehe bleibt bestehen.
Mama wird sehr alt! Es kommen in den nächsten fünf Jahren keine Katastrophen (Tod, Krankheit) auf mich zu.
Ich lass das jetzt mal so stehen. Ich denke viel darüber nach, besonders in Bezug auf Mama. Das wäre ja alles wundervoll, wenn es wahr wäre.

****

Montag, 23. Juli 2001
Die Konfirmation war sehr schön. Wir haben viele alte Wannseer getroffen, waren mit 10 Personen essen. Ein schöner Tag.
Am 20. Juli war Ela bei der Wahrsagerin Gabriele Hoffmann. Sie hat unter anderem gesagt, dass ich ein langes Leben haben werde (75 – 80 Jahre), in den nächsten fünf Jahren wird es keine Katastrophen in der Familie geben, Ela wird noch mal heiraten und sehr alt werden, es geht ihr gut bis ins hohe Alter. Na, das hört sich doch gut an. Also muss ich mir keine Sorgen mehr machen, nur um meine Hände und Füße.

Sie werden immer schlechter. Ach so, eine Gelenkoperation in den nächsten zwei Jahren hat sie mir auch vorausgesagt, aber alles wird gut. Das ist wichtig.
Uli nervt mit seinem Hals, jetzt nimmt er endlich die Tabletten. Mal sehen, wie es wird.
Ich kann sehr schlecht schreiben mit meiner Hand …

Samstag, 4. August 2001
Ich nehme jetzt Kortison, und meine Hände sind etwas besser, bloß es ist ja kein Dauerzustand. Die Rheumatologin hat fortgeschrittene Arthritis festgestellt. Scheiße!

Unserem Chico geht es ganz schlecht. Ich habe solche Angst um ihn. Wir waren in der Tierklinik und haben ihn wegen seiner Vorderpfoten untersuchen lassen. Da das Röntgen nichts brachte, haben sie ihn mit Kontrastmittel unter Narkose geröntgt. Und davon kann er sich nicht mehr erholen. Er schwankt, kann noch schlechter laufen, frisst wenig, er liegt nur da und sieht so erbärmlich aus. Wenn ich bloß wüsste, ob ihm was weh tut. Der Gedanke, ihn einschläfern zu lassen, bricht mir das Herz. Der Gedanke bringt mich ständig zum Weinen. Ich mache mir solche Vorwürfe, dass wir der Untersuchung zugestimmt haben. Und die Untersuchung hat nichts gebracht. Dass das eine Lähmung der Pfoten ist, wussten wir schon vorher. Woher sie kommt, wissen wir noch nicht. Dafür muss das arme Kerlchen einen hohen Preis zahlen. Mein Gott, nimmt der Kummer nie ein Ende?

****

Sonntag, 5. August 2001, 18.25 Uhr
Gestern war der City-Lauf! War total gut, Super-Atmosphäre auf dem Kudamm.

Mama und Papa waren mit Chico in der Tierklinik, um zu versuchen, ob man ihm dort helfen kann wegen seiner gelähmten Pfote. Dort hat er irgendwie die Narkose nicht vertragen, wachte kaum mehr auf, konnte nicht laufen, fressen und aufs Klo. Danach musste er jeden Tag an den Tropf. Die beiden haben so geweint, ich konnte das überhaupt nicht ertragen. Mittlerweile geht es ihm etwas besser. Was für ein Drama!

Sonntag, 12. August 2001, 19.40 Uhr
Thorsten ist gerade weggefahren …

Mittwoch war ich bei einer sportmedizinischen Untersuchung mit allem PiPaPo. Laufband, Laktat-Analyse, Blut, Urin etc.
Will mich nämlich auf längere Läufe/Wettkämpfe vorbereiten.
Abends war wieder Waldfriede-Gruppe. War nett wie immer.
Letztes Wochenende ist Günther, mein Ex-Schwiegervater, gestorben.
Und Lutz' Vater ist am Dienstag gestorben … Er hat mir eine Mail geschickt, auf die ich geantwortet habe, denn wir

haben nicht mehr viel Kontakt zueinander. Mein Leben ist jetzt einfach anders geworden.

Mittlerweile kann ich 10 km laufen, und ich will mich zu einem Wettkampf am 15. September anmelden.

****

Mittwoch, 15. August 2001
Chico geht es nicht besser, und man kann nichts machen. Er ist total kraftlos. Manchmal kommt es mir so vor, als ob wir bald Abschied nehmen müssen. Es bricht mir das Herz, meinen kleinen Liebling so zu sehen.
Auch Lämmi geht es nicht gut. Werden wir sie bald beide verlieren? Hoffentlich nicht vor dem Urlaub, der ist mir dann versaut.

Günther ist gestorben, nachdem er 14 Tage im Koma lag. Marga tut mir so leid. Wir werden zur Beerdigung gehen. Das ist natürlich schlimmer als der Tod einer Katze, aber es tröstet mich nicht. Uli weint schon immerzu, er ist mir nie eine Hilfe.

****

Mittwoch, 28. August 2001, 17.35 Uhr
Letzten Freitag war Günthers Beerdigung. Und wir sind hingegangen! Jens wusste nichts davon. Er (und seine Petra natürlich) haben sich echt blöd benommen, aber das war ja vorhersehbar. Dass er mich nicht begrüßt hat, war klar.

Aber er hat auch Mama und Papa nicht begrüßt. Nachdem wir uns am Grab von Günther verabschiedet hatten, gab es eine blöde Situation, wo ich plötzlich direkt vor Jens und Petra stand. Also hab ich einfach zaghaft 'Hallo' gesagt. Sie nichts ...
Wir sind dann gleich gegangen. Marga hat Mama gestern erzählt, dass Petra sich danach zu Hause gleich verabschiedet hat, weil ihr angeblich nicht gut war. Jens hat jetzt jedenfalls total Stress zu Hause, weil wir da waren. Was soll man dazu sagen? Die spinnt doch.

Lämmi geht es wieder ganz gut. Chico geht es auch besser. Mama fliegt Freitag mit Tante Rosi wieder nach Mallorca, und mein alter Vater wird sich eine Woche lang zu Tode langweilen. Oje!

Ich bin seit fast acht Monaten trocken und fühle mich meistens wohl. Bin nicht mehr so traurig, habe keinerlei körperliche Beschwerden, bin fit und sportlich. Allein bin ich zwar immer noch, aber nicht mehr so einsam. Mit Thorsten läuft es relativ gut, und meine neue Figur macht mich glücklich.

Sonntag, 9. September 2001, 19.15 Uhr
Lämmi hat's schon wieder erwischt. Er hat einen Analbeutelabszess! Gestern früh wurde er in Narkose geöffnet, damit Blut und Eiter abfließen konnten. Der Arme! Nun muss er eine Halskrause tragen, und das ist natürlich ein ziemliches Theater. Dauernd läuft er gegen die Wand und kann nicht richtig liegen. Er guckt so traurig. Tut mir sooo leid ...

Heute Morgen hatte ich mein Traumgewicht erreicht! Ich habe jetzt 14,4 kg abgenommen. Was für eine Leistung. Nun muss ich shoppen gehen ...

****

Dienstag, 25. September 2001
Wir waren bei der Beerdigung. Jens hat uns nicht beachtet, damit seine Freundin nicht sauer wird. Was für eine Flasche!

Chico und Lämmi geht es besser. Sie sind nun mal zwei alte Herren.
Ich gehe jetzt in die Emanuel-Klinik in Wannsee mit meinen Händen und Füßen. Jetzt habe ich auch noch Schmerzen in den Ellenbogen. Meine Schulter tut von dem Sturz noch weh. Ich glaube, dieser Arzt – Dr. Sörensen - wird mir eher helfen. Das bringt die Zeit.

Unser Urlaub war nicht so gut. Das Wetter, das Zimmer, das Essen, alles war nicht so gut wie voriges Jahr. Ich glaube nicht, dass ich dort noch einmal hinfahre.

Am 1. Oktober fahren wir (Uli, ich, Rosi, Ela und Thorsten) zu Giselas Geburtstag nach Bremen. Uli hat keine Lust, aber wir können uns ja nicht ausschließen. Ich fahre auch nicht so gern, aber sie hat noch Sachen für den Flohmarkt für mich. Und unsere armen Katzen sind allein, das ist das Schlimmste.

****

Donnerstag, 4. Oktober 2001, 20.50 Uhr
Montag sind wir alle zu Giselas Geburtstag nach Bremen gefahren, Mama, Papa, Thorsten und ich. War etwas langweilig, aber trotzdem mal 'ne nette Abwechslung. Schön, mal wieder mit Thorsten eine Nacht im Hotel zu sein. Und er war ja sooo chic! Hat sich extra Klamotten gekauft.

Heute war ich beim Frauenarzt. Er hat zwei Zysten in meinem Bauch festgestellt. Hat mich sofort an einen Spezialisten überwiesen, um genaueres zu sehen. Um 20 Uhr war ich erst zu Hause. Ich muss einen Monat abwarten, ob sie kleiner werden. Wenn nicht, müssen sie eine Bauchspiegelung machen ... Oh oh! Seit ich das weiß, bilde ich mir ein, dass ich was spüre. So ein Unsinn!

Mamas Arthrose ist schlimm. Ansonsten geht es ihr ja ganz gut, aber immer diese Schmerzen ...

Sonntag, 7. Oktober 2001, 21.45 Uhr
Krise! Keine Ahnung, warum ...

Heute war Begegnungstag im Waldfriede. Eigentlich hätte mir dieser Tag doch Stärke geben müssen. Das Gegenteil ist heute der Fall. Ich denke ans Trinken! Ich dachte plötzlich, wie gut es wäre, jetzt ein Glas Wein ganz schnell runter zu kippen. Mich betäuben, so dass alles ganz leicht wird. Plötzlich wusste ich ganz genau, wie es riecht und schmeckt. Es sind jetzt fast neun Monate. Was ist los mit mir? Das macht mir Angst!

Hoffentlich geht es schnell wieder vorbei.

****

Donnerstag, 1. November 2001
Der Geburtstag war ganz schön, aber auch anstrengend. Die Katzen haben es überlebt.
Mein "Tennis-Ellenbogen" ist in Behandlung, aber noch nicht so gut. Das dauert. Meine Hände sind auch nicht so toll, die Tabletten von Dr. Sörensen habe ich im Magen nicht vertragen, musste sie also absetzen. Nun nehme ich nur noch Vioxx, die vertrage ich.
Naja, man lungert sich so durch, und wenn alles so bleiben würde, könnte ich das auch aushalten.

Ich gehe nicht mehr zur Psychologin, ich brauche sie nicht mehr, es war nur noch Zwang. Also habe ich es ihr gesagt, und sie fand das ok. Im Grunde genommen muss ich sowieso mit allem allein fertig werden. Mein seelisches Befinden wird von MIR gesteuert.

Ich war letzten Sonntag das letzte Mal in diesem Jahr auf dem Flohmarkt. Habe ganz gut verdient. Macht auch immer Spaß.
Gestern Nacht hatte unser Chico Harnverhalten. Nachts um drei Uhr sind wir in die Klinik gefahren. Es muss ihm sehr wehgetan haben. Er hat eine Blasenentzündung. Nach ein paar Spritzen geht es ihm besser, das werden wir schon in den Griff kriegen. Immer etwas Neues, aber nie was Besseres.

Dienstag, 11. Dezember 2001
Was ist das nun wieder? Seit zwei Tagen habe ich heftige Schmerzen in der linken Hüfte. Hoffentlich nicht neue Metastasen. Außerdem habe ich vielleicht eine Zyste im Unterleib. Muss beobachtet werden. Im Moment bin ich ganz schön geplagt. Mein Tennisarm wird wieder besser, aber der Karpaltunnel muckt immer noch. Meine Finger tun weh, meine Schulter tut weh, und nun noch die Hüfte. Scheiße, Scheiße…
Gehen die Sorgen nie vorbei?

Chico geht es wieder gut. Hoffentlich bleibt es so. Ela hat sich am 8. Dezember einen Mazda Sportwagen bestellt.
Bald ist Weihnachten. Im neuen Jahr muss ich wieder zu allen Untersuchungen. Hoffentlich geht alles gut aus.

****

Sonntag, 16. Dezember 2001, 19.55 Uhr, 3. Advent
War letztes Wochenende in Gladbeck. Wir haben zwar einigermaßen viel unternommen, aber trotzdem nerven wir uns so. Warum nur?

Papa hat wieder mal seine Weihnachtsdepression! Redet kaum, ist nur am Grübeln und leiden, und alles, was wir sagen, kränkt ihn zutiefst. Es ist genauso wie in den letzten 30 Jahren. Grauenhaft. Einfach ohne Grund.

Mama geht es aber relativ gut. Trotzdem weiß ich, warum ich Weihnachten nicht leiden kann. Immer diese Scheiß-Stimmung. Zu Hause und überall. Geschenke, Hektik, Menschenmengen ... Wenn ich schon an die blöden Feiertage denke! Zum ersten Mal ohne Wein. Und Langeweile! Werde wohl besonders viel Sport treiben ...

Kapitel 6 – 2002
"Lieber Gott,
warum ängstigst Du mich so?"
****

Dienstag, 1. Januar 2002
Weihnachten ist vorbei. War ruhig und friedlich. Hoffe, dass das neue Jahr wenigstens so gut wird, wie das alte. Meine Finger werden besser. Bald muss ich zu allen Untersuchungen. Hoffentlich gehen sie alle gut aus.

****

__Dienstag, 1. Januar 2002, 19.40 Uhr__
Das EURO-Jahr hat begonnen! Mal sehen, wie das ab morgen so läuft...

Weihnachten habe ich einigermaßen gut überstanden. Heilig Abend war wie immer. Habe wie immer viele Geschenke bekommen ... Naja, materiell konnte ich mich bei meinen Eltern nie beklagen. Schön wär's gewesen, wenn mich mal einer umarmt hätte. Aber ok.
Tante Rosi war bei uns, so dass wir zum Glück nicht alleine zu dritt waren.
Thorsten kam am Samstag. Es war relativ normal, nur etwas langweilig.
Sonntag waren wir mit Mama und Papa im Messalina, und danach sind wir alle zusammen um die Krumme Lanke auf blankem Eis geeiert. Das war schön.

Hoffentlich wird es ein gutes Jahr! Hauptsache, wir bleiben alle gesund, besonders Mama!

Dienstag, 8. Januar 2002, 18.00 Uhr
Seit gestern Abend bin ich total daneben, völlig deprimiert. Einfach so. Dabei war es ein ganz normaler Tag.
Ich denke über mein Leben nach. Heute vor einem Jahr haben meine Eltern von meinem Alkoholproblem erfahren! Ein Jahr, unglaublich. Am 15. Januar ist mein erstes trockenes Jahr vorbei und wir wollen essen gehen. Zum Feiern!
Und dennoch: Ich bin traurig. Einsam. Will nicht mehr nur mit Lämmi reden. Fühle mich nicht gut. Magendrücken, leichter Kopfschmerz ... Ich wünsche mir so sehr, dass jemand zu mir sagt: Ich hab Dich lieb! Mich streichelt, sich mit mir freut, mit mir leidet, redet, fernsieht, mich versteht ... Ich habe das Gefühl, dass mir mein Leben davon läuft und ich alt werde. Und allein sein werde. Ich kann mich über gar nichts freuen. Warum ist das so?
Ich spare mir die Finger wund für mein Auto. Wofür? Macht mich das dann glücklich? Ich würde gern mal wieder in die Sauna gehen, aber mit wem? Oder mir eine Massage gönnen. Aber das ist zu teuer.
Esse Schokolade und tröste mich. Ob ein Glas Wein jetzt irgendwas ändern würde???

Samstag, 12. Januar 2002, 21.50 Uhr
Mama hat diesen Monat wieder ihre ganzen wichtigen Untersuchungen. Ich habe das Gefühl, die Stimmung ist gedrückt, aber niemand sagt etwas. Eigentlich bin ich ja recht zuversichtlich, aber man weiß ja nie ...

Wir sprechen oft über die "Spuren im Sand". Bitte, lieber Gott, trage sie!

Am Dienstag gehen wir essen. Ein Jahr ohne Alkohol! Wie schnell wieder so ein Jahr vergangen ist …

Sonntag, 20. Januar 2002, 19.35 Uhr
Das Knochenszintigramm von Mama war relativ zufrieden stellend. Der Arzt meinte schon mal, dass es in jedem Fall nicht schlechter als vor einem Jahr aussieht, eventuell sogar besser!
Ich war doch sehr aufgeregt am Freitag. Mir war schon ganz schlecht. Aber dann kam die erlösende Nachricht!
Am Dienstag war wir essen im Reinhardt's. Habe sogar Geschenke gekriegt – wie zu Weihnachten! Eine leere Weinflasche mit einem "Giftig"-Etikett darauf. Inhalt waren 250,- Euro, die im April in eine Tankkarte für mein neues Auto umgewandelt werden!! Super!

****

Dienstag, 22. Januar 2002
Habe seit einiger Zeit Schmerzen in der linken Seite, die so schlimm wurden, dass ich gestern beim Orthopäden war. Er kann nichts finden, aber ich kann mich kaum bücken. Am Freitag bin ich bei den anderen Untersuchungen, da machen sie eine Sonografie, vielleicht sieht man mehr. Heute ist es wieder von alleine besser.

Mein Knochenszintigramn war ganz gut, jedenfalls sind keine neuen Knochenmetastasen da.
Am 15. Januar waren wir mit Ela essen, weil sie ein Jahr trocken war. Wir sind sehr stolz auf sie. Aber wie sehr wir sie auch lieben und verwöhnen, einen Partner können wir nicht ersetzen.

****

Sonntag, 27. Januar 2002, 19.50 Uhr
Lunge, Leber und Nieren bei Mama sind vollkommen in Ordnung!! Was für eine erlösende Nachricht!
War ein totales Drama, weil Mama nach der Untersuchung nicht darauf gedrängt hatte, dass man ihr sofort die Ergebnisse mitteilt. Papa ist völlig ausgerastet, wie man nur so verblödet und behämmert sein kann! Und warum ist er dann nicht gleich umgedreht und hat selber gefragt? Auf jeden Fall hat er mit mir am Telefon auch rumgebrüllt wie verrückt, aber ich war die Ruhe selbst und versuchte, das Problem zu lösen. Letztendlich hat er dann noch mal in der Praxis angerufen und hat natürlich Auskunft bekommen. Dann hat er sich wieder eingekriegt und hat sich sogar bei mir bedankt, dass ich so mit ihm gesprochen habe und die Nerven behalten habe ...
Meine Güte, ich übernehme immer mehr die Elternrolle. So was Hilfloses! Und das alles während meiner Arbeitszeit. Hoffentlich kriegt das mal keiner der Chefs mit.

Sonntag, 17. Februar 2002, 19.30 Uhr, Hochzeitstag Eltern

Um 14 Uhr waren wir im Messalina zum Essen. Danach sind wir zum Schlachtensee gefahren, haben Enten gefüttert und sind ein Stück spazieren gegangen. Das Wetter ist schon seit Tagen wunderbar. Blauer Himmel, Sonne, 15°C. Warme Sonnenstrahlen auf der Haut.

Nun warte ich wie immer auf Thorsten' Sonntags-Anruf. Wahrscheinlich werde ich noch lange warten ...

Freitag fahre ich nach Gladbeck. Freue mich auf die Abwechslung, aber ich hab auch Angst, dass wir uns wieder nur streiten werden ...

****

Dienstag, 19. Februar 2002

Meine anderen Untersuchungen sind auch gut ausgegangen. Gut, die Metastasen habe ich immer noch, damit muss ich ja nun leben. Aber meine linke Seite tut mir immer weh, und niemand findet was. Und meine Arthroseschulter tut so weh. Meine Finger sind zwar besser, aber vielleicht vertrage ich die doppelte Dosis Vioxx nicht, denn fünf Blutwerte sind seitdem schlechter. Mal sehen, was morgen der Professor Keilhammer dazu sagt.

Wir hatten 35. Hochzeitstag. Waren mit Ela essen, war ein schöner Nachmittag.

Also, eigentlich müsste es mir gut gehen, aber ich habe auch ständig im Hinterkopf Schmerzen, ob die von der Halswirbelsäule kommen, denn die tut auch ständig weh?! Ach, immer diese Fragen, immer diese Angst.

Freitag, 22. Februar 2002
Wir waren bei Professor Keilhammer. Er wollte die bestimmten Werte auch untersuchen, nachher kann ich das Ergebnis abholen.
Es geht mir wirklich nicht gut, mein ganzer Körper tut weh, besonders die Beine haben einen ziehenden, reißenden Schmerz, immerzu. Der Hinterkopf tut weh, und mein Rücken … Oje! Es ging mir schon bedeutend besser. Ich habe auch weniger Appetit, und habe in einer Woche 1 kg abgenommen. Nun sitze ich hier in meinem gequälten Körper und habe schon wieder Angst. Warum muss ich immer noch andere Krankheiten kriegen, die nicht greifbar sind?

Manchmal möchte ich weinen, aber es soll niemand sehen, wie verzweifelt ich bin. Uli ist immer so glücklich, wenn es mir gut geht. Was hat er denn noch vom Leben? Mit einer Engelsgeduld massiert er mir die Beine, damit es besser wird, er glaubt, es ist Rheuma. Und ich, ich fühle mich nur schuldig, weil ich allen das Leben so schwer mache.

Dienstag, 26. Februar 2002
Ich war noch einmal bei Professor Keilhammer. Er sagt, meine Schmerzen kommen von der Aredia, ich

soll drei Monate keine bekommen, und dann eine neue Art von Aredia.

Langsam werden die Schmerzen etwas besser. Uli meint, die schlechteren Leberwerte kommen von dem Aromasin. Da steht etwas im Beipackzettel. Mal sehen, was die Ärzte demnächst sagen.

Lieber Gott, warum ängstigst Du mich so?

****

Donnerstag, 28. Februar 2002, 21.15 Uhr
Lämmi ist in der Tierklinik! Musste ihn gestern Abend hinbringen. Mama hat mich begleitet. 4 Stunden haben wir dort zugebracht …

Als ich gestern um 16.30 Uhr nach Hause kam, lag Lämmi in der Ecke und machte ganz furchtbare Röchel-Geräusche. So, als bekäme er keine Luft mehr. Hab ihn geschnappt, Mama abgeholt und ab in die Klinik. Nach 1000 Untersuchungen, Tropf, Röntgen, Blut etc. wissen sie immer noch nicht genau, was er hat. Angeblich soll er nichts im Hals stecken haben, weil die Symptome eher auf die Nase deuten. Heute Morgen nach der Visite haben sie mich angerufen, dass er die Nacht überstanden hat und sie jetzt weitere Untersuchungen machen. Jetzt tippen sie auf Katzenschnupfen! Das wäre ja furchtbar, weil das doch total ansteckend ist, und er war doch im Chico zusammen. Traue mich gar nicht, Mama und Papa Bescheid zu sagen. Man könnte Chico vorsichtshalber impfen lassen und Medikamente geben, aber die bringen sich ja vor Angst wieder um. Was mach ich bloß? Ich muss doch nächstes Wochenende wieder nach Düsseldorf, um das Update dort in der Firma zu

machen. Und wie soll das werden mit Lämmi? Überlebt er das? Es tut mir so weh, dass er da jetzt ganz allein in einem Sauerstoffkäfig sitzt, verängstigt, einsam und kaum Luft kriegt. Es sah so schlimm aus ...
Besuchen soll ich ihn auch nicht. Wegen des Trennungsschmerzes! Ob die sich da richtig um ihn kümmern?
Er fehlt mir. Ich bin einsam. Ist so still hier. Noch 1 ½ Monate, dann wird er 15. Ich weiß, dass er schon alt ist, aber ich kann mich noch nicht an den Gedanken gewöhnen, dass er nicht mehr da sein wird. Ich hab fast mein halbes Leben mit ihm verbracht ...

Montag, 4. März 2002, 19.40 Uhr
Habe Lämmi vor 2 Stunden aus der Klinik abgeholt!! Ich war am Wochenende dort bei ihm, weil ich versuchen sollte, ihn zu füttern. Er wollte einfach nicht fressen. Nun durfte ich ihn wieder mitnehmen. Bis gestern hat er noch schnorchelnde Geräusche beim Einatmen gemacht, aber heute gar nicht mehr. Er war vorhin ganz lebhaft und ging auch gleich zu seinem Fressnapf. Nun schläft er, vergraben unter dem Bett. Naja, er muss erstmal zur Ruhe kommen. Was für ein Stress für mein armes Tier. Hoffentlich geht alles gut und er kriegt noch mal die Kurve!

****

Freitag, 8. März 2002
War beim Rheumatologen. Die schlechten Leberwerte können auch vom Vioxx kommen. Jetzt eine Woche kein Vioxx, dann Blutabnahme. Bin gespannt, ob sich was verändert. Hoffentlich kommt es nicht vom Aro-

masin. Was dann? Das war doch meine Rettungspille!!
Meine Beine tun immer noch weh. Es ging mir schon bedeutend besser. Und die Luftknappheit kommt nicht vom Asthma, hat der Lungenarzt gesagt. Das hat andere Gründe. Aber welche??

Dienstag, 12. März 2002
Vioxx abgesetzt! Jetzt habe ich wieder Schmerzen in den Händen, und meine rechte Schulter tut so höllisch weh. Ich kann den Arm kaum rühren. Ich könnte nur weinen, aber ich will ja tapfer sein, damit Uli nicht noch mehr Angst kriegt. Ich gehe nachher zum Blutabnehmen, morgen Termin bei Dr. Keitel. Mal sehen, was das wieder bringt.
Ich kann vor Angst und Schmerzen kaum noch essen. Wiege 68,3 kg heute.

Chico hatte wieder einen Anfall mit Harnverhalten, wir waren beim Arzt, jetzt geht es wieder. Es ist mir alles zuviel, überall Stunden beim Arzt sitzen, nur Schmerzen, Schmerzen, Schmerzen …
Warum habe ich soviel Pech? Im Moment bin ich todunglücklich. Ob es wieder mal aufwärts geht?

****

Donnerstag, 14. März 2002, 19.15 Uhr
Der Kummer hört nicht auf.
Lämmi geht es viel besser, er hat sich gut erholt.

Dafür ist Mama jetzt wieder dran. Weiß nicht, ob ich schon geschrieben habe, dass ihre Blutwerte sich seit Januar stetig verschlechtern. Noch nicht so besorgniserregend, aber das ist ja nicht normal. Nun sollte sie ihre Arthrose-Medikamente weglassen, weil die Ärzte sehen wollen, ob die vielleicht die Leber angreifen. Nun hat sie aber unerträgliche Schmerzen in Schulter, Beinen und Händen. Es geht ihr richtig schlecht, und sie darf keinerlei Schmerz- und Schlafmittel nehmen. Natürlich kann sie vor Schmerzen nicht schlafen.
Es ist alles wieder so furchtbar. Ich habe so ein seltsames Gefühl. Damals fing es auch so komisch an. Außerdem ist sie wieder so kurzatmig geworden, und keiner weiß warum. Ist das etwa wieder ein Rückfall?? Ich habe es so satt! Seit fünf Jahren lebe ich nur in Angst und Sorge. Immer diese Angst! Und die Einsamkeit! Ich kann nicht mehr. Will auch nicht mehr. Will abhauen, raus hier. Hilfe!
Mir geht's auch schlecht. Seit Tagen habe ich Magenschmerzen und keinen Appetit. Hab viel geweint. Keine Freude, kein Lachen, kein Spaß, keine Gespräche über normale Dinge …
Bald kommt mein Auto, und es ist mir total egal.
Ich bin so wütend auf das ganze Leben. Bin kraftlos, gleichgültig, ohne Energie und Konzentration. Es belastet mich alles so ungeheuer. Das Arbeiten fällt mir sehr schwer.
Ich will endlich mein eigenes Leben führen. Ohne Eltern und Schuldgefühle, Angst, Kummer, Sorgen, Krankheit …
Gestern wäre so ein Tag gewesen, um sich zu besaufen. Zum Glück war Waldfriede-Gruppe. Wir haben viel über mich geredet, und das hat gut getan.
Übermorgen hat Papa Geburtstag. Eigentlich wollten wir ja essen gehen, aber wie wird das jetzt? Ich will nicht ins Restaurant gehen, wenn es Mama schlecht geht. Ich könnte gar

keinen Bissen runterkriegen. Ich will nicht! Am liebsten würde ich sie gar nicht sehen! Ich bin so gemein.

****

Donnerstag, 14. März 2002
Gestern waren wir bei Frau Dr. Keitel. Sie weiß auch nicht, woher die veränderten Blutwerte kommen. Aber das Schlimme ist, es geht mir immer schlechter. Diese Luftarmut, Schwäche und schreckliche Schmerzen im Rücken, in den Hüften und Beinen! Ich hatte eine Horrornacht. Nächste Woche zu Professor Keilhammer. Mal sehen, was er sagt.

Mit dem kranken Arm waren wir bei Dr. Mönch. Er hat geröntgt und gesagt, die Schulter sieht nicht gut aus, Wasser, Entzündung, aber er will nichts Verkehrtes machen. Es hat sehr wehgetan, aber jetzt ist es von allein etwas besser. Wahrscheinlich muss ich wieder zur Kernspintomografie. Ich bin sehr verzweifelt, und mein armer Uli leidet immer mit. Ob es mal besser wird? Gott steh mir bei.

****

Sonntag, 17. März 2002, 18.35 Uhr
Den Geburtstag haben wir irgendwie ganz gut rumgekriegt. Um halb zwei waren wir im Messalina und Mama sagte, dass es einigermaßen ginge und sie auch Hunger hat. Gegessen hat sie dann aber fast gar nichts und war sofort satt.

Papa war eigentlich ganz gut drauf. Gott sei Dank! Danach bin ich noch mit zu ihnen gefahren. Mama hat so gefroren und hat sich mit einer Decke auf die Couch gelegt. Ich hasse es, wenn sie so da liegt. Sie sieht dann immer so krank aus. Um sechs bin ich gegangen.
Nachts hatte ich irgendwelche Alpträume, die sich um Mama drehten. Schrecklich. Fühle mich wie gerädert.

****

Montag, 18. März 2002
Wir waren heute bei Professor Keilhammer. Er will jetzt verschiedene Untersuchungen machen, wahrscheinlich muss ich zwei Tage ins Krankenhaus zur Leberspiegelung. Davor habe ich Angst. Erst soll ich zur Kernspintomografie. Leber und Rücken sind zweierlei. Ich habe solche Schmerzen in der Nacht gehabt, kaum geschlafen, jetzt habe ich eine Schmerztablette genommen. Ob die hilft? Wahrscheinlich drückt irgendetwas im Rücken auf die Nerven. Mein Gott, bin ich unglücklich. Es ging mir doch schon so gut. Hört das nie auf? Es wird nie aufhören, ich weiß das. Ich bin verurteilt, den Rest meines Lebens mit Schmerzen zu leben. Was für eine Aussicht!

Freitag, 22. März 2002
Also, der Rücken ist geklärt! Keine Metastasen! Einfach Verschleiß, der höllisch weh tut. Krankengymnastik ist angesagt, und bei Schmerzen soll ich ein Zäpfchen nehmen. Bin ich froh! Aber die Lebersache ist eine andere. Nächste Woche wieder zu Professor

Keilhammer. Wenn ich Uli nicht hätte, ich hätte keine Freude mehr am Leben. Aber ich muss immer weiter machen. Er braucht mich doch auch. Er hat solche Angst, allein zu bleiben. Und Ela auch. Aber sie kann mir nicht helfen, sie muss ja den ganzen Tag arbeiten. Ich fühle mich immer noch schwach und müde. Das ist wohl die Leber, und der Appetit ist auch noch nicht da. Ich hoffe, dass alles wiederkommt.

****

Sonntag, 24. März 2002, 20.00 Uhr
Thorsten ist vor einer halben Stunde weggefahren ...
Das Wochenende war nett. Wir waren essen, bummeln in Steglitz und haben lange geschlafen.
Samstag musste ich Papa etwas vorbeibringen, und irgendwie kam es mal wieder zu einem Mords-Krach. Weiß gar nicht mehr, wie es anfing, aber irgendwann brüllten wir nur noch. Er hat schon wieder eigenmächtig etwas zu meinem Auto dazu bestellt, was ihm gefallen hat. Wie immer, ohne mich vorher zu fragen!
Ich hab ihm vorgeworfen, immer alles zu bestimmen, mein ganzes Leben, mein Auto etc. Er brüllte dann, dass ich so nicht gegen ihn vorgehen könnte, und wie enttäuscht er von mir ist. Mama ist ins Schlafzimmer geflüchtet und Thorsten saß stumm auf der Couch. Plötzlich ist alles über mir zusammengebrochen, und ich habe einen Weinkrampf gekriegt. Meine Nerven sind einfach zusammengeklappt; ich konnte nichts dagegen tun. Mama kam dann tatsächlich zu mir auf den Sessel und hat mich ganz doll in den Arm genommen und gedrückt. Das war ein Gefühl wie früher. Wahrscheinlich habe ich das dringend mal gebraucht. Alles war sofort

still, nur ich hab geheult. So was sind sie von ihrer starken, tapferen Tochter nicht mehr gewohnt, aber ich bin schließlich auch nicht unbegrenzt belastbar. Als sich alles etwas beruhigt hatte, haben wir noch relativ normal geredet, aber ich war fertig mit den Nerven. Den ganzen restlichen Tag. Bin früh schlafen gegangen. Thorsten ist mal wieder auf der Couch eingepennt.

Mama war am Dienstag beim Kernspin und Donnerstag beim Professor. Es gab eine relativ gute Nachricht. Man hatte gedacht, dass die Metastasen im Rücken auf irgendwelche Nerven drücken und die schlimmen Schmerzen verursachen. Es ist aber nicht so. Sie sind eher noch kleiner geworden. Also sagt der Professor, dass nur Krankengymnastik gemacht werden muss. Das hat allerdings nichts mit den schlechten Leberwerten zu tun. Es muss weiterhin beobachtet werden, ob es an den Medikamenten liegt. Erst wollten sie sie ins Krankenhaus stecken, zur Leberpunktion. Das muss aber erstmal nicht sein. Ich hatte das Gefühl, dass Mama gleich etwas besser drauf war nach der Nachricht.
Allerdings hat sie letzten Montag neue Schmerztabletten bekommen. Ich war abends noch bis halb sechs da, und kurz nachdem ich ging, hat sie den ganzen Abend gebrochen! Gott, was bin ich froh, dass ich rechtzeitig gegangen bin. Ich steigere mich immer mehr in dieses "Trauma" hinein. Ich kann es einfach nicht ertragen, dass jemand in meiner Gegenwart kotzen muss. Ich träume schon davon. Es ist wie ein Verfolgungswahn.
Ich hoffe, dass die nächste Woche gut läuft, und dass es Mama erträglich hat.
Das Leben ist so traurig. Mit einer Flasche Wein könnte ich das alles besser aushalten. Naja ...

****

Sonntag, 31. März 2002
Mein Rücken ist etwas besser geworden. Mein Appetit auch ein bisschen. Aber ich bin immer noch so luftarm. Ob ich was am Herzen habe?
Ich kann auch gar nicht mehr zunehmen, eher abnehmen. Na gut, ich esse ja auch nicht soviel wie früher. Ist schon alles Mist. Der Professor hat eine Sonografie vom Bauch gemacht und sagt, in der Leber ist nichts. Alle zwei Wochen Blut abnehmen ist angesagt. Wir werden weitersehen. Am schlimmsten ist diese große Traurigkeit, die unser Leben beherrscht.

Ela sollte vor zwei Tagen ihr neues Auto bekommen. Ist nicht angekommen, und Ela und Uli sind sehr enttäuscht. Sie wollte doch Ostern damit fahren, aber nun ist das Wetter doch nicht so schön. Nächste Woche läuft sie ihren ersten Halbmarathon. Sie ist schon ganz aufgeregt. Ich bewundere sie. Was immer sie sich vornimmt, sie zieht es durch.

****

Ostermontag, 1. April 2002, 20.00 Uhr
Gestern habe ich nach dem Laufen den restlichen Tag bei Mama und Papa verbracht. Es gab Rouladen mit Klößen und Rotkohl!!
Mama geht es besser, warum auch immer. Hoffentlich hält es ein bisschen an.

Bin heute den ganzen Tag alleine. Habe fünf Leute angerufen, aber niemand ist da. Tja, Ostern ist eben Familie angesagt. Da hat keiner für mich Zeit.

Sonntag, 14. April 2002, 21.30 Uhr
Mama muss nun doch ins Krankenhaus zur Leberpunktion. Die Blutwerte werden nicht besser. Wahrscheinlich kriegt sie nächste Woche ein Bett. Ich weiß noch nicht genau, wie viel Angst ich habe ...

Ich habe meinen ersten Halbmarathon hinter mir, und es lief recht gut. Aber irgendwie kreisen meine Gedanken nur um Mama, und ich kann mich über keinen Erfolg freuen.

****

Montag, 15. April 2002
Auto ist da, ganz toll!
Elas Halbmarathon ist vorbei, gut geschafft!
Aber mir geht es nicht besser, eher schlechter, und heute erfahre ich, wann ich ins Krankenhaus komme. Vielleicht morgen oder übermorgen. Meine Beine tun so schrecklich weh. Man will also eine Leberbiopsie machen. Habe Angst, will tapfer sein, aber kann bald nicht mehr tapfer sein. Uli ist wieder am Boden zerstört, Ela hat wieder Angst vorm Krankenhaus!
Es regnet, und so kann man nicht mal in den Krankenhauspark. Hoffentlich geht es mir bald besser, und dass sie bald herausfinden, warum meine Leberwerte

so schlecht sind. Ich will doch bald wieder auf den Flohmarkt.

Donnerstag, 18. April 2002
Ich bin schon wieder aus dem Krankenhaus raus. Leberbiopsie gemacht, war nicht schlimm. Professor Keilhammer hat es selber gemacht. Nun warten wir auf das Ergebnis. War nur eine Nacht im Krankenhaus, ein Glück!
Aber meine Beine und Leisten tun mir immer noch weh. Ich hoffe, man erkennt endlich, was ich habe, und man kann mir helfen.

Freitag, 19. April 2002
Gestern rief mich Professor Keilhammer an. In der Leber habe ich nichts, außer sie ist vom Aromasin vergiftet. Ich soll 14 Tage lang kein Aromasin mehr nehmen, dann werden wir sehen. Es gibt angeblich auch Ersatzmedikamente. Jedenfalls bin ich froh, dass nichts Schlimmes ist. Nun wird es mir bestimmt bald besser gehen.

Donnerstag, 25. April 2002
Ich werde immer schwächer. Und diese verrückten Schmerzen! Jetzt habe ich von Dr. Mönch neue Tropfen, die aber noch nicht wirken. Dafür ist mir im Magen schlecht. Außerdem sollen meine Schmerzen eine andere Ursache haben, sagt man. Hat mit Lymphbahnen, Venen usw. zu tun. Jetzt fange ich bei der Kran-

kengymnastik eine lange Therapie an. Hoffentlich hat er Recht und das hilft.

****

Freitag, 26. April 2002, 20.30 Uhr
Wieder eine schwierige Zeit. Mama war letzte Woche Dienstag und Mittwoch im Krankenhaus. Die Leberpunktion war gar nicht so schlimm, und das Ergebnis war gut. Kein Krebs in der Leber!
Aber nun kann es nur noch das Aromasin sein, was die Leber vergiftet. Es wurde gleich abgesetzt. Und nun? Wie geht's weiter ohne ihr Wundermedikament? Die Schmerzen in den Beinen werden einfach nicht besser. Es ist schrecklich, immer hören zu müssen, dass sie solche Schmerzen hat. Das macht mich fertig. Ich bin sowieso völlig danieder. Letzten Sonntag hatte ich plötzlich ganz schlimme Schwindelanfälle und heftige Übelkeit. Papa hat gerade mein Auto gewaschen, und ich wollte eigentlich danach laufen gehen.
Konnte nur liegen; es ging mir richtig schlecht. Seitdem fühle ich mich noch immer wie benebelt, fast wie betrunken. War Donnerstag bei meiner Ärztin, weil es nicht besser wurde. Sie hat mir Blut abgenommen und mich gleich zur Neurologin geschickt. Keine Ahnung, was das ist. Nun muss ich nächsten Freitag zum MRT vom Kopf. Na klasse.

Lämmi macht mir auch schon wieder Sorgen. In den letzten zwei Tagen hat er gebrochen, und auch heute schon vier oder fünf Mal. Ich bete, dass er nicht krank ist. Das hält ja langsam kein Mensch mehr aus. Könnte heulen.
Papa macht mich komplett wahnsinnig mit seiner übertriebenen Fürsorge. Macht sich ins Hemd, weil ich nun auch

mal was habe. Mit theatralischer Stimme fragt er mir Löcher in den Bauch. Mein Gott, so schlimm ist es nun auch wieder nicht.
Thorsten habe ich Mittwoch davon erzählt. Auch, dass ich zum Arzt gehe. Aber er fragt nicht mal nach, was dabei raus kam. Natürlich nicht. Thorsten eben.
Mein Augenlid zittert die ganze Zeit und ich fühle mich so kaputt. Ich halte es schwer ohne Alkohol aus, aber ich halte es aus. Darauf kann ich wohl stolz sein!! Und dabei möchte ich nichts lieber, als mich endlich zu betäuben.
Bin ich extrem selbstmitleidig oder was? Würden andere das alles besser aushalten? Bin ich so schwach? Warum habe ich nur andauernd ein schlechtes Gewissen? Das habe ich ja schon, wenn ich meinen Eltern erzählen muss, dass ich auch mal krank bin. Dass sie sich wieder Sorgen um mich machen müssen. Dabei ist doch gar keine Panik angesagt.
Müsste noch duschen. Ach, wozu? Wer riecht mich denn schon?

Sonntag, 5. Mai 2002, 19.35 Uhr
Freitag war ich beim MRT. Es war schrecklich in dieser Röhre! Die Ärztin hat sich dann noch lange mit mir unterhalten, einfach so. Im Kopf ist nichts zu erkennen, was krank sein könnte. Dachte ich mir. Vielleicht ist es ja doch nur der Stress?!
Der Schwindel ist endlich vorbei und kommt hoffentlich nicht wieder. Das war echt scheußlich.
Mamas Schmerzen sind immer noch nicht besser. Nun ist sie beim Physiotherapeuten zur Behandlung, weil das ganze wohl von einem Lymphstau auf der operierten Seite kommen

soll. Hoffentlich hat der wenigstens recht mit der Diagnose. Es soll endlich besser werden, verdammt!

****

Montag, 6. Mai 2002
Meine Beine tun immer mehr weh. Zweimal war ich zur Therapie. Ich glaube nicht, dass es mir helfen kann.
KEIN Schmerzmittel hilft. Ich kann gar nicht beschreiben, wie verzweifelt ich bin. Jetzt sitze ich hier und warte, dass mir Professor Keilhammer die letzten Blutwerte durchsagt. Hoffentlich sind die wenigstens besser. Ich würde sofort ins Krankenhaus gehen, wenn man mir helfen könnte. Jetzt kommt der Sommer, ich kann nicht spazieren gehen, nicht auf den Flohmarkt, nichts unternehmen …
Wenn es doch bloß ein bisschen besser werden würde, wäre ich schon so dankbar. Aber meine Hoffnung schwindet immer mehr.

Freitag, 10. Mai 2002
Ich werde immer schwächer. Gestern waren wir Boot fahren auf dem Schlachtensee, aber alles hat mich so angestrengt. Es wird dringend Zeit, dass dem Professor etwas einfällt mit mir. Langsam bekomme ich Angst. Was soll das werden? Ich gehe jetzt zur Infusion zu Dr. Keitel. Mein Knie tut so weh, aber in der Leiste ist es etwas besser. Hoffentlich kann mir in der Richtung einer helfen. Immer Schmerzen zu haben ist so grausam. Ich kann niemandem sagen, wie froh ich

bin, dass ich Uli habe. Er ist so lieb und geduldig, alles macht er mit ohne zu mosern. Ich wäre ohne ihn verloren. Ich kämpfe ja auch bloß für ihn und für Ela, dass mein Leben weiter geht. Sonst ….

Samstag, 18. Mai 2002
Am 16. Mai habe ich drei Blutbeutel bekommen. Ich lag fünf (!) Stunden auf einer furchtbar unbequemen Liege im Klinikum, und dadurch ist mein Bein, was schon besser war, wieder so schlecht geworden. Ich habe solche hundsgemeinen Schmerzen! Ich weiß nicht, wie lange das noch gehen soll. Ich bin zermürbt und fast ohne Hoffnung.
Was mit meiner Leber ist, weiß Professor Keilhammer auch noch nicht. Die Werte steigen ständig. Ich mag auch nicht essen, auch nicht trinken, ich fühle mich so schlecht.
Es soll noch mal eine Knochenmarkpunktion gemacht werden. Aua! Ich habe Angst, dass ich wieder Chemo bekomme. Oh Gott, womit habe ich das alles verdient?

****

Dienstag, 21. Mai 2002, 15.30 Uhr
Montag vor einer Woche habe ich Thorsten geschrieben, dass ich mir eine Auszeit von ihm nehme. Ich brauch eine Pause. Was verliere ich schon? Es ändert sich doch überhaupt nichts. Er hat natürlich überhaupt nicht reagiert seitdem.

Kein Mucks. Hatte ich etwas anderes erwartet? Nicht wirklich …
Ich warte jetzt erstmal ab, wie ich zurecht komme.
Die Arbeit kotzt mich so an. Ich bin so unzufrieden. Nichts klappt, nichts funktioniert, und ich bin wie immer die Verantwortliche.
Mama ging es schon ein bisschen besser, aber nachdem sie letzte Woche bei der Bluttransfusion drei Stunden auf einem Sessel ganz abgeknickt sitzen musste, ist das Bein wieder viel schlimmer geworden. Nun können sie wieder von vorne anfangen. So eine Scheiße!
Und die Leberwerte steigen weiterhin, auch ohne Aromasin. Es ist entsetzlich. Niemand weiß bisher, was die Leber schädigt. Bald muss sie wieder zum Professor. Ich bete so sehr, dass es noch eine Lösung gibt. Ich bin oft verzweifelt in der letzten Zeit, weine oft. Wie soll es bloß weitergehen?

****

Dienstag, 28. Mai 2002

Meine Leberwerte steigen und steigen. Ich muss warten, bis Professor Keilhammer wiederkommt. Und mein Bein tut so weh! Ich war jetzt damit bei einer Neurologin, die hat gesagt, dass das die Nerven sind, die sind gestört. Sie hat mir Tabletten gegeben, die müde, schwindlig, Durchfall machen. Leber, Blut, Knochen krank machen. Das kann ich doch nicht nehmen!
Bei der CT war ich auch. Der Arzt konnte nichts Besorgniserregendes sehen, außer Wasseransammlungen im Bauch. Der Physiotherapeut sagt, ich habe Stauun-

gen im Bauch, aber wir kriegen das hin! Aber ich habe solche Schmerzen. Ich weiß nicht, wie lange ich das noch ertragen kann. Heute habe ich wieder kaum geschlafen. Ich habe keinerlei Lebensfreude mehr. Und mein armer Uli und meine Ela müssen das nun immerzu sehen. Lieber Gott, warum hilfst Du mir nicht ein bisschen?

Dienstag, 4. Juni 2002
Meinem Bein geht es noch nicht besser, trotz 13 Mal Osteopathie. Jetzt war ich sogar beim Gynäkologen im Klinikum, weil ich Wasser im kleinen Becken habe. Was soll das nun wieder? Weiß man auch nicht, woher, muss beobachtet werden. Nichts weiß man! Nichts!

Morgen bin ich beim Professor. Da werde ich hören, was er vor hat, irgendwas muss ja geschehen. Dieses Nichtwissen macht mich verrückt.

Sonntag, 16. Juni 2002
Ich kann bald nicht mehr!
Meine Leberwerte steigen weiter. Mir ist übel. Ich habe keinen Appetit, keinen Durst, fühle mich schwach und antriebslos. Das Bein bringt mich zum Wahnsinn. Ich glaube auch nicht mehr an diese Osteopathie.

Am Mittwoch sind wir beim Professor. Irgendetwas muss er machen, sonst werde ich noch verrückt. Wenn ich etwas tue, zittern meine Hände und mein Körper. ICH – KANN – NICHT – MEHR!
Bald werden alle die Geduld verlieren. Uli tut mir so leid, er muss das immer mit ansehen. Ela ist ja nicht oft da. Sie muss ja arbeiten. Aber Uli verliert nie die Geduld. Ich bewundere ihn. Ich liebe ihn dafür umso mehr.

Dienstag, 25. Juni 2002
Immerzu werde ich vertröstet: In 14 Tagen, wir wollen noch warten, das wird schon…
Jetzt will der Professor mich in die Neurologie ins Klinikum schicken, und dann wegen des Beines in die Schmerztherapie. Aber ich warte schon wieder und habe Schmerzen. Etwas besser ist das Bein sogar, aber immer noch schlimm genug. Wir machen auch Gymnastik zu Hause. Aber es geht so langsam, und ich leide. Das linke Bein ist schon ganz dünn und schwach. Der Sommer geht dahin, ich kann nicht auf den Flohmarkt gehen, weil ich zu schwach bin.

Lämmi hat Wasser im Bein. Mein Gott, jetzt fangen die beiden Kater aber an zu kränkeln. Bleibt noch ein bisschen bei uns, ihr beiden!

****

Sonntag, 30. Juni 2002, 19.55 Uhr
Vorgestern bin ich 35 geworden. Der Tag war nicht so besonders. Habe gearbeitet, danach war ich schnell beim Friseur, dann bei den Eltern, und abends mit Heiko im Sala Thai essen. Um 9.30 Uhr hat Thorsten sich nach acht Wochen gemeldet!! Er wollte noch mal über alles reden, und ich schlug vor, dass er mich Samstagnachmittag anruft. Das tat er auch tatsächlich. Kurz und gut, wir haben über drei Stunden telefoniert, aber ein richtiges Ergebnis gab es nicht. Er will mal wieder nicht, dass es vorbei ist, er hat mich lieb und so weiter, bla bla.
Nun will er sich irgendwas Tolles einfallen lassen, um mich zu überzeugen. Jedenfalls haben wir bisher kein neues Treffen ausgemacht. Ich warte jetzt einfach mal ab.

Mama hält sich so auf demselben Level, es gibt keine Fortschritte. Es wird aber auch nicht schlimmer.

****

Donnerstag, 4. Juli 2002
Gestern waren wir wieder bei Professor Keilhammer. Er ist zu dem Entschluss gekommen, dass Tumorzellen an den Nerven zu meinem Bein fressen, also bekomme ich morgen die erste Chemotherapie. Aber ohne Haarausfall. Sagt er.

Vor Schmerzen werde ich bald verrückt. So schlimm war es vor zwei Jahren nicht. Krankengymnastik abgesagt. Tag und Nacht habe ich Schmerzen, ich weiß nicht, wie ich die Tage überstehe, aber durch die Chemo sollen die Schmerzen weggehen.

Sie wird im Krankenhaus ambulant gemacht. Lieber Gott, hilf mir bald, ich weiß nicht mehr, was ich machen soll!

Ralph ist wieder nach Berlin gezogen, in die Nähe von Rosi. Übermorgen ist Einweihungsparty im Haus, denn Tine ist ja auch noch zu Besuch in Berlin.
Uli hat doch wieder einen Job beim Fußball, beim SVV. Ich bin froh, dass er nicht immer bei mir hockt, das ist ja langweilig. Heute haben wir erfahren, dass Uli den Erbschein von Hansi bald bekommt. Na, wenigstens eine gute Nachricht!

****

Sonntag, 7. Juli 2002, 19.45 Uhr
Seit Freitag kriegt Mama nun wieder Chemos …

Sie wissen nicht mehr weiter, und können es sich nur so erklären, dass die Metastasen auf irgendwelche Nerven drücken und die Schmerzen verursachen. Nebenwirkungen spürt sie zum Glück bisher keine. Hoffentlich bleibt das so, und hoffentlich bringt das nun endlich Erfolg! Es ist alles so furchtbar …
Gestern waren wir bei Ralph und Gunhild zum Grillen eingeladen. Sie sind wieder nach Berlin bzw. nach Kleinmachnow gezogen. Es war ganz schön, aber ich hatte die ganze Zeit Angst um Mama und hab sie immer nur beobachtet. Es ist aber alles gut gegangen.

****

Dienstag, 9. Juli 2002
Heute ist es heiß, mir ist nicht gut. Uli ist arbeiten. Mein Bein tut so weh, ich werde bald verrückt. Die erste Chemo habe ich hinter mir. War nicht schlimm, habe bloß tagelang gefroren. Ich fühle mich schwach und zittrig. Wahrscheinlich ist mein Blut wieder nicht gut genug. Ich liege die ganzen Tage auf der Couch. Wenn es doch in allem ein klein wenig besser werden würde! Ich könnte den ganzen Tag weinen, so fertig bin ich schon.
Bei Ralph war es sehr nett, und das Haus ist hübsch. Habe ein Gedicht gefunden:

Lebenszeichen

Liebe deine Angst –
Sie will dein Leben bewahren.
Angst ist wie ein treuer Freund –
Er sagt immer die Wahrheit.
Angst ist dein Denkmal –
Denk-mal was nicht stimmt.
Angst ist ein Zündfunken –
Es macht dir Feuer unterm Hintern.
Angst ist ein guter Ratgeber –
Tue endlich etwas, was die Gefahr verringert.
Angst ist ein Teil von dir –
Ein Lebenszeichen!
Angst ist dein Gefühl –
Es weckt dich auf, macht dich lebendig.
Angst ist dein Lebensretter –
Beweis, dass du am Leben hängst.

Mittwoch, 24. Juli 2002
Morgen die zweite Chemo! Hoffentlich werde ich nicht noch schwächer. Ich kann mich kaum auf den Beinen halten. Ich bekomme jetzt jede Woche eine Spritze, die mich und mein Blut aufbauen soll. Ist dringend nötig! Heute tut mir mein Bein besonders weh. Was soll ich bloß machen?
Nur die Hoffnung auf Besserung hält mich hoch. Uli tut mir so leid. Alles muss er jetzt machen und NIE meckert oder jammert er. Hätte ich ihm nie zugetraut. Ich liebe ihn jeden Tag mehr dafür.

****

Freitag, 2. August 2002, 12.00 Uhr
Seit Montag habe ich Urlaub, und seit Dienstag bin ich krank!
Ein ganz fieser Magen-Darm-Virus hat mich wieder erwischt und niedergestreckt. Ich hab's gerade noch in die Wohnung geschafft, dann ging es los. Erbrechen, Durchfall, Fieber, Schüttelfrost. Horror! Heute ist der erste Tag der Besserung. Habe schon zwei Toasts mit Marmelade gegessen. Scheiß-Urlaub.
Mittwoch war ich den ganzen Tag bei Mama und Papa. Hab mich ein bisschen pflegen lassen. Hab im Ehebett gelegen, und Mama hat mir Tee gemacht. Wie früher als Kind. Das war schön.
Und dort war es kühler als bei mir unterm Dach. Zum Glück hat es gestern endlich geregnet.
Mama hat gerade neues Blut bekommen und ist gleich besser drauf. Die Schmerzen werden auch etwas besser! Nur muss sie sehr aufpassen, dass sie nicht krank wird, weil ihre Leu-

kozyten im Keller sind. Ich hatte schon solche Angst, dass ich sie angesteckt haben könnte.

****

Freitag, 9. August 2002
Jetzt wird mein Bein langsam besser. Nach der Blutübertragung geht es auch besser. Aber wie lange? Meine Blutwerte sind so schlecht, dass ich nächste Woche keine Chemo bekomme. Außerdem fallen mir doch die Haare aus. Scheiße!
Die Chemo darf aber nicht abgesetzt werden. Sie wird nur etwas verschoben.

Seit gestern ist Gisela im Krankenhaus. Es geht ihr nicht gut mit dem Herzen. Hoffentlich wird es bald besser.

Ela hat ihren Urlaub mit einer Magen-Darm-Grippe verbracht. Das arme Mädel. Hat auch nicht viel vom Leben. Sogar ihr geplantes Wellness-Wochenende ist ausgefallen. Susi hat kurzfristig abgesagt.

****

Donnerstag, 15. August 2002, 17.25 Uhr
Überraschung: Das kommende Wochenende verbringe ich mit Thorsten im Hotel. Und zwar in Potsdam. Es war meine Idee; er wollte mich unbedingt wieder sehen, und ich wollte einfach nicht, dass er zu mir nach Hause kommt,

sondern dass wir uns auf neutralem Boden treffen. Nach über 3 ½ Monaten!
Freue mich sehr darauf. Bin aufgeregt und habe Kribbeln im Bauch. Wie am Anfang!

Mamas Leberwerte und die Schmerzen werden immer besser. Leider gehen ihr nun doch ziemlich die Haare aus. Hoffentlich nicht ganz!

Samstag, 24. August 2002, 22.05 Uhr
Das Wochenende mit Thorsten war traumhaft! Rundum gelungen. Es war aufregend, sich in einem Hotel zu treffen … Er war zuerst da und machte mir die Tür zum Zimmer auf. Es war so vertraut und gleichzeitig auch so neu.
Wir haben viele schöne Dinge gemacht, viel geredet und uns Zeit genommen. Er hat sich sehr um mich gekümmert. Wir haben fein gegessen, waren in der Sauna, spazieren, Kaffee trinken, haben einen Ausflug nach Caputh gemacht, ich hab mich massieren lassen, und auch die Nächte waren grandios!
Der ganze Spaß hat ihn 360,- Euro gekostet, ha!
Am Sonntagmorgen sind wir kurz zu mir gefahren und nach einem Kaffee sind wir weiter nach Diedersdorf gefahren, weil ich wusste, dass Mama, Tante Rosi, Ralph und Gunhild auch dort waren. Wir haben sie auch gleich gefunden und saßen mit der Decke auf der Wiese und haben gepicknickt. Das war richtig schön.
Es ist schon erstaunlich, wie er sein kann, wenn er sich bemüht … In zwei Wochen kommt er wieder. Nun geht also alles von vorne los …

****

Donnerstag, 29. August 2002

Gisela ist schon lange wieder zu Hause. Es geht ihr besser.

Ich habe heute nach fünf Wochen die dritte Chemo bekommen. Am Montag bekomme ich neues Blut, HB-Werte 8,6 heute.

Aber ich habe in letzter Zeit schon wieder mehr unternommen. Meine Leberwerte und auch andere Blutwerte sind besser geworden, also schlägt die Chemo an. Dafür verliere ich immer mehr Haare. Vorn ist es schon ganz dünn. Aber was soll's! Durch muss ich wieder ganz allein. Jedenfalls sind die Schmerzen im Bein nicht mehr so furchtbar schlimm. Trotzdem hoffe ich, es wird noch besser werden.

****

Sonntag, 1. September 2002, 20.10 Uhr

Heute ist ein schöner Tag!

Mama geht es besser, obwohl sie letzten Donnerstag die dritte Chemo hatte. Sie ist wieder richtig viel unterwegs und hat wieder mehr Lebensqualität. Das ist soooo schön! Demzufolge habe ich momentan auch einige Sorgen weniger.

Weil Mama morgen neues Blut kriegt, kommt sie zum Halbmarathon am Sonntag auch auf jeden Fall mit. Das finde ich total schön! Und Thorsten kommt auch. Wie herrlich.

Sonntag, 29. September 2002, 20.35 Uhr
Der Halbmarathon lief klasse. Es war ein traumhafter, warmer Tag mit Mama, Papa und Thorsten. In der Zwischenzeit ist nicht so viel passiert, aber am Mittwoch habe ich erfahren, dass ich zwei Bandscheibenvorfälle an der Halswirbelsäule habe. Hatte schon vier Wochen Schmerzen und bin dann endlich zum Arzt gegangen. Nun habe ich eine Halskrause, die ich täglich ein paar Stunden tragen soll (entsetzlich!), Tabletten (auf die ich erstmal verzichte) und 10 x ambulante Reha verordnet bekommen. Momentan habe ich Urlaub. Schlimmstenfalls werde ich wochenlang krankgeschrieben sein, denn die Reha dauert immer 4 Stunden, und wie soll ich das mit der Arbeit vereinbaren?
Mama ist weiterhin stabil. Das allein tröstet mich.

****

Dienstag, 8. Oktober 2002
Mein Bein ist nicht besser geworden, und der Professor sagt, das sei die Schleimbeutelentzündung. Ich habe die vierte Chemo weg. Es geht mir eigentlich ganz gut, aber wenn die Hb-Werte sinken, geht es eben nicht mehr so gut.

Dafür hat Ela in der HWS einen Bandscheibenvorfall, der sie sehr behindert und weh tut. Wird eine langwierige Sache werden. Und sie ist ja dann auch gleich immer so ungeduldig. Naja, wem passt schon eine Krankheit!?

****

Donnerstag, 24. Oktober 2002, 20.20 Uhr
Ich bin seit drei Wochen krankgeschrieben. Und ausnahmsweise habe ich gar kein schlechtes Gewissen dabei. Fünf Mal war ich schon bei der Reha, und das ist unglaublich anstrengend. Es ist schon etwas besser, aber ich kann mir nicht vorstellen, 10 Stunden am Tag am PC zu sitzen.
Abends plagt mich meist die Einsamkeit. Thorsten benimmt sich nicht so, wie ich es mir wünschen würde. Er sagt immer nur, er hat keine Zeit, keine Zeit ...

Heute war ich bei den Eltern. Es war sehr unerfreulich. Wieder eine bekloppte Diskussion mit Papa. Ich hatte letztens bei einem Gespräch erwähnt, dass ich einfach nichts Schönes in meinem Leben habe, und dass es mir völlig wurscht wäre, ob ich morgen wieder aufwache oder nicht. So ist es auch. Was hab ich denn zu verlieren? Was sollte ich vermissen?
Daraufhin sagte er heute, der einzige Grund, warum ich so was sagen kann, ist, dass es mir einfach zu gut geht! ZU GUT! Ich fühle mich so dermaßen unverstanden von ihnen. **Genau wie früher, wie eigentlich immer. Warum versteht nur niemand meine Sorgen und Nöte und Ängste? Nur weil ich körperlich keine Krankheit vorweisen kann (außer einem lächerlichen Bandscheibenvorfall)? Weil ich ein tolles Auto habe? Und eine nette Wohnung? Deswegen geht es mir gut? Mir geht es beschissen. So, dass ich oft genug daran denke, wieder zu saufen. Gott sei Dank tue ich es nicht. Hat überhaupt jemand eine Ahnung, wie viel Kraft mich das manchmal kostet?????**
Bin traurig. Mir geht dieser Satz nicht aus dem Kopf.

****

Donnerstag, 24. Oktober 2002
War gestern wieder im Klinikum. Die Blutwerte werden langsam immer besser, bloß mein Bein tut noch weh. Ich glaub nicht, dass das eine Schleimbeutelentzündung ist.
Ela war heute hier. Sie ist immer noch krankgeschrieben mit ihrem Hals und hat wieder so eine depressive Phase. Dann sind wir immer ganz hilflos. Was sollen wir machen? Wenn ihr doch bloß einer helfen könnte oder sie einen lieben Lebenspartner fände!

Freitag, 8. November 2002
Heute wäre unsere Mutti 96 Jahre alt geworden.
Gestern hatte ich meine fünfte Chemo. Die Blutwerte werden immer besser, aber mein Bein nicht. Zwei Monate nach der letzten Chemo kann man erst was mit dem Bein machen. Muss ich noch lange leiden, oje!
Ela ist heute wieder arbeiten gegangen, aber sie hat noch große Schmerzen. Das ist noch lange nicht gut.

****

Sonntag, 17. November 2002, 20.25 Uhr
Die letzten Wochen waren nicht so klasse. Ich war insgesamt fünf Wochen krankgeschrieben. Seit einer Woche gehe ich wieder arbeiten, und jetzt ist Heiko krank. Wieder

allein ... Die Arbeit ist zum Kotzen und überfordert mich total. Ich hasse es so.
Mama geht es soweit relativ gut. Den letzten Sonntag haben wir komplett zusammen verbracht. Wir waren auf dem Flohmarkt, dann im Messalina essen und danach im Steglitzer Heimatmuseum. War richtig nett.
Meinem Nacken geht es besser. Und Freitag kommt Thorsten!

****

Donnerstag, 5. Dezember 2002
Nächste Woche bekomme ich meine letzte Chemo, und dann kann im Januar endlich etwas mit meinem Bein gemacht werden. Es tut mir immer noch höllisch weh. Vielleicht muss der Schleimbeutel sogar operiert werden. Ist egal, Hauptsache mir wird geholfen. Meine Blutwerte werden immer besser, ich brauche keine Blutübertragungen mehr. Hoffentlich bleibt es so. Seit zehn Monaten habe ich keinen Tag gehabt ohne Schmerzen.

Am 29. November hat Jens wieder geheiratet. Das hat Ela doch ganz schön berührt, auch wenn sie ihn nicht mehr will.
Bald ist Heilig Abend. Dieses Jahr kann ich knicken, es war mit das schlimmste Jahr meines Lebens.
Hiermit will ich Uli danken, dass er mir so lieb zur Seite gestanden hat.

Samstag, 14. Dezember 2002
Ich habe heute meine letzte Chemo bekommen. Danach wurde mein Bein besonders schlimm. Es tut so weh, und ich muss noch bis Mitte Januar warten, bis man sich damit beschäftigt. Die Praxis von Professor Keilhammer ist ins Vorderhaus umgezogen, da ist mehr Platz.
Mein Gott, warum muss ich soviel Schmerzen erleiden? Und hoffentlich ist es wirklich nur ein Schleimbeutel!

****

Montag, 23. Dezember 2002, 20.05 Uhr
Fast schon Weihnachten ...
Die letzte Zeit war hektisch, stressig und doof.
Mama geht es ganz gut. Gott sei Dank ein Weihnachtsfest ohne Panik.
Thorsten kommt Samstag oder Sonntag, und für Silvester hat er sich was Tolles einfallen lassen. Wir verbringen die Nacht in Berlin-Mitte, im Hotel "Westin Grand".

****

Freitag, 27. Dezember 2002
Weihnachten ist schon vorbei. Heilig Abend war sehr schön, und ich habe alles geschafft, wenn es mich auch sehr angestrengt hat. Am ersten Feiertag waren wir essen, aber alles war schrecklich. Der Tisch, das

Essen, und Ela hatte wieder einen depressiven Tag. Es war furchtbar belastend und traurig.
Bald kann ich mit meinem Knie zum Arzt. Hoffentlich kann man mir bald helfen. Ich bin nach einem Jahr Schmerzen langsam zermürbt. Und so sehe ich auch aus. Unser kleiner Chico wird auch immer klappriger. Hoffentlich bleibt er uns noch eine Weile erhalten.

Kapitel 7 – 2003
"Ich glaube,
das ist der Anfang vom Ende"
****

Donnerstag, 2. Januar 2003
Nun haben wir das neue Jahr.
Hoffentlich wird es besser für mich. Ich fühle mich irgendwie nicht gut, wieder so appetitlos. Muss erst am 8. Januar wieder zum Professor. Hoffentlich sind die Blut- und Leberwerte ok. Manchmal fühle ich mich so traurig und depressiv, und wenn ich allein bin, gestatte ich mir zu weinen. Habe heute den Baum und den Weihnachtskram rausgeworfen, ist mir sehr schwer gefallen.

****

Sonntag, 12. Januar 2003, 20.00 Uhr
Neues Jahr – neues Glück ... Das schreibe ich jedes Mal, oder?
Gott sei Dank ist der ganze Rummel ausgestanden. Der 1. Weihnachtsfeiertag war furchtbar im Messalina. Hatte plötzlich schreckliche Platzangst, weil es so voll dort war und wollte nur noch raus. Wir sind dann auch ziemlich schnell gegangen, aber für mich war der Tag gelaufen. Konnte keinen Menschen mehr ertragen, bin zwei Tage nirgendwo hingegangen. Habe viel geweint und war verzweifelt. Konnte auch nachts nicht schlafen und hatte nur noch Angst. Ich wünschte so sehr, ich könnte mich wie früher betäuben!

Silvester war auch ein Reinfall. Das Zimmer im Hotel war nicht fertig, nirgends gab es was zu essen (geschlossene Gesellschaft!), der Wellness-Bereich war zu, unseren Wagen hat man in der Garage nicht wieder gefunden etc. Draußen "Unter den Linden" war der totale Krieg. So schlimm habe ich mir das nicht vorgestellt. Eine Million Menschen, Böller wurden auf einen geschmissen, die meisten waren besoffen, alles war furchtbar. Hatte wirklich Angst!
Meine Wochenenden bestehen weiterhin aus Eltern, Laufen und Putzen.

****

Freitag, 24. Januar 2003
Mein Appetit ist wieder da. Die Blutwerte sehen auch gut aus. Aber mein Bein tut weh, weh, weh …
Die MRT der Hals- und Lendenwirbelsäule ist gemacht; das soll nicht schuld sein an meinen Beinschmerzen. Am Montag bin ich beim Neurologen. Da werden die Nerven gemessen. Dann gibt es nur noch eine MRT des Beines, und dann ist alles durch. Hoffentlich finden sie etwas, und man kann mir endlich helfen. Ich bin manchmal zu müde zum Kämpfen und zum Leiden. Und glaubt mir, wenn ich einmal sterben sollte, habe ich für meine Begriffe genug gelitten.

Mittwoch, 5. Februar 2003
Der Neurologe hat eine Nervenschädigung festgestellt, aber er weiß nicht, woher die kommt. Daher waren wir gestern zur MRT des kleinen Beckens.

Aber daher kommt es auch nicht. Aber ich habe nun mal diese Schmerzen! Vielleicht noch das Knie untersuchen, und dann …
Ob ich jemals noch ohne Schmerzen sein werde?

Dienstag, 11. Februar 2003
Also, die Neurologen und Professor Keilhammer sind der Meinung, dass ich eine chronische Nervenentzündung im Bein habe und eine Vitamin B12-Kur machen soll. Das dauert aber Wochen, bis sie anschlägt. Alle MRT's haben nichts Besonderes gebracht; sie haben nur die Metastasen sichtbar gemacht, aber die kenne ich ja. Ich muss froh sein, dass man keinen Tumor oder neue Metastasen festgestellt hat. Ich bin erleichtert und ein bisschen geschockt, dass ich noch solange mit Schmerzen leben muss. Wenn sie bloß nicht noch schlimmer werden! Nun muss ich nur noch mein jährliches Knochenszintigramm machen.
Heute haben wir das Wohnzimmer und das kleine Zimmer mit neuem Teppichboden auslegen lassen. Zum Glück ist es fertig, es grault mich jedes Mal vor großen Arbeiten. Aber Uli hat fast alles allein gemacht, er war sooooo fleißig!

Donnerstag, 27. Februar 2003
Das Knochenszintigramm hat gezeigt, dass die Metastasen durch die Chemo besser geworden sind. Ein Glück!
Gestern waren wir beim Professor Keilhammer, und er schickt mich jetzt in die Schmerztherapie. Hoffent-

lich bekomme ich bald einen Termin und es hilft, bis das Vitamin B12 auch hilft. Dann kann man die Therapie wieder absetzen.

Übrigens geht Uli wieder zum BSV 94. Ich freue mich, vielleicht hat er dort nicht soviel Ärger, und es ist nur um die Ecke.
Eines Tages wirst Du dieses Tagebuch lesen, Uli, und ich will Dir nur sagen, wie sehr ich Dich liebe für das, was Du für mich bist. Gott möge Dich schützen, damit Dir nichts passiert. Ohne Dich bin ich verloren.

****

Samstag, 8. März 2003, 20.10 Uhr
Viel Neues gibt es nicht. Seit knapp zwei Monaten nehme ich so ein Antidepressivum, das mir offenbar hilft. Ich kann jetzt wieder schlafen.
Mama war letzte Woche in der Schmerztherapie, weil die Nervenenden an ihrem Bein immer schlimmer schmerzten. Nun hat sie jede Menge Medikamente bekommen und seit zwei bis drei Tagen geht es ihr tatsächlich endlich besser. Mit dem Magen verträgt sie sie zum Glück auch endlich mal. Nun dürfen diese Tabletten bloß nicht wieder das Blut angreifen, das wäre natürlich eine Katastrophe! Ihre Haare sind auch schon wieder viel voller und sie fühlt sich halbwegs wohl. Sagt sie. Hoffentlich bleibt das ganz lange so. Immer dieser verfluchte Angst ...

****

Donnerstag, 13. März 2003
Heute waren wir in der Schmerztherapie. Das zweite Mal! Die Tabletten, die ich bekomme, haben schon geholfen, aber es ist ja nur eine Betäubung, keine Heilung. Dass mein Bein so schwach ist, wird wohl so bleiben, hat die Ärztin heute gesagt. Da kann ich nur beten, dass es nicht schlimmer wird. Ich habe immer gebetet, dass es besser wird. Wie verwegen von mir! Ich muss doch laufen können, wie soll ich sonst meine drei Treppen rauf kommen? Wenn ich bloß etwas selber machen könnte! Was für ein Leben! Für alle, die mich lieben.
Die Leberwerte sind wieder gestiegen. Mal sehen, was Professor Keilhammer dazu sagt am nächsten Mittwoch. Letzten Mittwoch war er im Urlaub. Oh Gott, ich mag nicht wieder Chemotherapie. Hilfe!

Sonntag, 16. März 2003
Uli hat heute Geburtstag, er ist noch beim Fußball. Ela hatte heute einen 10 km-Lauf. Und ich bin eben von der Leiter im Schlafzimmer gefallen und habe mich nur am Rücken gestoßen. Gott, ich danke Dir, dass nichts passiert ist. Aber was machst Du mit meinem Bein? Es ist einfach weggeknackt. Bitte, lass nicht zu, dass es gelähmt wird, oder willst Du auf meinen Krebs noch einen draufsetzen? Bitte, bitte, sei nicht so grausam!

Freitag, 11. April 2003
Die Tage gehen so dahin, einer ist besser, einer ist schlechter. Heute war ein schlechter. Meine Leberwerte steigen ständig, was wird daraus? Uli hat jetzt viel beim Fußball zu tun. Rosi hat so mit ihrer Haut zu tun, sie wird auch bald verrückt vor Jucken. Auch da kann man nicht helfen. Mensch, das Leben ist schwer!

****

***Ostermontag, 21. April 2003, 18.20 Uhr** *
Das waren gute Osterfeiertage bei tollem Wetter. 20°C und Sonne. Heute war ich beim Osterbrunch bei Yvonne, meiner Lauffreundin. War sehr nett. Danach bin ich ein bisschen im Cabrio spazieren gefahren. Gestern war ich mit den Eltern auf dem Flohmarkt bummeln. Danach sind wir ins Café gegangen. Abends bin ich noch 25 km gelaufen.
Mama hält sich momentan ganz wacker. Mit Thorsten läuft es einigermaßen.
Die Arbeit wird einfach nicht besser. Die Tage sind endlos lang, ohne Ergebnis, nur Gemecker, Stress, Hektik.
Am 16. Juni fahre ich mit Yvonne nach Andalusien!! Freue ich. War eine spontane Idee. Endlich mal wieder Urlaub, Sonne, Strand und Meer.
Ob ich wohl eine Woche nicht an Krankheit, Kummer und Angst denken kann?

****

Donnerstag, 24. April 2003
Am 22. April habe ich mir schwer meinen Fuß bei der Gymnastik verletzt. Das kranke Bein ist mir einfach weggeknackt. Im Krankenhaus haben sie nach dem Röntgen gesagt, es sei nichts gebrochen, und auch sonst sei es nichts Ernstes. Kühlung und Ruhe ist alles. Flohmarkt am Sonntag fällt aus, ich kann ja kaum laufen.
Mein armer Uli tut mir leid, jetzt hat er noch mehr auf dem Hals. Ich habe solche Angst, dass das wieder passiert, dass ich eines Tages gar nicht mehr laufen kann. Das Bein wird seit Weihnachten immer schwächer. Wie soll es mit mir weitergehen?

Samstag, 26. April 2003
Mein Fuß ist noch keinen Deut besser. Es macht mich verrückt, dass Uli alles machen muss. Er ist schon total überfordert. Ich bin so unglücklich, ich kann das gar nicht beschreiben.

Freitag, 2. Mai 2003
Mein Fuß tut noch mächtig weh, und ich habe ewig Angst, umzuknicken. Beim Sturz muss ich mir auch den Rippenbogen noch mehr verletzt haben. Ich kann kaum durchatmen.
Ich bin allein, Uli ist arbeiten. Sonntag hat Ela einen 25 km-Lauf, aber ich kann nicht mit. Ich kann ja auch nicht verlangen, dass man bei mir bleibt, langsam wird es für alle zu langweilig und zuviel. Am besten wäre ich im Krankenhaus aufgehoben, aber die behal-

ten einen ja nicht. Oder am besten, ich wäre tot. Lieber ein Ende mit Schrecken als ein Schrecken ohne Ende. Nur Uli wäre schlecht dran. Er ist oft wieder so depressiv, aber ich kann mich nicht mit runterziehen lassen, dann bin ich verloren. Ich habe selber so depressive Phasen.

Montag, 12. Mai 2003
Es geht mir mit meinem Magen sehr schlecht. Mir ist so übel, besonders morgens. Welche Tablette ist das? Mein Knie tut so weh, die linke Seite meines Gesichtes fühlt sich auch so taub an. Das allerschlimmste ist, dass ich die Hoffnung verloren habe. Der Fuß, der Verletzte vom Sturz, heilt doch wenigstens. Mein Gott, ich muss ja Uli furchtbar auf den Geist gehen, immerzu was Neues. Er tut mir so schrecklich leid.

****

Donnerstag, 15. Mai 2003, 20.00 Uhr
Mama ist vor gut zwei Wochen gestürzt! Ein Kapselriss im Fuß und eine Bänderdehnung. SCHEISSE. Sie hat jetzt eine Schiene, und es wird langsam besser, aber sie kommt echt nie zur Ruhe. Gestern hat man endlich auf dem Kernspin gesehen, dass nun Knochenmetastasen im Knie sind, die die Schmerzen verursachen. Also doch!!! Noch mal Scheisse! Sie nimmt seit sechs Wochen eine neue Krebstablette, und die Leberwerte sind zum Stillstand gekommen. Nun müssen sie noch mal sechs Wochen warten, ob die Metastasen im Knie sich auch verringern. Ansonsten gibt es wieder Chemo, aller-

dings in Tablettenform. Es ist ein einziges furchtbares Auf und Ab, und es gibt keine Ruhe mehr ...

****

Donnerstag, 15. Mai 2003
Wir waren bei Dr. Mönch. Der hat die Rippe geröntgt. Gebrochen!
Mein Knie hat eine MRT endlich bekommen. Im Knie sind Knochenmetastasen. Also doch! Dann sind wir mit dem Ergebnis zu Professor Keilhammer gefahren. Also, ich muss noch sechs Wochen warten, ob die neue Krebstablette greift, wenn nicht, gibt es Chemo in Tablettenform. Wenn mir doch bloß einer hilft! Weil mir seit Tagen, und heute besonders, schlecht ist, sind wir heute zur Schmerztherapie. Da war ein anderer Arzt. Der hat mir diese Epileptiker-Tablette weggenommen, dass heißt, sie wird jetzt langsam abgebaut. Dafür muss ich die andere Tablette öfter nehmen. Salbe für das kranke Bein (oho!) und Tabletten für den Magen habe ich bekommen - sieht nach Schleimhautentzündung aus. Was für ein Tablettenberg!
Ich würde ja alles tun, wenn es nur hilft. Ach ja, und mit der tauben Gesichtshälfte geht es wieder zur MRT. Mein armer, armer Uli! Er verbringt die halbe Woche beim Arzt. Und er hat soviel Geduld. Wenn er doch mal ungeduldig wird, kann ich das gut verstehen. Es würde mir nicht anders gehen. Außerdem hat er ja noch andere Sachen zu tun. Scheiße, was für ein Elend!

Mittwoch, 21. Mai 2003
Mir ist ja so schlecht im Magen. Am liebsten könnte ich sterben, einschlafen und nicht aufwachen, was für ein Traum!
Ich gehe jetzt zur Krankengymnastik, hoffentlich kann ich weiterhin dorthin gehen. Ich mache auch wieder alle so unglücklich. Uli hat schon so geweint, und Ela ist immer ganz verstört.

Samstag, 24. Mai 2003
Ich habe so fleißig Krankengymnastik gemacht, dass ich mir wohl die gut geheilte Rippe wieder verletzt habe. Das sticht teuflisch. Vorgestern waren wir zur MRT des Gesichtes. Also, meine Metastasen im Schädel sind wohl besser geworden, aber die linke Gesichtshälfte ist wohl von Tumorzellen betroffen, die auf den Trigeminusnerv drücken, daher fühlt es sich so taub an. Bleibt mir denn nichts erspart?
Montag sind wir beim Professor und in der Schmerztherapie. Mal sehen, was die dazu sagen.

****

Sonntag, 25. Mai 2003, 21.15 Uhr
Am Montag war ich mit einem Lieferanten von uns verabredet ... Christian.
War eine spontane Idee, weil wir uns schon lange so gut verstehen und immer ewig lang telefonieren. Wurde auch immer privater, und irgendwie ist es so gekommen.

Es war einfach ein gutes Gefühl, dass sich mal jemand für mich interessiert und mit mir flirtet.
Wir waren in einer Cocktailbar am Victoria-Luise-Platz. Es knisterte gewaltig, aber wir waren sehr unsicher. Er hat auch eine Freundin ...
Wie auch immer, am Ende des Abends standen wir im Regen vor meinem Auto und küssten uns leidenschaftlich. War sicher ein lustiges Schauspiel für die Gäste im Restaurant gegenüber ...
Ach, es tat einfach gut. Was soll's? Wann hat Thorsten mich zuletzt so geküsst? Und wann habe ich zum letzten Mal eine ganze Stunde nicht an Mama gedacht?

Leider geht es Mama nicht besser. Die Tabletten schlagen jetzt nun furchtbar auf den Magen und sie isst nur noch Haferschleim. Horror! Das Knie schmerzt wieder mehr und nun auch noch der Rippenbruch, den sie sich auch bei dem Sturz geholt hat. Sie ist total schlecht drauf, ich mache mir große Sorgen. Das kann so nicht weitergehen. Ohne Tabletten geht gar nichts, und mit Tabletten auch nicht wegen dem Magen. Sie hat keinen Appetit, isst kaum etwas und hat zu nichts Lust. Gestern und heute war es auch noch so heiß draußen. Es ist zum Heulen.
Ich glaube langsam, es wird jetzt gar keine richtig guten Tage mehr geben. Oh mein Gott, was wird dieses Jahr noch bringen? Ich habe grauenhafte Angst. Wenn ich nicht ab und zu noch beim Laufen Abwechslung hätte, würde ich nur noch heulen. Und betäuben darf ich mich nicht mehr ...

****

Mittwoch, 28. Mai 2003
Ja, sieht alles schlecht aus. Ich glaube, ich fange an, meinen Weg zu Ende zu gehen. Metastasen im Gesicht, im Knie, keinen Appetit, so schwach …
Ich weiß nicht, was werden wird. Heute Nacht habe ich das erste Mal vom Sterben geträumt. Ich muss wohl im Gesicht bestrahlt werden, das ist sehr kompliziert. Uli ist schon ganz durcheinander. Der packt schon vieles nicht mehr. Vieles vergisst er. Wenn es denn so wäre, möchte ich einschlafen und nicht mehr aufwachen. Die Schmerzen und Ängste werden mir zuviel.

P. S. War Wasserkrankengymnastik machen. War ganz schön, aber noch keinen Erfolg. Kann ja auch nicht.

Samstag, 14. Juni 2003
Ich habe das Gefühl, das der Anfang vom Ende beginnt.
Ich habe keine Lebensfreude, keinen Lebenswillen. Wozu lebe ich? Um jeden Tag neue Schmerzen zu erleben? Wenn es nur eine winzige Kleinigkeit Besserung gäbe! Außerdem habe ich das Gefühl, dass der Professor sich nicht mehr so gut um mich kümmert. Also auch noch das Vertrauen verloren!
Wenn ich genug Geld hätte, würde ich mir die besten Ärzte suchen. Liebes Tagebuch, Du siehst, wenn ich viel schreibe, geht es mir auch sehr schlecht.

Dienstag, 17. Juni 2003
Habe heute die zweite Chemo bekommen. Der Professor meint, von der Chemo sollen die Metastasen in Bein und in der Stirn besser werden (ich krakle so, das Schreiben fällt schwer).
Ich hoffe, hoffe, hoffe wieder. Ich soll eine Beinstützschiene bekommen, damit ich nicht einfach so wegknicke, denn ich bin ständig in Angst, dass es sich wiederholt. Uli hat auch ständig Angst. Er arbeitet wieder, gefällt ihm ganz gut. Es könnte alles so schön sein, wenn …
Ela ist verreist mit Yvonne, und ich glaube, sie hat noch nicht kapiert, wie schlecht es mir geht.
Wir wollen versuchen, von der Krankenkasse finanzielle Hilfe zu bekommen. Montag hat mich Gudrun zum Schwimmen begleitet und für mich eingekauft. Sie ist wirklich lieb und hilfsbereit. Na, Rosi hilft uns sowieso, Gunhild macht mir die Haare. Ich bin froh, dass ich so liebe Menschen habe. Alles schafft Uli einfach nicht. Ich habe mich letztens mit Gunhild lange unterhalten. Schade, dass ich sie jetzt erst richtig kennen lerne. Sie hat auch bei Dr. Kaiser angerufen. Frau Dr. Kaiser rief mich dann zurück. Es geht ihr selber schlecht, nicht so wie mir, aber schlecht genug, so dass sie nicht arbeitet, oder zu mir kommen könnte. Leider keine Hilfe von dieser Seite.
Heute ist Dienstag. Am Sonntag war das erste Mal die ganze Familie bei Gunhild zusammen, sogar Uli war eine Weile da. Ich glaube, er findet es jetzt auch schön, eine große liebe Familie zu haben. Es war jedenfalls sehr schön, dass ich dabei sein durfte. Lieber Gott, gib mir Auftrieb, gib mir Besserung, lass mich

noch ein bisschen hier. Ich habe letztens mit Uli gesprochen, ihm meine Wünsche zum Tode und nach dem Tode gesagt, aber er packt das nicht. Also muss ich es den anderen sagen. Ich schreibe hiermit auf, dass ich verbrannt sein will, keine pompöse Beerdigung. Es wäre schön, wenn ich zu Hause und schnell sterben könnte, aber wenn es nicht geht, kann man nichts machen.

Donnerstag, 26. Juni 2003
Ich – kann – nicht – mehr!
Ich habe solche Schmerzen im Bein. Mein Gesicht tut weh, ich bin zu nichts mehr zu gebrauchen. Ganz tief drinnen fühle ich, dass es bald zu Ende geht, und das ist auch gut so. Habe ich nicht genug gelitten? Ich schreibe schon sehr schlecht, muss noch alles erledigen. Es wäre für alle eine Erlösung.
Ich danke allen, die mir geholfen haben, von ganzem Herzen. Uli gibt sich soviel Mühe, aber nichts tröstet mich. Ela ist zitternd und hilflos, nicht begreifend, dass es bald zu Ende geht.

****

Freitag, 27. Juni 2003, 21.45 Uhr
In 2 ½ Stunden werde ich 36. Thorsten ist auf dem Weg hierher.

Innerhalb der letzten vier Wochen geht es mit Mama nur noch abwärts. Es geht ihr immer schlechter, und ich denke, wir müssen uns jetzt auf das Schlimmste gefasst machen. Es

ist unerträglich, das alles mit anzusehen. Ich glaube, sie denkt, dass ich nicht sehe, was mit ihr geschieht. Aber ich sehe es!!
Sie steht kaum noch aus dem Bett auf, kann nicht mehr alleine laufen, nichts geht mehr. Und ich denke, sie will auch nicht mehr. Ich bin ziemlich leer im Kopf. War heute stundenlang bei Tante Rosi, um endlich mal drüber zu sprechen. Sie sieht es genauso wie ich.
Nur Papa ist noch völlig verbohrt und will die Wahrheit nicht sehen. Er hat immer noch Hoffnung. Dabei ist er völlig überfordert mit Arbeit, Fußball, Haushalt und Pflege. Mama wird immer ungerechter ihm gegenüber, und ich erkenne sie kaum wieder. Es ist unfassbar.
Ich habe Angst. Wird sie ihren Geburtstag noch erleben?
Meist bin ich noch ganz gefasst. Nur manchmal kommen mir die Tränen. Aber nur, wenn ich allein bin.
Mittlerweile wünsche ich immer öfter, dass es vorbei ist und das Leiden ein Ende hat. Für alle. Die letzten sechs Jahre haben uns alle fertig gemacht. Dies wird wohl der schlimmste Geburtstag meines Lebens sein. Ich werde nachmittags zu ihr hingehen, aber ich habe keine Worte mehr. Ich kann sie nicht trösten, und mit mir redet sie ja auch nicht über ihre Ängste. Sie will mich immer noch schonen und für mich weiterleben. Aber das muss sie nicht. Nicht für mich. Ich kann es nicht mehr ertragen.
Rosi und ich haben sogar schon über Sterbehilfe und ein Hospiz nachgedacht. Und über die Beerdigung gesprochen. Alles sehr schwierig, aber wir müssen IHRE Wünsche respektieren. Papa will aber ein Doppelgrab, Mama will verbrannt werden.
Ich schreibe so komisch trocken darüber, ich weiß auch nicht, wie das geht. Vielleicht weiß ich, dass ich schon lange keine

Mutter mehr habe und bin dem Abschied näher, als ich denke. Keine Ahnung, vielleicht auch irgendein Selbstschutz meiner Seele?!

Den Urlaub hätte ich mir sparen können. Meine Gedanken waren nur zu Hause, ich konnte mich nicht erholen oder abschalten. Habe viel geweint und wahrscheinlich auch noch Yvonne den Urlaub versaut.
Das ist die einsamste Zeit meines Lebens. Ich wünsche mir so sehr einen Halt zum Anlehnen. Möchte weglaufen, aber mein Kopf kommt ja überall mit hin. Und Thorsten ist nicht da. Weder physisch noch psychisch.

Vater unser im Himmel, sieht es wirklich so aus, wenn Du jemanden in seinen schwersten Zeiten trägst?

****

Dienstag, 1. Juli 2003
Heute waren wir beim Professor Blut abnehmen, keine Chemo. Er hat gesagt, wenn ich nicht mehr kommen kann wegen Kräfteverschleiß, brechen wir ab. Dann vier Wochen Pause, dann eine andere Chemo. Ich vertrage diese Chemo sehr schlecht, meine Haare fallen extrem aus, ich sehe aus wie ausgekotzt und fühle mich auch so. Heute hat mein Bein so wehgetan, ich hätte nur schreien können.
Rosi und Gudrun haben sich mal ein Hospiz in Wannsee angesehen. Soll sehr schön sein, nicht wie ein Krankenhaus. Das ist eine letzte Lösung, wenn es hier nicht mehr geht. Man darf sogar sein Haustier sehen.

Am Tag 12,50 Euro Zuzahlung - ist natürlich viel Geld, aber man darf auch nur ein halbes Jahr bleiben.

Heute hat Sibylle angerufen. Sie kommt am Samstag nach Berlin mit Horst. Das finde ich ja wirklich rührend. Hoffentlich geht es mir dann ein bisschen besser.

Mittwoch, 9. Juli 2003
Sibylle war da. Habe mich so gefreut. Tine und Nina waren auch kurz da. War ein schöner Nachmittag. Gestern habe ich meine vierte Chemo bekommen. Heute geht es mir nicht so schlecht wie sonst. Vielleicht, weil sie die Chemo in drei Stunden haben rein laufen lassen. Habe soeben den Geschirrspüler eingeräumt. Toll! Vielleicht wird es tatsächlich besser. Bloß mein Bein, mein Bein …
In meinem Gesicht ist es auch nicht besser. Da wird wohl nach der Chemo doch noch eine Bestrahlung folgen.

Sonntag, 13. Juli 2003
Heute ist Sonntag, und ich bin allein. Uli ist beim Fußball. Ela mit Thorsten zusammen, Rosi bei ihren Kindern.
Wir waren bei der MRT des Rückens, aber etwas Gewichtiges hat man nicht gefunden. Dienstag wissen wir mehr, oder auch nicht.

Mein Bein tut mir immer gleich weh, nach der Chemo immer am meisten. Wie gern möchte ich mal wieder raus, spazieren gehen. Gott sei Dank ist es nicht so heiß.

Jetzt habe ich wieder eine Perücke, das heißt also eine Glatze. Ich sehe grausam aus. Das dauert bestimmt wieder ein halbes Jahr, bis ich wieder ohne gehen kann. Aber das tut wenigstens nicht weh. Morgen wollen wir uns alle noch einmal treffen, ehe Tine wieder heimfährt. Ob ich sie noch einmal wieder sehe?

****

Sonntag, 27. Juli 2003, 20.20 Uhr
Mamas Zustand ist unverändert. Nicht schlechter geworden.
Gestern hatte sie Geburtstag. Tante Rosi, Ralph, Gunhild und Gudrun waren da. Sie war abgelenkt, und so wurde es ganz nett.
Abends, als die anderen weg waren und ich gerade den Geschirrspüler einräumte, ist sie wieder gestürzt im Flur, aber Papa stand zufällig hinter ihr. Ich rannte schnell in den Flur, sah sie dort liegen – es war so schlimm.
Sie hat sich nichts getan. Aber ich habe nur noch Angst, wenn ich weiß, dass sie alleine ist und auf die Toilette oder in die Küche wandert. Gestern war ich sechs Stunden da, heute habe ich auch vier Stunden Babysitter gespielt, weil Papa so lange weg war. Bin jetzt sehr oft da, und es ist unheimlich anstrengend. Ich komme zu gar nichts mehr und bin total gestresst. Die Arbeit stresst sehr, und sie haben nicht immer Verständnis, wenn ich früher gehen muss.

Vom 11. bis 14. August fahre ich mit Thorsten nach Warnemünde. Freue mich sehr darauf. Endlich raus hier! Keine Termine, keine Verantwortung, keine Eltern, keine Krankheit!
Mamas Chemo ist jetzt erstmal vorbei. Sie ist übrigens wieder total glatzköpfig. Schwere Zeiten, wirklich. Es ist so traurig, dabei zuzugucken, und wenn ich mit ihr alleine bin, hab ich auch Angst, dass ihr was passiert. Wie lange soll das nur so weiter gehen? Mal sehen, was ihr Professor sich nun wieder ausdenkt. Muss man sie denn so quälen??

****

Donnerstag, 31. Juli 2003
Heute war wieder so ein grausamer Tag. Ich habe solche Schmerzen im Bein, dass ich nicht mehr leben möchte. Wir waren beim Professor, und der hat mir endlich das Pflaster gegeben. Ob es hilft? Es ist doppelt so stark wie damals.
Uli ist beim Fußball. Ich bin ganz allein.
Gestern war eine Frau vom Pflegedienst da, sie hat gemeint, ich bekomme Pflegestufe 2, das glaube ich aber noch nicht. Denn der Professor hat uns heute einen Brief mitgegeben für die Pflegestufe, da hätte ich höchstens die 1 bekommen. Was denkt der eigentlich, was ich noch kann? Wie gern möchte ich noch etwas arbeiten, meinen Haushalt machen und so weiter.
Ich merke schon, wie ich meinem Umfeld zur Last falle. Ich verstehe es ja auch. Selbst Rosi ist es zuviel. Sie ist auch nicht mehr so gesund. Nicht für Geld will

sie noch uns bekochen. Und ich verstehe es ja auch. Wenn es bloß bald alles zu Ende wäre.
Ela kann auch nicht ständig da sein, und ich komme mir vor, als ob ich einen Babysitter brauche. Uli ist überlastet. Er hat zuviel auf dem Kopf. Eigentlich dürfte er nicht mehr zum Fußball oder zur Arbeit gehen. Wenn er zusammenbricht, können wir uns beide die Kugel geben. Wenn ich doch mal einige Stunden schmerzfrei wäre!

Fred, Ulis Freund, ist jetzt auch im Krankenhaus. Er hat mit den Nieren und dem Herz, muss an die Dialyse. Nun muss Uli dort auch noch hin.
An meinem Geburtstag abends bin ich wieder hingestürzt. Mein Fuß ist wieder neu dick und tut noch mehr weh. Bald werde ich im Rollstuhl sitzen.
Unser kleiner Chico wird auch immer klappriger. Er sieht richtig räudig aus. Er ist ja auch so alt, mag kaum essen oder trinken, kann genauso schwer wie ich auf die Toilette.

Donnerstag, 7. August 2003
So, zwischendurch war ich drei Tage im Krankenhaus. Ich hatte solche Schmerzen, dass wir in der Nacht noch hingefahren sind. Dort lag ich in der Notaufnahme fast ganz allein. Ich bin jetzt anders mit den Schmerzmitteln eingestellt, und heute war es schon besser. Wenn ich doch nur nicht so wacklig auf den Beinen wäre! Natürlich bin ich von den Mitteln abhängig, denn ohne würde ich wieder dem Schmerz verfallen.

Vorgestern habe ich geglaubt, wir müssen Chico einschläfern lassen. Er konnte nicht kackern und hat sich so gequält. Uli ist noch um 21.30 Uhr zum Tierarzt gefahren. Der hat fünf Klumpen Katzenstreu aus dem Darm geholt. Das hätte er nie auskacken können. Ach, er ist so übel dran. Ich glaube, er macht nicht mehr lange. Das tut schon jetzt so weh, aber quälen soll er sich nicht. Warum bloß so viel Unglück auf einmal?

Freitag, 15. August 2003
Mir ist wieder so schlecht im Magen, und ich musste drei Mal brechen. Woher das bloß kommt? Ich bin so unglücklich. Vorgestern hatten wir 35°C Hitze. Ich konnte kaum Luft holen und dachte, ich muss wieder ins Krankenhaus.

Chico kriegt jetzt Spritzen, damit es ihm besser geht. Aber es wird nur noch eine kurze Zeit sein. Ralph hat gesagt, er wird ihn bei sich im Garten beerdigen, weil Uli es nicht fertig bringt, ihn zu beerdigen. Ich muss oft weinen, wenn ich den kleinen Kerl ansehe, und das ist nicht gut für mich.
Uli rastet jetzt manchmal auch aus, wenn viel zu tun ist. Aber ich kann das gut verstehen. Wenn ich doch bloß etwas im Haushalt helfen könnte und etwas besser laufen könnte!

Freitag, 29. August 2003
Seit fünf Tagen geht es mit den Schmerzen etwas besser, und ich bin auch lebhafter. Aber es ist auch kühler jetzt, da ist alles besser zu ertragen. Chico geht

es dank seiner Spritzen auch besser. Aber wer weiß, wie lange? Vor einigen Tagen habe ich mit Frau Heinrich gesprochen, und die hat doch tatsächlich geweint. Hätte ich ihr nicht zugetraut!
Chico hat jetzt eine neue Grabstelle bei einer Bekannten von Rosi. Ist mir sehr lieb. Da kann ich ihn vielleicht besuchen. Aber noch lebt er ja.

Ela hat uns neulich Andeutungen gemacht, dass Thorsten sie heiraten will und sie sich auch mit dem Gedanken trägt, aber dann muss sie wegziehen. Es tut mir sehr weh, aber ich habe sie lieber glücklich in Gladbeck als unglücklich und einsam in Berlin. Eines Tages sind wir nicht mehr da, und sie ist allein. Für Uli ist es besonders schlimm, allein zurückzubleiben, denn ich glaube nicht, dass ich ihn überlebe. Eigentlich will ich es auch gar nicht, denn allein würde ich nicht zurechtkommen.

****

Sonntag, 31. August 2003, 21.35 Uhr
Neuigkeiten!
Vor gut zwei Wochen war ich mit Thorsten in Warnemünde. Es waren ganz tolle vier Tage mit super Wetter, Hotel, Essen, Strand. Wir haben uns sehr gut verstanden. Als wir am Donnerstag nach Hause kamen, ging ich noch zu Mama und danach laufen. Thorsten war drei Stunden allein zu Haus. Als ich wiederkam, prasselte ein Verhör auf mich ein, das mich ganz unvorbereitet traf.

Um es kurz zu machen: Er wurde durch einen meiner Kalendereinträge ("Essen mit Christian") stutzig, hat sich dann mein Handy gegriffen und entdeckte eine SMS von Christian. Daraufhin hat er mein Tagebuch gelesen!! Und was da von unserem Treffen im Mai stand, brauch ich ja nicht erklären. Großer Mist!
Er wollte sofort Schluss machen und gleich nach Hause fahren. Er war sehr wütend. Dann haben wir endlos geredet. Er hat geweint wie ein Schlosshund, den ganzen Abend und noch am nächsten Tag. Es tat mir sehr, sehr leid. Ich hätte nie gedacht, dass er so reagieren könnte. Er sagte, wie sehr er mich liebt und solche Angst hat, mich zu verlieren. Freitagabend ist er dann nach Hause gefahren. Seitdem ist alles ganz anders. Er schickt fünf SMS am Tag, ruft ständig an, verfolgt mich, ist misstrauisch, aber unheimlich lieb. In der folgenden Sonntagnacht hat er mich dann gefragt, ob ich ihn heiraten will! Nach 10 Tagen habe ich JA gesagt. So!
Nun ist es also soweit. Wir werden heiraten. Es ist so unglaublich, dass ich richtig Angst habe. Nach sieben chaotischen Jahren. Unfassbar.
Ich werde weggehen aus Berlin. Eine andere Chance gibt es für uns nicht. Ich lasse hier alles sausen und fange ein neues Leben an. Vielleicht wird am Ende ja doch noch mal alles gut?!

Papa hat geweint, als wir es ihnen gesagt haben, aber er will mir nicht im Weg stehen, sagt er. Mama hat gar nichts gesagt.
Wenn wir schon heiraten, dann so schnell wie möglich. Den 13. Dezember haben wir uns ausgesucht. So haben wir wohl noch die Chance, dass Mama dabei sein kann. Es geht ihr zwar momentan besser, aber wer weiß, was im nächsten

Frühjahr ist? Sie war schon zwei Mal bei Tante Rosi und läuft ganz gut an zwei Krücken. Mit dem Rollstuhl war sie auch schon mal draußen. Das war vor einiger Zeit undenkbar. Leider hat sie wieder Schwierigkeiten mit dem Magen, aber die Schmerzen sind endlich besser.
Allerdings geht es mit Chico heftig bergab und ich denke, sie müssen ihn bald einschläfern lassen. Es ist grausam, immer mit ansehen zu müssen, was sie nun auch noch mit dem Tier mitmachen müssen und wie sie leiden. Sie haben doch wirklich ganz andere Sachen auf dem Hals. Beide weinen nur noch, und das macht mich fertig. Papa überfordert das alles immer mehr, es ist schrecklich.
Werde ich das Richtige tun? Wie kann ich es mit meinem Gewissen vereinbaren, meine Eltern allein zu lassen?
Aber ich möchte doch einfach nur mein Leben leben. Ein einziges Mal glücklich sein.

****

Montag, 8. September 2003
Am Samstag hat uns Ela erzählt, dass sie am 13.12.2003 Thorsten heiratet.
Ich freue mich für sie, aber ich bin auch sehr traurig, dass sie wegzieht! Noch nicht sofort, aber es wird ja geschehen. Wichtig ist, dass die Ehe gut geht und sie glücklich ist. Die Hochzeit findet im Schloss Diedersdorf statt, und wird doch größer als sie dachten. Ich freue mich jedenfalls mit vielen Tränen in den Augen.

Chico frisst im Moment besser, aber er ist sehr schwach. Soll er noch ein wenig leben, wenn er in

dem Zustand bleibt. Mir geht es auch etwas besser, und seit ich Zäpfchen habe, geht es mir mit dem Magen besser. Heute waren Uli, Rosi und ich in Nikolskoe. War ein schöner Sonnentag.
Wenn ich bloß besser laufen könnte!

Donnerstag, 11. September 2003
Oh Gott, Ulis Warze am Finger ist Hautkrebs!!
Hab ich mich erschrocken! Aber die Ärztin hat gesagt, er könnte nicht streuen, das Schlimmste wäre, dass man den Finger amputieren müsste. Schlimm genug, aber ich würde lieber den Finger geben und meine andere Krankheit wäre weg. Uli hat es mit erstaunlicher Fassung getragen. Ich liebe ihn dafür umso mehr. Ela soll es nicht wissen, sie soll sich jetzt auf ihre Hochzeit freuen. Meine Blutwerte sind gut. Aber mein Bein, besonders mein Fuß, tut weh. Der Fuß wird immer blau. Ob der Professor das mal in den Griff mit der nächsten Chemo kriegt?

Donnerstag, 18. September 2003
Heute war ich wieder im Klinikum. Blutwerte gut, Bein geht heute.
Chemo wird noch nicht gemacht, ich soll mich erst erholen.
Heute bin ich das erste Mal seit Monaten ALLEIN Auto gefahren. Ich bin so stolz! Ich war allein bei Ralph. Leonard hatte Geburtstag. Hoffentlich geht es weiter bergauf.

****

Sonntag, 21. September 2003, 17.45 Uhr
In einer Woche laufe ich meinen ersten Marathon!
Das Training ist hart, aber es lenkt mich sehr gut ab von allen Grausamkeiten des Lebens …
Die Hochzeitsvorbereitungen laufen, und mit Mama geht es ein bisschen aufwärts. Vorhin bin ich zu Tante Rosi gefahren, und Mama war auch da. Die Übelkeit haben sie ein bisschen in den Griff bekommen. Letzte Woche war sie richtig viel unterwegs. Am Schlachtensee auf dem Ruderboot etc.
Sie läuft an zwei Krücken und es ist sehr anstrengend, aber sie tut es trotzdem. Und vor ein paar Tagen ist sie zum ersten Mal seit Monaten alleine Auto gefahren!! Was für ein Wunder. Erst hat Papa sie die Treppen runter- und wieder hochgebracht, und heute geht sie von Tante Rosi ganz allein nach Hause. Eine Krücke lässt sie im Auto und hievt sich am Geländer die Treppe hoch. Es ist toll. Wir können alle ein wenig aufatmen und sind sofort entspannter. Ich hoffe und bete, dass sie meine Hochzeit in gutem Zustand erleben darf. Immerhin sind es noch fast drei Monate.

Lämmi ist schon wieder krank. Er hatte einen Tumor im Mund und wurde operiert. Sieht nicht sehr gut aus für ihn. Er hat schon wochenlang ganz schlimm gesabbert. Die Operation hat er ganz gut überstanden, und danach auch wieder ganz gut gefressen. Aber jetzt fängt er wieder an zu sabbern. Er ist jetzt 16 ½. Wie lange habe ich noch mit meinem guten alten Kumpel?

****

Dienstag, 23. September 2003
Heute Nacht ist unser Chico gestorben!!
Er war so schwach, dass es keinen Sinn mehr hatte. Uli ist fast zusammengebrochen, weil er ihn in die Klinik fahren musste zum Töten. Das ist so schrecklich! Wir haben ihn dort gelassen, weil es für uns das Beste war.

Hoffentlich verzeiht er mir, dass ich ihn nicht bis zuletzt begleitet habe. Wir weinen nur noch. Es tut so weh, dass dieses liebe Kerlchen nicht mehr da ist. Wie sollen wir das vergessen?

Meine Leberwerte sind schon wieder angestiegen. Jetzt bekomme ich Angst. Geht jetzt schon wieder Chemo los, die mich so schwach macht? Was wird mit Uli, wenn ich sterbe, wenn er jetzt schon so leidet? Lieber Gott, gut hast Du es nicht mit uns gemeint.

Donnerstag, 25. September 2003
Ein Leben ohne Chico! Wie still ist die Wohnung, obwohl er ja keinen Laut mehr getan hat. Ich habe noch nie soviel geweint, nicht mal, als ich krank wurde. Ich brauche nur an ihn zu denken, da muss ich weinen, Uli auch.

Am Montag geht die Chemo los. Fünf Tage hintereinander, dann vier Wochen Pause. Hoffentlich bin ich zu Elas Hochzeit nicht zu schwach. Ich habe Angst; jeden Tag wird in meine armen Venen gepiekt. Ach Scheiße!

Dienstag, 30. September 2003
Eine Woche ohne Chico! Wie still und traurig. Aber die Vernunft sagt mir, es war besser für ihn. Kleines Kerlchen, wir werden Dich nie vergessen!
Heute habe ich die zweite Chemo bekommen. Gestern war es scheußlich. Drei Mal haben sie mich gestochen. Ich komme nicht um einen Port herum. Aber das werde ich auch noch überstehen.

Mittwoch, 8. Oktober 2003
Vier Mal Chemo und jetzt ausruhen! Das Gepiekse war scheußlich, aber ich bin nicht so schwach, wie ich dachte. Leider habe ich wieder öfter gebrochen. Mein Bein tut weh, was soll ich sagen?
Zwei Wochen ohne Chico! Wir haben es überlebt. Es gab nicht einen Tag, an dem ich nicht um ihn geweint habe. Nachts denke ich manchmal, er ist ins Bett gesprungen. Uli weint auch, wenn man nur ein Wort über ihn sagt. Gestern musste Giselas Kater auch eingeschläfert werden. Er war auch so schwach und hat nicht mehr gegessen. Aber sie leidet nicht so unter seinem Tod. Das habe ich schon heute gemerkt. Jetzt ist nur noch Lämmi da.
Die Zeit fliegt dahin. Im Nu ist die Hochzeit ran. Hoffentlich geht es mir an dem Tag gut.

Dienstag, 14. Oktober 2003
Vor drei Tagen bin ich wieder mit den Zehen hängen geblieben und gestürzt. Ein Zeh tut sehr weh und ist blau. Habe aber Uli und Ela nichts davon gesagt, sonst

haben sie wieder Angst. Jetzt laufe ich noch schlechter. Bis jetzt hat die Chemo nichts geholfen.

Donnerstag, 23. Oktober 2003
Morgen wird mir ein Port gesetzt. Ich habe Schiss! Immer mehr von allem. Und Montag geht wieder Chemo los. Wird eine harte Woche.

Sonntag, 26. Oktober 2003
Der Port ist drin. Habe scheußliche Angst gehabt, aber nicht viel gespürt. Habe morgens gezittert wie Espenlaub. Nun habe ich es hinter mir, aber jede Bewegung tut weh.
Ich bin heute den ganzen Tag allein. Uli ist beim Fußball, Ela mit Yvonne unterwegs, Rosi bekommt heute Dauerwelle. Das wird ein langer Sonntagnachmittag, zumal mir mein Bein höllisch weh tut. Ich zittere oft, neuerdings tut mir der Rücken und das Gesäß sehr weh. Durchhalten! Jetzt habe ich Elas Hochzeit zum Ziel. Was danach kommt … Ich weiß es nicht. Ist mir auch egal.
Uli war wegen seines Fingers beim Hautarzt. Er hat gesagt, es sieht gut aus. Gott sei Dank! Hoffentlich bleibt er lange gesund. Unser Leben ist aneinander gekettet mit unserer Verbundenheit. Sterbe ich, wird er bald folgen. Stirbt er zuerst, bin ich verloren, und dann will ich auch nicht mehr. Ich lebe doch nur für ihn und Ela. Rosi wird schon dank ihrer Kinder über die Runden kommen. Chico braucht uns nicht mehr. Es ist gut so, dass er tot ist, es war für Uli in jeder

Hinsicht eine zusätzliche Belastung. Ich habe ihn wirklich geliebt und muss noch oft weinen, wenn ich an ihn denke. Uli weint auch noch oft, wenn er denkt, ich höre ihn nicht. Aber spreche ich mit ihm, heulen wir beide um diesen lieben kleinen Kerl. Chico, Du bist nicht vergessen!!!

Mittwoch, 5. November 2003
Heute wurden mir die Fäden gezogen. Hat nicht wehgetan. Am Freitag war die letzte, die fünfte Chemo. Sonnabend war Sibylle da, da ging es mir noch ganz gut. Aber Sonntag und Montag ging es mir saudreckig. Nur gebrochen, elend, zittrig … Es war furchtbar. Professor Keilhammer meint, es würde bald besser gehen. Ich bin so schwach. Aber vor Elas Hochzeit will er keine Chemo mehr machen. Gott sei Dank!

Heute ist wunderschönes Wetter. Rosi ist mit ihrer Freundin Anita in den Wald gefahren. Und ich muss hier bleiben. Ist das schrecklich! Nicht mehr raus zu können, ist mit das Schrecklichste an der Krankheit. Manchmal könnte ich nur heulen.

****

Sonntag, 16. November 2003, 19.30 Uhr
Den Marathon habe ich längst überstanden. Es war hammerhart, aber ich bin stolz! Das Schönste war, dass Mama und Papa bei km 29 an der Strecke waren. Mama saß in einem Stühlchen und Papa stand mit seinem Plakat da. Ich

bin fast fünf Minuten stehen geblieben, habe meine angepeilte Zeit verpasst, aber das war es allemal wert. Ich habe mich so gefreut!

Nun geht es Mama wieder schlechter. Vor zwei Wochen war die letzte Chemo-Runde zu Ende, die ihr sehr zugesetzt hat. Sie hat sich noch nicht wieder aufgerappelt.
Jedes Wochenende kriege ich schon Magenschmerzen und Herzklopfen, wenn ich wieder hingehen muss. Es ist so schwer, Sonntag vor zwei Wochen ging es ihr besonders schlecht, und ich war allein mit ihr. Als ich rein kam, sah ich schon den Eimer neben der Couch stehen. Ich bin fast in Panik ausgebrochen. Es war ein unglaublicher Kampf für mich, dort zu bleiben, ich wollte nur flüchten, hatte entsetzliche Angst. Nach vier Stunden konnte ich nicht mehr. Es tat mir leid, aber ich kam aus dem Zittern überhaupt nicht mehr raus. Ich bete nur noch, dass sie die Hochzeit in halbwegs erträglichem Zustand übersteht. Es sind nur noch 27 Tage! Tue ich das richtige?
Lämmi geht es wieder gut, er ist halt ein robustes Tier, mein Stehaufmännchen!
Ich habe meine Wohnung zum 31. Mai gekündigt, und auch die Kündigung auf der Arbeit ist unter Dach und Fach, zum 31. März.
Thorsten wird zum ersten Mal Heilig Abend mit uns feiern, weil ich solche Angst davor habe. Mir kamen richtig die Tränen, als er mir das sagte; so glücklich war ich ...
Tante Rosi kommt nämlich nicht. Sie möchte Weihnachten lieber fröhlich sein und geht zu Ralph und Gunhild. Verstehen kann ich sie ja, aber für mich war das eine Scheiß-Nachricht. Danach fahren wir ein paar Tage nach Glad-

beck, damit Thorsten auch noch bei seinen Eltern sein kann.

****

Dienstag, 18. November 2003
Die Tage vergehen mir schnell, und bald ist die Hochzeit ran. Es geht mir noch nicht viel besser, und das Bein tut teuflisch weh. Ich kann mich ja in Giselas oder Elas Zimmer im Hotel legen bei der Hochzeit, wenn ich sehr erschöpft bin.
Thorsten will Weihnachten nach Berlin kommen.
Uli will den Baum machen. Rosi kocht das Essen, Ela hilft auch. Also werden wir versuchen, alles wie immer zu haben. Es kann ja sein, dass das mein letztes Weihnachtsfest ist, vielleicht denken alle so, aber keiner spricht es aus.
Ich bin immer noch so zittrig. Was ist das bloß? Keiner weiß eine Antwort oder etwa Hilfe.

Mittwoch, 26. November 2003
Meine Schmerzen werden immer heftiger. Der Professor weiß auch nicht mehr, was man machen soll. Ich könnte nur noch weinen. Das ist kein Leben mehr. Ich warte nur noch auf die Hochzeit von Ela. Was dann geschieht, ist mir egal. Den Rest leben mit diesen Schmerzen kann ich nicht. Uli und Ela tun mir so leid, das ansehen zu müssen. Ela ist die Hochzeit bestimmt versaut mit dem Gedanken und dem Anblick an mich.

****

Samstag, 6. Dezember 2003, 20.55 Uhr Nikolaus

Mama geht es überhaupt nicht besser. Im Gegenteil. Jetzt mussten sie schon einen Toilettensitz kaufen, weil sie alleine nicht mehr von der Toilette hoch kommt. Eine Bettpfanne haben sie auch gekauft, weil sie es vielleicht nicht schafft, wenn sie alleine ist und im Bett liegt. Das ist der Anfang vom Ende – ich bin sicher.

Ich weiß nicht, wie das nächste Woche werden soll. Ich habe unglaubliche Angst. Heute ging es einigermaßen. Tante Rosi war auch da, das machte es leichter. War nur drei Stunden da …

Ich weiß nicht, wie Mama dieses Leben noch aushalten kann. Es besteht ausschließlich daraus, vom Bett zur Couch zu kommen, auf die Toilette und zurück. Sie haben jetzt einen Treppensteige-Rollstuhl bekommen, aber dieses Ding zu bedienen, soll ein totaler Kraftakt sein. Es ist alles so furchtbar traurig mitzuerleben. Papa muss auch am Ende seiner Kräfte sein, aber er hält sich immer noch erstaunlich gut.

Wie soll ich meine Hochzeit genießen, ohne in Panik auszubrechen?

Habe keinen Appetit und fühle mich schwach und ängstlich. Jetzt ein Schluck Wein, ach, was wäre das tröstlich ….

****

Sonntag, 14. Dezember 2003

Gestern war Elas Hochzeit, und ich bin froh, dass wir es alle geschafft haben.

Es war so unglaublich anstrengend, ich war völlig fertig. Aber mein lieber Uli auch. Ich habe Angst, dass er mal zusammenbricht. Ich kann nicht mehr ohne ihn laufen, zum Klo, nichts mehr ohne ihn, keinen Schritt…

Die Hochzeit war jedenfalls schön, aber anders als damals. Ich bin so froh, dass Thorsten sie geheiratet hat. So hat sie dann eine neue Familie. Die Eltern und der Sohn sind nett und eine völlig normale Familie, wo sie sich mal wohl fühlen wird und soll. Ich hoffe, sie werden alle Schwierigkeiten teilen und bezwingen. Wichtig ist, dass man die Liebe zueinander nicht verliert.
Sie sahen beide so gut aus, vor allem Ela war ganz toll in ihrem schönen Kleid. Hoffentlich sind Thorstens Eltern mit ihrer neuen Schwiegertochter einverstanden.
So, das war das Wichtigste, was ich noch erleben durfte. Jetzt muss ich schauen, wie es weitergeht. Wenn mir doch nur einer eine kleine Hoffnung machen könnte, aber ich bin ein Krüppel. Ich habe keine Hoffnung mehr.
Auf dem Schloss war es echt stilvoll und schön, und sie hatten alle tolle Zimmer. Ich hatte mich eine Stunde hingelegt, um zu ruhen. So habe ich es wenigstens bis 21.30 Uhr ausgehalten. Heute habe ich fast nur gedöst.
Jetzt ist Gudrun bei mir, weil Uli Weihnachtsfeier vom Fußball hat. Damit er auch mal außer Haus kommt. Das finde ich lieb von Gudrun. Ja, man lernt seine Freunde in der Not kennen, das weiß jeder. Langsam bekommen alle Angst vor mir, es kann mich keiner aushalten.

Das Gefühl, ohne Bettpfanne nicht mehr auszukommen, ist ein Horror. Es ist zu erniedrigend. Wirklich, ich bete jeden Abend, morgen nicht mehr aufzuwachen! Wäre das schön! Warum quält mich Gott so? Es wäre für alle besser, es gäbe mich nicht mehr!
Gottes Glück und Segen für die neue Ehe, für mein einziges Kind! Und noch ein bisschen Glück oder Entspannung für meinen geliebten Mann. Er hat wirklich was Besseres verdient!

Mittwoch, 17. Dezember 2003
Ich bin im Krankenhaus. Tagebuch ist zu Hause, also muss es hiermit auch gehen.

Mein liebes Kind! Vielleicht ist das der letzte Brief an Dich. Nun bist Du endlich verheiratet. Ich freue mich von ganzem Herzen für Dich, dass Du nicht mehr allein bist. Fang ein neues Leben an. Alles anders, aber hoffentlich gut. Seid treu zueinander und verliert die Liebe nicht. Du wirst Thorsten noch sehr brauchen. Es ist der Lauf der Welt, dass Eltern vor ihren Kindern sterben, bloß so früh wollte ich nicht, und nicht unter solchen Umständen. Ich wäre noch gern bei euch geblieben. Habe kein schlechtes Gewissen, weil Du fort gehst. Im Moment weiß ich nicht, ob ich im März noch da bin. Dann erübrigt es sich sowieso. So gut wie Du kannst, sei Papa eine gute Tochter, er hat es von ganzem Herzen verdient, aber habe kein schlechtes Gewissen. Er muss dann aus dem Rest Leben machen, was er kann. Wir lieben Dich genug, dass Du an erster Stelle stehst. Keiner hat Interesse, Dich kaputt zu machen. Vergiß auch nicht Rosi und

ihre Familie. Das sind Deine einzigen Blutsverwandten.
Ich habe Dich sehr geliebt, mein einziges Kind. Aber wenn es denn sein soll, ich habe genug gelitten. Einschlafen und gehen ist mein Traum, und haltet mich nicht fest! Ich werde Dein Schutzengel sein. Hoffentlich mach ich es gut.

Ich würde gern mit Dir über alles sprechen, aber wenn ich Dich zittern sehe, kann ich nicht. Dir geht es vielleicht genau so, und so schweigen wir uns an, Mutter und Kind – aus Liebe zueinander verstummt in ihren Gedanken. Vielleicht hilft die neue Familie Dir als Familie. Ich liege hier, und meine Gedanken kreisen stetig. Was will ich, was wollte ich Dir noch sagen? Habe ich nichts vergessen? Sag Thorsten, dass er gut zu Dir sein soll. Auch Du hast es verdient. Haltet so fest zusammen, wie am Ende Papa und ich.
Niemals hätte ich geglaubt, dass er so gut sein kann. Er wächst über sich selbst hinaus. Alles, was er getan hat, Du weißt, Dich geärgert, geschimpft mit Dir, ungerecht, streng gewesen usw. ... aber es war nie wirklich etwas Böses gewesen. Wir wollen auch keine alten Kamellen aufwärmen. Solange ich schreiben kann, werde ich versuchen, meine Gedanken mitzuteilen, als Erinnerungen. Meine zwei Tagebücher sind später auch noch für Dich da. Und meine Fotoalben.

Ach, meine kleine Ela, so viel Ballast! Wenn Du mal die Wohnung räumen musst, lass Dir helfen. Mach mit allem, was Du willst, ohne Schuldgefühle.

Noch mal auf Deine Hochzeit zu schauen! Du sahst so entzückend aus, ihr wart so ein hübsches Paar! Ich bin so froh, dass ich es geschafft habe, dabei gewesen zu sein.

Morgen hoffe ich, auf die Station zu kommen. Da wollen sie weiter sehen was mit der Behandlung ist. Ich will aber keine Chemo mehr.

Zu verweigern ist meine einzige Chance, um ein Ende zu setzen. Ob es einfach ist? Ich weiß nicht.

Na, ich werde für heute Schluss machen. Morgen fällt mir bestimmt etwas anderes ein. Gute Nacht, meine Süße, mein Mäuschen. Gute Nacht, mein geliebter Mann, erholt Euch ein bisschen von mir. Es ist schwer, was euch erwartet.

Donnerstag, 18. Dezember 2003
Heute habe ich große Schmerzen im Bein. Die Schwestern helfen nicht beim Waschen und so weiter. Es ist furchtbar. Jetzt gibt es Frühstück. Ich warte sehnlichst auf Uli.

Frühstück fertig. Es war noch keiner hier. Heute soll **eine Lumbalpunktion gemacht werden.** Ich kann nicht mehr mit diesen Schmerzen leben. Lass mich doch gehen, ich will es wirklich. Uli kümmert sich rührend, eine bessere Pflege könnte ich nicht haben. Ich hoffe, ich komme heute auf Station.

Um 8.30 Uhr hat man mich zur CT vom Kopf, Körper, Darm gefahren, war schrecklich, habe mich eingemacht.

Bin in einer neuen Station, sehr schön, Zweibett, Toilette, na ja. Morgen soll Visite sein, und Uli arbeitet wieder.

Ela war eben drei Stunden da. Wir haben uns super unterhalten. Ich habe ihr gesagt, dass ich nicht mehr will, keine Chemo. Sie ist gar nicht so schwach, wie ich denke.
Ich hoffe, ich könnte hier sterben, dann bleibt mir der Stress mit allem erspart, und dass es schnell geht. Zwischen uns ist alles geklärt. Uli ist der Schwache, und will mich solange es geht am Leben erhalten. Das geht nicht mehr für mich. Und er schafft es auch nicht mehr.

****

Donnerstag, 18. Dezember 2003, 22.30 Uhr
Heute Abend war ich drei Stunden bei Mama.
Ich habe sie gewaschen und ihr die Zähne geputzt, und sie war so hilflos. Wir haben geredet, zum ersten Mal wirklich.
Ich habe ihr ausdrücklich gesagt, dass sie sich nicht daran klammern soll, für mich weiterleben zu müssen. Ich lasse sie los! Ich verstehe mehr als gut, dass sie nicht mehr will. Es ist so entwürdigend, ein solches Dahinvegetieren!
Ich habe das Gefühl, dass ich mich schon lange Schritt für Schritt von ihr verabschiede. Ich weiß nicht, wie es werden wird, aber ich wünsche mir nur noch sehnlichst, dass Mama keine Schmerzen mehr leiden muss.
Ich bin so unsagbar traurig.

****

Freitag, 19. Dezember 2003
Heute haben sie mir gesagt, dass ich nicht mehr nach Hause komme.
Die Metastasen haben sich groß vermehrt, im Kopf sind sie, man kann auch keine Lumbalpunktion mehr machen, alles voll. Ich will auch nicht mehr. Ich brauche jetzt ein ruhiges, sauberes Plätzchen zum Sterben, ein Hospiz oder etwas Ähnliches.
Ela sieht gefasst der Sache entgegen, Rosi auch. Die Ärzte würden auch nichts tun ohne meine Erlaubnis. Was ist noch zu sagen?
Ja, Bestrahlung soll es noch geben. Montag. Soll die Schmerzen lindern. Ob es klappt? Eigentlich könnte ich heute einschlafen für immer.
Jeder Tag wäre recht.

Samstag, 20. Dezember 2003
Bin wach, mit Schmerzen. Die Nacht ging mit Mitteln so lala. Weihnachten bin ich in der schönen Abteilung. Keine Lumbalpunktion. Will meinen klaren Kopf behalten! Staune über Ela. Gott sei Dank ist sie so vernünftig. Rosi und Gudrun waren gestern da. Uli kommt heut später. Er ist ganz durch den Wind, aber ich denke, er wird es alles überstehen. Der Weg zum Ende ist noch ein bisschen stressig.

14.30 Uhr. Habe ein Einzelzimmer bekommen, das heißt, ich kann hier allein bleiben. Das junge Mädchen vorher war schon stressig. Der Professor macht wohl

an mir seinen letzten Liebesdienst, so kann ich mich wenigstens mit meinen Leuten allein unterhalten. Warte auf Uli und Ela. Telefon von draußen habe ich auch.
Wäre gut, wenn ich hier nicht mehr weg müsste.

Sonntag, 21. Dezember 2003
Bin erwacht mit Schmerzen. Aber geschlafen habe ich Dank Einzelzimmer dann ganz gut. Warum bin ich wieder aufgewacht??

Vater unser, der Du bist im Himmel, warum musste ich wieder aufwachen?
Gestern haben Ela, Uli und ich lange geredet, und Uli versteht vieles immer noch nicht. Dass mir das Jenseits lieber ist als das Diesseits.
Sibylle wird mich nachher anrufen.

13.45 Uhr. Habe mit Sibylle gesprochen und mit Gisela. Die sprechen kaum vernünftig mit mir. Kriege Zusatzmedikamente für die Schmerzen. Rosi und Marianne kommen gleich.
Uli und Ela waren danach da. War heute viel los. Ich musste aufs Klo, groß. Das Po-Loch schließt sich kaum, immer wieder kam Kot. Mein armer Uli hat mir den Hintern gewischt, wie schrecklich für ihn. In diesen Momenten macht er wirklich alles wieder gut.
Muss ich wirklich wieder aufwachen?

Montag, 22. Dezember 2003
Bin wieder aufgewacht, eingekackt wollten sie zum Strahlentherapeuten bringen.

Also, Bestrahlung geht auch nicht mehr. Mehr Schaden als Nutzen. Chemo wäre noch angesagt, aber nicht bei mir. Mit Keilhammer besprechen, kommt erst am 5.1.04 wieder. Ich will nicht mehr. Ich will nur sterben. Ich will mich nicht überreden lassen.
Uli kommt gleich. Er weint abends immer nur ins Telefon. Ich kann doch hier nicht sprechen. Meine Nachbarin ist immer im Zimmer.
Der Tag war furchtbar mit Durchfall. Man hat mir zuviele Medikamente gegeben. Bis eben hat Uli mich sauber gemacht mit einer unendlichen Geduld und Liebe. Ich bewundere ihn wirklich, dass er sich nicht vor mir ekelt. Wenn ich mal mit ihm ungeduldig werde, Gott verzeihe mir.
Ela und Gudrun waren auch da. Hoffentlich haben sie nicht bald genug.

****

Montag, 22. Dezember 2003, 22.45 Uhr
Papa will es nicht wahrhaben. Er will sie wieder mit nach Hause nehmen. Er redet vom Sommer und dem nächsten Jahr.
Ich versuche ihm klar zu machen, dass es unmenschlich wäre, wenn Mama noch so lange leiden müsste.
Jeden Tag, wenn ich das Krankenhaus verlasse, habe ich trotzdem Angst, dass ich ihr nicht alles gesagt habe, und dass es morgen vielleicht zu spät ist.

****

Dienstag, 23. Dezember 2003
Bisschen Durchfall, aber es ging. Wir sind alle todtraurig. Hoffentlich kommt der Tod bald.
Gestern bin ich so schnell eingeschlafen, dass man meine Schmerzmittel vergessen hat. So hatte ich heute furchtbare Schmerzen. Nach den Mitteln wurde es besser. Uli kam bald und half mir. Er ist jetzt beim Friseur und kommt dann wieder. Jetzt liege ich hier und warte.

Mittwoch, 24. Dezember 2003
Heilig Abend. Bin schon ganz wirr im Kopf.
Ela und Thorsten kommen nachmittags zu uns, fahren morgen nach Gladbeck, kommen aber bald wieder.
Jetzt ist 16.00 Uhr. Es ist ganz still. War grad zur Toilette. Hoffentlich steht Uli das alles durch. Es ist so grausam, nicht das Ende zu finden. Dabei klammere ich gar nicht ans Leben. Aber Schmerzmittel kann ich haben, soviel ich will. Ela und Thorsten kommen bald, und wir wollen versuchen, ohne Tränen diesen Abend durchzustehen.

19.00 Uhr. Ela und Thorsten waren da, und dann haben wir alle furchtbar geweint.
Uli hat mir eine so liebe Karte mit einem Bild von Chico und sich gegeben. Er ist völlig fertig und ich habe schreckliche Angst um ihn, dass er mich noch begleiten kann.

Ela fährt mit Thorsten bis Sonntag nach Gladbeck und kommt dann nach Hause. Mein armes Kind. Was muss auch sie leiden!

****

Mittwoch, 24. Dezember 2003, Heilig Abend, 23.05 Uhr
Mein Gott, das ist Mamas letztes Weihnachtsfest.

Ich habe den Adventskranz mit ins Krankenhaus genommen, den ich seit Jahren habe, aber die Kerzen waren mir immer zu schade, um sie anzuzünden. Nun endlich dürfen sie brennen. Für Mama.

Ich konnte ihr nichts mehr schenken. Die Hausschuhe, die sie sich vor zwei Monaten wünschte, braucht sie nun nicht mehr. Die Creme von Vichy, die sie immer so mochte, kann sie nicht mehr auftragen. Ihre geliebten Bücher kann sie nicht mehr lesen, es strengt sie zu sehr an.
Wir saßen um das Bett herum und versuchten alle, ganz tapfer zu sein.
Ich kann jetzt nur noch weinen.

****

Donnerstag, 25. Dezember 2003
Bin wieder aufgewacht. Habe alle Medikamente bekommen, und die Schmerzen gehen. Bin aber noch nicht aufgestanden. Ela ist weggefahren. Uli sah so schlecht aus gestern.

Ich schreibe sehr schlecht. Wir weinen nur noch, und ich sehne mich so nach dem Tod. Es wäre für alle besser. Uli hat heute wieder endlose Stunden hier verbracht. Rosi und Gudrun waren auch hier. Ich bin ihnen so dankbar und kann das nie wieder gutmachen.
Vor allem, liebe Gudrun, muss ich Dich umarmen. Ich hätte Dir nie solche Opfer zugetraut. Es ist NICHT selbstverständlich.
Und Uli … Jeder Mensch muss Gott auf Knien danken, der so einen Menschen, so einen Pfleger, hat. Nur wenn er bei mir ist, bin ich ruhig und fühle mich sicher. Er rennt und tut, holt alles ran, ohne zu fragen.

Freitag, 26. Dezember 2003
Leider wieder aufgewacht.
Uli kommt bald, will zu Dr. Schwarz gehen. Bringt doch auch nichts.
Morgens tun immer die Beine so weh. Wir warten auf Professor Keilhammer. Uli war fast den ganzen Tag bei mir. Zwei Stunden waren Gunhild und Familie bei mir. Ging besser, als ich gedacht habe. Die Kinder wollten mich noch mal sehen. Ich muss nicht heute und morgen sterben, aber wenn, dann ist alles erledigt. Mein armer Uli, er tut mir so leid. Dem Arzt habe ich gesagt, sollte es zu einer Verlängerung vielleicht kommen, ist alles verboten, und er hat das akzeptiert. Wenn es doch bloß soweit kommen sollte! Wir waren heute im Rollstuhl unten in der Kapelle, und ich habe darum gebetet.

Samstag, 27. Dezember 2003
Tag vorbei. Uli ist so müde. Gott erhalte ihn mir. Ich bin ja so egoistisch. Habe mit Marga telefoniert und ihr gesagt, dass Ela geheiratet hat. Sie hat so geweint, denn wir haben uns ja sehr gern gehabt. Rosi kommt morgen. Meine arme Schwester. Wie sehr belaste ich sie! Ela kommt morgen aus Gladbeck zurück.
Gute Nacht, und bitte lass mich nicht mehr aufwachen.

Sonntag, 28. Dezember 2003
Die Zeit vergeht nicht. Heute haben die Schwestern mich bettmäßig fertig gemacht, war ganz gut. Rosi war auch da. Der Tag ist endlos, endlos, endlos …
Ich kann nicht jeden Abend um das Endlose endlos bitten, wenn es auch so ist.
Also, Du weißt, lieber Gott, jeden Abend meinen Wunsch, ich habe auch keine Angst davor. Und behüte mein Kind, meinen Rauschegoldengel. Gute Nacht, ihr meine lieben Menschen alle.

Montag, 29. Dezember 2003
Heute Morgen habe ich gegen 5.30 Uhr Magen- und Bauchschmerzen bekommen. Die Bauchschmerzen waren so grässlich, dass ich um Hilfe rief, weil meine Klingel kaputt war. Jetzt sterben, dachte ich, weil sich keiner gekümmert hat.
Eingemacht hatte ich mich wieder, und keiner hat mich sauber gemacht. Erst gegen 8.00 Uhr oder so kam die Morgenschwester und säuberte mich, dann

ließ es mit meinen Schmerzen durch die Medizin nach. Das war alles von den Abführmitteln. Heute nehme ich keine.
Bis die nette Schwester Carmen kam, habe ich nur geweint und gerufen auf dem harten Topf.
Jetzt warten wir auf Professor Keilhammer.

Er war da und will die Entscheidung etwas hinauszögern. Sonst könnte ich vielleicht nach Wannsee ins Hospiz kommen. Ich hab nur Angst vor den Schmerzen und vor der Inkontinenz.

Dienstag, 30. Dezember 2003
Heute Morgen ging es mit der Schwester.
Uli ist jetzt zum Essen gegangen. Ela soll heute nicht kommen. Es ist zu traurig. Ich bin so vergesslich. Lass mich heute sterben. Heute habe ich fast den ganzen Tag gezittert.
Morgens aufgewacht und einen grässlichen Tag gehabt. Und ich könnte nur schreien. Oft bin ich schon ganz wirr.

****

Mittwoch, 31. Dezember 2003, 23.30 Uhr
Silvester.
Zurück aus Gladbeck. Thorsten ist wieder mit hergekommen. Wir waren bei Mama, und ich habe mich so sehr erschrocken.

Sie war kaum ansprechbar, malte mit ihrem Finger Kreise auf das Essens-Tablett, starrte teilnahmslos ins Leere und reagierte auf keine Frage. Ab und zu redete sie wirres Zeug, völlig zusammenhanglos. Mit einer Hand klammerte sie sich verzweifelt an ihrem Nachttischchen fest.
Ich sagte: "Mama, warum hältst Du Dich denn so fest? Es kann Dir nichts passieren. Wir passen auf Dich auf!" Sie schaute mich an und flüsterte: "Ich muss noch die Kohlen hoch holen."

Wo war sie? Wo ist meine Mama? Ich habe solche Angst. Angst, dass sie mich nicht mehr erkennt, dass ich nicht bis zuletzt bei ihr sein kann, dass ich ihr nicht mehr sagen kann, wie lieb ich sie habe, weil sie es nicht mehr versteht…

Draußen fliegen schon die Raketen in die Luft. Ich kann die Geräusche nicht ertragen. Die Menschen feiern und sind fröhlich. Und meine Mutter stirbt!!!!

Kapitel 8 – 2004
Die letzten Tage
****

Freitag, 9. Januar 2004
Inzwischen Silvester verlebt, schlimme Tage im Krankenhaus, und seit gestern bin ich in Wannsee im Hospiz.

Hier ist es schön, soweit man so sagen kann.
Ich bin schon wund gelegen. Die Schwestern sind so nett, ich glaub es kaum.
Meine Schmerzen gehen so. Alle, Rosi, Gudrun, Gunhild, Ralph, Kai, meine Familie eben, sind lieb, so lieb. Meine kleine Ela und mein lieber Mann Uli sind nicht zu übertreffen. Ela kommt auch lieber hierher als ins Krankenhaus.
Nun in so einer Umgebung könnte ich sterben. Ich meine es ernst. Bitte, Herrgott, nimm mich! Ich bin bereit.

****

Samstag, 10. Januar 2004
Gott sei Dank, Mama ist wieder etwas klarer im Kopf. Vielleicht haben sie die Medikamente geändert, vielleicht liegt es auch am Hospiz. Dort ist es wirklich sehr schön. Sie hat ein wunderschönes Zimmer, kann ihre Fotos und Bilder

aufhängen, Möbel mitnehmen, und alle sind so unglaublich lieb und fürsorglich. Kein Vergleich mit dem Krankenhaus. Es gibt eine große Küche, wo wir – die Besucher – uns jederzeit versorgen können, einen schönen Aufenthaltsraum, und eine eigene Terrasse hat sie auch.
Was für wundervolle Menschen, die dort arbeiten! Müssen sie doch jeden Tag hautnah mit dem Tod umgehen. Ich bewundere sie so sehr für ihre Arbeit.
Papa sagt, dass Mama viel besser drauf ist als im Krankenhaus, und er könne sie doch bestimmt wieder mit nach Hause nehmen ...
Er sieht nicht, dass ihre letzten Tage nun gekommen sind. Ich bete jeden Abend, dass der liebe Gott ihr noch mehr Schmerzen ersparen möge.

****

Sonntag, 11. Januar 2004
Nächster Tag? Vielleicht!
Ich bin im Hospiz und alle sind so lieb. Heute ist Sonntag und Ela, Uli, Rosi, Marianne, Kai sind da. Ich finde es rührend, wie sie zu mir sind. So ein guter Mensch war ich doch auch nicht.
Ich hab nicht mehr solche Angst vor der Nacht. Heute habe ich lange geschlafen. Uli hatte schon Angst ...
Aber ich wäre froh gewesen, wenn's vorbei gewesen wäre. Still und heimlich wegtreten zum lieben Gott. Vielleicht morgen?

****

Montag, 12. Januar 2004, 22.15 Uhr
Am Mittwoch kommt Tine aus Hawaii.
Sie möchte Mama noch einmal sehen, bevor es zu spät ist. Das ist schön. Und nun können wir uns ein wenig abwechseln. Wenn Tine und Tante Rosi bei ihr sind, kann ich mal früher gehen. Papa ist ja sowieso jeden Tag von morgens bis abends dort.
Heute war ein schlimmer Abend. Als ich nach der Arbeit zu ihr kam, fand ich sie weinend vor. Sie hatte schlimme Schmerzen und konnte nicht nach der Schwester klingeln. Papa war schnell zum Essen gegangen. Aber sie sagte, er wäre schon Stunden fort und käme bestimmt nie wieder zurück.
Ich habe ihn sofort angerufen – er war erst eine halbe Stunde weg – und er kam sofort zurück.
Dann bekam sie schlimme Bauchschmerzen, weil sie die Blase nicht entleeren konnte, und die Schwestern mussten ihr einen Katheter legen. Sie hatte so große Angst davor und weinte jämmerlich. Sie hat sich so geschämt und immer nur gerufen: "Bringt Ela raus, bringt Ela raus"!"

Ich ging dann vor die Tür, bis es vorbei war und sie sich beruhigt hatte. Am liebsten wäre ich nie wieder hineingegangen.
Es tat so furchtbar weh, sie so zu sehen. Wie lange muss sie es noch aushalten? Warum können sie ihr nicht einfach eine Pille geben, damit es endlich vorbei ist?????

****

Mittwoch, 14. Januar 2004
Heute ist Tine aus Hawaii gekommen.

Ich freue mich sehr.
Tine, ich danke dir dafür.
Michael, danke, daß du sie
hast fahren lassen, danke,
Tinchen und Nico für ~~euch~~
eure Grüße. Das war
mein letzter Wunsch,
dich zu sehen. Jetzt kann
ich gehen. Ich kann nicht
mehr ~~so~~ leben. Niemand
kann empfinden, was ich
leide. Abends hinlegen
und morgens nicht
mehr ~~aufgehen~~ aufwachen.

Danke
euch allen

NACHWORT

Am 25. Januar um 4.50 Uhr ist Mama gestorben.
Es war ein Sonntagmorgen, und es begann gerade zu schneien. Die Welt war still und friedlich in Watte gepackt, und als wir an ihrem Zimmer vorbeigingen, sahen wir Teelichter im Fenster brennen.

Mama kam am 17. Dezember, vier Tage nach unserer Hochzeit, ins Krankenhaus. Am 8. Januar wurde sie dann ins Hospiz in Wannsee verlegt. Dort wurde sie endlich von allen Qualen erlöst. Die letzten Wochen und Tage waren eine solch grausame Erfahrung, dass ich sie nicht in Details schildern kann.

Nachdem sie am Mittwoch vor ihrem Tod jegliche Behandlung verweigerte und das Essen und Trinken einstellte, durfte der Arzt sie endlich an die Pumpe anschließen, um ihr Schlafmittel und Morphium in hohen Dosen zu verabreichen.
Am Donnerstag stöhnte sie im Schlaf, als die Schmerzen wieder schlimmer wurden. Ich hielt ihre Hand und sagte immer nur: "Ich bin ja da, Mama. Hab keine Angst, Mama."
Mit geschlossenen Augen wiederholte sie ganz leise das Wort: "Mama!" Das war das letzte Wort, was ich in diesem Leben von ihr gehört habe.

Sie wurde nicht mehr wach, bis sie am Sonntagmorgen endlich sterben konnte.
Thorsten war bei mir – Papa hatte ihn am Samstagnachmittag verständigt, als abzusehen war, dass es

sich nur noch um einige Stunden handeln konnte. Die so genannte Schnappatmung hatte eingesetzt, und wir saßen alle um ihr Bett herum. Papa, Tante Rosi, Gunhild, Gudrun, Ingrid und ich. Ich habe ihre Hand gehalten, und Gunhild hat ein Gebet gesprochen.
Papa und ich gingen letztendlich gegen 21 Uhr nach Hause. Wir konnten nichts mehr tun, und ich hatte das Gefühl, als würde Mama gerne alleine sein, wenn sie diese Welt verlässt.
Um fünf Uhr morgens rief Papa mich dann an. Thorsten und ich zogen uns an und fuhren nach Wannsee. Als wir ganz langsam Hand in Hand durch die Schneeflocken gingen und von draußen die Teelichter in ihrem Zimmer sahen, war mein Kopf leer. Ich war nur dankbar, dass Mama es geschafft hatte, und dass sie keine Schmerzen mehr erleiden musste.

Ich habe zum ersten Mal in meinem Leben einen toten Menschen gesehen, und wünschte, ich hätte es nicht gesehen. Es vergeht noch immer fast kein Tag, an dem ich dieses Bild nicht vor mir habe. Man hatte ihr ihre hellblaue Strickjacke angezogen, die Hände auf der Brust gefaltet, der Unterkiefer war heruntergefallen, und sie war noch ganz warm, als ich sie auf die Stirn küsste. Das ganze Zimmer war erfüllt von Frieden.

Papa brach völlig in sich zusammen und war zu nichts mehr fähig. Mit einem Schlag war sein gesamter Lebensinhalt gegangen. Ich war sehr hilflos, hätte ich doch selbst gern etwas Trost erfahren.

Auf der Trauerfeier am folgenden Donnerstag habe ich Mamas Lieblingsgeschichte vorgelesen – „Spuren im Sand".
Ich wusste nicht, ob ich es schaffe, aber ich war sicher, dass es ihr viel bedeutet hätte, dass ICH die Geschichte lese und nicht der seltsame Pfarrer, der Mama nicht einmal kannte. Danach spielte "Are you lonesome tonight" von Elvis; das Lied meiner Eltern.

Lämmi ist am 8. Dezember gestorben.
Er hatte Wasser in der Lunge und konnte nicht mehr atmen. Mir blieb nur diese einzige Entscheidung…
All das habe ich ohne einen Tropfen Alkohol überstanden. Ich bin stolz darauf und kann es kaum fassen, denn es waren wirklich schlimme Zeiten.

Im Juni habe ich meine Heimat Berlin verlassen und lebe nun in einer Kleinstadt am Niederrhein. Thorsten und ich raufen uns so langsam zusammen, aber auch das ist viel Arbeit.
Mama fehlt mir sehr.
Manchmal schaue ich in den Himmel und wünschte, sie könnte sehen, wo ich jetzt bin. Dass es mir gut geht in meinem Häuschen mit Garten, dass ich nicht alleine bin, dass ich nicht trinke …
Wie gerne würde ich noch einmal mit ihr telefonieren, nur ein einziges Mal.
An manchem Abend, wenn ich wieder einmal die Bilder vor meinem geistigen Auge nicht loswerden kann, wenn ich in meinem Kopf höre, wie sie vor Schmerzen wimmert und weint, dann tut mein Herz so

weh, dass ich schreien könnte und es kaum aushalten kann.

Mama hat jedem von uns einen Abschiedsbrief hinterlassen. Dieser hier war für mich:

22. Juni 2003
Mein liebes Kind,

es geht mir sehr schlecht, und ich habe scheußliche Schmerzen. Aber heute habe ich soweit die Kraft, Dir diesen Brief zu schreiben. Mein einziges, geliebtes Kind, Du weißt bestimmt, wie sehr ich Dich liebe und mir ständig Sorgen um Dich gemacht habe. Das war bestimmt falsch, aber wer macht schon alles richtig?
Leider musstest Du miterleben, wie ich dahinsieche. Aber den Tod kann man sich nicht aussuchen. Ich habe auch keine Angst davor, nur davor, dass es zu lange dauert. Ich wünsche mir so sehr, dass Du noch einmal einen festen Partner findest, der Dir beisteht, so wie Papa es getan hat. Alles, was er jemals Schlechtes gemacht hat, hat er wieder gut gemacht, indem er mich gepflegt hat. Es war bestimmt nicht leicht für ihn, und wenn er noch einmal eine nette Frau finden sollte, sei ihm nicht böse. Je weniger musst Du Dich um ihn kümmern. Zankt euch nicht so oft, denn auch Du bist schwierig, das weißt Du. Hilf ihm ein bisschen im Leben, soweit Du kannst. Das Leben geht weiter, das ist gut und richtig. Ich habe Dich so sehr geliebt, aber ich erkenne, dass ich mit

Dir nicht über meinen Tod und das Danach reden kann, also muss ich schreiben.
Meine größte Angst ist, dass Du wieder trinken könntest, aber vielleicht bist Du stärker als ich glaube. Eines weiß ich gewiss: Wir sehen uns im Himmel wieder! Ich werde bis dahin Dein Schutzengel sein.

Du bist zurzeit im Urlaub, und ich versuche immer, meinen wahren Zustand vor Dir zu vertuschen. Ich werde nicht heute oder morgen sterben, aber dass ich mich nie mehr richtig bewegen kann, meinen Haushalt nicht machen kann, nie mehr mit meinen Freundinnen spazieren gehen kann, ja, mich sogar nicht mehr bücken, das bringt mich bald um. Ein Krüppel bin ich.
Für mich ist es wichtig, dass ich Dir das alles sagen kann, und wenn Du diesen Brief irgendwann einmal liest, Stärke daraus schöpfen kannst. Meine Tagebücher sollst Du auch einmal lesen.
Ich habe Dir noch soviel zu sagen und hoffe, nichts Wichtiges vergessen zu haben. Ich hoffe so sehr, dass Dir Papa noch lange erhalten bleibt, dass er Dir helfen kann, und wenn es nur mit Deinem Auto ist. Ich weiß nicht, wie viel Zeit mir noch bleibt, vielleicht mehr, als ich glaube, aber ich bin beruhigt, Dir das alles gesagt zu haben.
Ich wünsche Dir ein schönes, langes Leben, einen geliebten Partner, finanzielles Auskommen, dass Du Deine Ängste abbauen kannst, damit Du ein lebenswertes Leben haben kannst.
Liebes, geliebtes Kind, ich umarme Dich und küsse Dich.

Ich weiß nicht, wann der Tag kommt, an dem ich Dich verlassen muss, aber wir sehen uns wieder.
Es umarmt Dich
Deine Mama

P. S. Du weißt ja: "Spuren im Sand"

Danksagung

Auf diesem Wege möchte ich einigen Menschen nochmals ausdrücklich Dank sagen:

Zuerst natürlich meinem Vater für die Jahre der hingebungsvollen Pflege meiner Mutter, der Einsicht, dass lange Jahre vorher vieles schief gelaufen ist, und dass er alles wieder gut gemacht hat, besonders auch als mich die Alkohol-Krankheit erwischte.
Meiner Tante Rosi Danke dafür, dass sie immer für ihre Schwester da war, dass sie für meine Eltern gekocht hat, als nichts mehr ging, und trotz eigener Krankheiten viele Mühen auf sich genommen hat.
Ich danke auch meiner Tante Gisela aus Bremen. Sie war die einzig mögliche Ansprechpartnerin für mich, als ich mich offenbaren musste.
Ein großes Dankeschön an die Familie meines Cousins Ralph in Kleinmachnow. Seine Frau Gunhild hat meiner Mutter in vielen Situationen viel Kraft und Mut gegeben, hat ihr die Haare frisiert, als sie nicht mehr konnte, ihr Alternativen zur Schulmedizin aufgezeigt und mit und für sie gebetet.
Meiner Cousine Christine auf Hawaii möchte ich Danke sagen, dass sie extra den langen Weg auf sich genommen hat, um sich von meiner Mutter verabschieden zu können!
Vielen Dank auch an meinen Cousin Kai, der uns mit seinen häufigen Besuchen und Mitbringseln im Krankenhaus und im Hospiz überraschte. Das war sehr lieb und keineswegs selbstverständlich!

Gudrun aus der Kilstetter Straße, die sich letztendlich als wahre Freundin in der Not zeigte, gebührt ebenfalls ein großer Dank.
Meiner Freundin Susi danke ich dafür, dass ich ihr mein Herz ausschütten konnte. Heute weiß sie leider sehr genau, was ich damals fühlte.

Danke an meine Ex-Schwiegermutter Marga, die mich trotz allem immer noch lieb hatte und auch bei Mama war und mit ihr gelitten hat. Sie ist mittlerweile auch im Himmel angelangt, und ich hoffe, dass sie Mama irgendwo getroffen hat.
Allen anderen, die hier nicht ausdrücklich genannt worden sind, danke ich für Ihr Mitgefühl, ihre Anrufe, ihre Besuche und guten Gedanken.